CARAFANIO

I Lisa

ENILLYDD GWOBR GOFFA DANIEL OWEN 2019

CARAFANIO

GUTO DAFYDD

Diolch i Meinir yn y Lolfa,
a Huw yn y Cyngor Llyfrau am olygu,
a diolch i Rhys Aneurin am y clawr

Argraffiad cyntaf: 2019
© Hawlfraint Guto Dafydd a'r Lolfa Cyf., 2019

Cynllun y clawr: Rhys Aneurin

Rhif Llyfr Rhyngwladol: 978 1 78461 781 3

Dymuna'r cyhoeddwyr gydnabod cymorth ariannol
Cyngor Llyfrau Cymru

Cyhoeddwyd ac argraffwyd ar ran
Llys Eisteddfod Genedlaethol Cymru gan
Y Lolfa Cyf., Talybont, Ceredigion SY24 5HE
e-bost ylolfa@ylolfa.com
gwefan www.ylolfa.com
ffôn 01970 832 304
ffacs 01970 832 782

Dilyn y doeth, a chyfod iti gaer
lle ceffi noddfa rhag eu gormes gref,
yn arglwydd dy ddiddymdra, ac yn saer
dy nef dy hun.

'Dinas Noddfa', R Williams Parry

NOS SUL

Tollti

ERGYD O ALCOHOL yn ei ffroenau wrth iddo droi ceg y botel tuag at dwll y plwg. Fodca'n tasgu dros ei ddwylo ac yn hel yn bwll ar waelod y sinc cyn troelli i lawr y bibell. Mae'n rinsio'r botel ac yn agor y tecila.

Coda'r botel at ei drwyn. Caiff ei daro gan atgof o gyfog yng nghefn ei geg: fflachia delwedd yn ei feddwl o goctels lliwgar a weinid yn rhy barod gerllaw pwll nofio ar ynys lychlyd ar gyrion Ewrop. Gwêl weddillion y swper bwffe bwyta-be-fedri ar borslen yr *en-suite*.

I lawr y sinc â'r tecila hefyd. Gyda'i stumog yn caledu at y dasg, penderfyna droi nesaf at botel o Hardy's Stamp: gwin modryb, nad yw'n ffit i gi. Dalia'i wynt wrth i oglau metalig y gwin ganlyn surni'r tecila tua'r draen. Rỳm sydd nesaf.

Glyg-glyg-glyg: gwirodydd yn gyndyn o adael diogelwch y botel. Ond does dim dewis arall. Tia Maria'n demtasiwn dywyll; potel arall o fodca rhad i lawr y sinc ar ei ôl: gwena wrth feddwl am y Black Russian byrhoedlog yn y beipen.

Gwareda am y gwastraff, ond gŵyr mai gwaredu cynnwys y poteli hyn i lawr y sinc yw'r peth callaf.

Dyma'r poteli a fu'n clogio'r cwpwrdd gwirodydd ers tro byd – diodydd segur y mae'n annhebygol y bydd achlysur byth i'w hagor. Mae dyddiau coctels arbrofol drosodd: gŵyr ei wraig nad oes curo bellach ar jin a thonig neu wydraid o win. Byddai'n well ganddo yntau farw o syched, neu gael paned o de, na thramgwyddo'i lwnc ag un o'r caniau John Smith's y mae bellach yn eu tollti: cwrw crefft yw ei bethau.

Caiff y wisgi aros. A'r siampên – gobaith fo'n meistr. Ond drwy dwll y plwg â'r Vermouth, a'r grenadîn, a'r Madeira a'r sieri a'r gwirod hufen Gwyddelig. Mae nosweithiau'r cwpwl bellach yn ddigon rhagweladwy iddo allu taflu posibiliadau mwy anturus y cwpwrdd diod.

Dyna'r drefn gyda'r cypyrddau bwyd hefyd. Powdwr cwstard, bricyll sych, a phob math o sbeisys. Ffrwydra'r powdrau i gyd yn oglais o oglau ecsotig, cyn setlo ar waelod y bin bwyd. Estynna'i lwy a thyrchu'r olew coconyt allan o'r jar. Cwmwl o bowdwr siocled hynafol yn ei wyneb. Reis pwdin, reis paela, reis risoto, basmati: haws erbyn hyn yw prynu reis wedi ei goginio'n barod a'i daro yn y meicro. Aiff finegrau anarferol yr un ffordd â'r alcohol. Mêl lafant yn gymysg â hen berlysiau'n erfyn, o waelod y bin, am gael carameleiddio'n grwst du ar ysgwydd oen.

Tuniau tiwna a enillwyd yn raffl yr ysgol feithrin: yn syth i'r bin heb eu hagor. Ymaith â'r powdwr pobi o'r cyfnod pan allai ei wraig wneud cacen heb i blentyn daro'r gymysgedd yn llanast i'r llawr.

Wrth ddod ar draws pwdin Dolig o'r flwyddyn cyn y llynedd, mae'n troi i gyfeiriad y meicro. Er ei bod hi'n fis Awst, byddai ei daflu'n gam â'r baban Iesu. Ond yna mae'n cofio nad yw'r meicro yno. Does fawr ddim yn y gegin o gwbwl.

Mae'n gwagio'r cypyrddau am reswm: yfory, maen nhw'n cael cegin newydd. Yn honno, ni fydd lle i'r geriach a gasglwyd ganddynt ym mlynyddoedd cyntaf eu cyd-fyw. Lluchia'r sleisiwr wyau, a'r pliciwr tatws di-lafn, a'r caffitièrs y dilëwyd eu defnyddioldeb gan ddyfodiad y peiriant Nespresso.

Ar ôl gorffen, clyma'r bag bin ynghau, a gafael yn y bin ailgylchu'n barod i fynd â'r ddau allan. Oeda am eiliad wedyn i ymgyfarwyddo am y tro olaf â'r hen gypyrddau derw a'u handlenni aur, a'r teils blodeuog y tu ôl i'r wyrctops. Yfory, bydd dynion yn dod i'w rhwygo oll i ffwrdd o'r muriau.

Ond ni fydd ef, ei wraig, na'r plant yma i weld hynny'n digwydd. Maen nhw'n mynd i garafanio.

DYDD LLUN

Pacio

"Ti'n siŵr ein bod ni'n gwneud peth call?" gofynna i'w wraig, sy'n ceisio perswadio'r plant fod modd bwyta Weetabix oddi ar blât papur gyda fforc bren. "Mae wythnos yn amser hir mewn carafán."

"Rhy hwyr rŵan," medd hithau. "Wyt ti isio treulio wythnos efo fi mewn tŷ heb gegin?"

Wedi colli'r ddadl gyda'i wraig, mae'n troi at ei ferch deirblwydd oed. Digwydda'i galw wrth ei henw cyntaf wrth ofyn iddi wisgo'i sgidiau.

"Naaaci, Dadi. Dim dyna ydi enw fi. Fflei ydw i."

"Fflei? Fatha'r ci?"

"Ia, y ci o *Patrôl Pawennau*. Fflei ydw i a Cena ydi 'mrawd i. Ti'n dallt, Dadi?"

"Ti'n gwbod faint o feddwl ddaru dy fam a finna'i roi i dy enw di, cariad?"

"Cena 'di o; Fflei ydw i."

Wedi ei drechu ddwywaith, aiff allan i sicrhau bod popeth yn iawn gyda'r garafán.

Carafanwyr cenhedlaeth gyntaf ydyn nhw, heb hanes teuluol o'r arfer. Gan hynny, does ganddo mo'r sicrwydd greddfol sydd gan rai o'i gydnabod a fu'n carafanio o'r crud. Ar bob trip, mae'n argyhoeddedig ei fod wedi cysylltu'r hitsh a'r towbar yn anghywir, ac y bydd y giari'n sgrialu'n rhydd ar ryw gornel gas. Rhaid iddo wrth gymorth YouTube i osod ei ddrychau ychwanegol yn y llefydd cywir, ac wrth sicrwydd gan ei wraig ei fod yn cadw'n glir o'r waliau sydd o gwmpas y twll tyn lle parciant y garafán.

Mae offerynnau'r grefft – dyfais cloi'r olwyn, a'r sbaner soffistigedig sy'n codi coesau'r garafán – yn teimlo'n estron yn ei ddwylo. Teimla fel Harry Potter yn defnyddio hudlath am y tro cyntaf – ond gyda phob owtin, daw prosesau cyfrin y carafanwyr yn fwy naturiol iddo.

Eistedda Dadi yn sêt y gyrrwr, a'i fodloni ei hun fod y drychau'n dangos digon o'r heol iddo, a bod y cêbl wedi cysylltu golau'r garafán â chyflenwad trydan y car. Anwesa'r llyw. Popeth yn barod.

Pan aiff yn ei ôl i'r tŷ, gwêl fod holl gynnwys y drôr cyllyll a ffyrc ar chwâl dros lawr y gegin, a'i fab yn dawnsio'n eu canol gan eu cicio i'r corneli.

"Ro'n i'n meddwl dy fod di wedi cadw'r rhein yn llofft?" hola wrth blygu i geisio casglu'r cytleri.

"Mi o'n i," ateba Mami.

"Ro'n i'n meddwl dy fod di wedi eu rhoi nhw'n bell o afael plant bach dwyflwydd?" hola wedyn dros glindarddach y metal, wrth i'w fab geisio gwthio bastiwr twrci i'w glust.

"Mi o'n i," dywed hithau eto.

"Felly sut…"

"Paid â gofyn."

Chwarter awr (ac un nics sych) yn ddiweddarach, maen nhw'n barod. Gwthiant yr esgidiau strae ola i'r bŵt; reslant y plant i'w seti a thynhau'r beltiau amdanynt. Gwnaiff Dadi'n siŵr, unwaith eto, fod y coesau i gyd i fyny, cêbl y brêc yn sownd, a'r cêbl trydan wedi ei lapio'n briodol am y towbar.

Clytsh i fyny'n araf; digon o bwys ar y sbardun. Yn betrus, penderfyna'r garafán eu dilyn. Mae Dadi'n dal ei wynt ac yn tynhau'i stumog wrth weddïo y bydd yr owtffit yn ffitio rownd y gornel dynn ar waelod eu stryd.

Mentro'u ffordd drwy draffig y dref, yna i fyny'r allt am allan, ac wedyn maen nhw ar y lôn bost, yn cyflymu tua'r dwyrain.

I ble'r awn i godi hiraeth?

"LLE 'DAN NI'N mynd, Mami?"
"Yn y garafán, 'de?"
"Ond i lle yn y giafiafián?"
"Lle sat ti'n licio mynd?"
Cwyd y fechan ei bys at ei cheg, yn gartŵn o bendroni.
"W. Ymm," oeda. "Mae fi ddim yn gwbod, cofia, Mami."
Dotia Dadi, yn dawel, at y modd y mae ei cheg yn well eto'r
wythnos hon am ffurfio geiriau.
"Tŷ Nain!" penderfyna'i brawd ymyrryd.
"Tisio mynd ar ein gwylia yn y garafán i dŷ Nain?"
"Tŷ Nain, Mami a Dadi!" ailadrodda'r mab yn bendant, gan
slapio'i goes i'w rhybuddio am ganlyniadau gwrthwynebu.
"Wel, ella bod gynno fo bwynt... Dydi hi ddim yn rhy
hwyr," sibryda wrth ei wraig, rhwng difri a chwerthin.
"Dychmyga," medd Mami. Ac mae'r ddau'n ystyried
manteision troi'r car, mynd i ddympio'r plant ar ei rhieni hi
am yr wythnos, a mynd i ymlacio ar eu pennau eu hunain,
heb goesau bach fydd yn eu cicio yn y gwely, na chegau bach
fydd yn cega, na dwylo bach fydd yn malu popeth o fewn
cyrraedd... Newid eu hamserlen: ffendio lle sba, a bwyty
go grand, ac efallai drefnu noson mewn gwesty tua chanol
yr wythnos er mwyn cael seibiant o'r garafán ac ymolchi'n
drylwyr...
"Be wna i – troi rownd a mynd â nhw i dŷ dy fam?"
"Sa fo'n neis, ond yn amhosib," dywed Mami'n bendant.
"Pam?"

"Achos fedri di ddim gwneud *three point turn* efo carafán i safio dy fywyd."

Mae Dadi'n gwrido mymryn, ond yn giglo mwy. Mae'i ysgwyddau'n ymlacio; setla i yrru, a'r garafán yn eu dilyn yn esmwyth.

Try'i feddwl at yr wythnos o'u blaenau, a chyfaddawd y trefniadau: tair noson mewn gwersyll yng ngwyrddni hanesyddol Swydd Efrog, a thair mewn gwersyll ger tref glan môr dwristaidd yn Swydd Gaerhirfryn. (Hoffai Dadi allu dweud eu bod yn hoff o hanes ac wedi cynllunio'n ofalus er mwyn ymweld â siroedd y ddau deulu a âi benben yn Rhyfeloedd y Rhosynnau, ond nid yw hynny'n wir.)

Gwêl gipluniau o'r gwyliau yn ei feddwl: y plant yn lliwio'n dawel yn y garafán tra'i fod yntau'n darllen y *Guardian* o glawr i glawr y tu allan, gyda gwydraid o Riesling ar y bwrdd gerllaw; y plant yn eiddgar i ddysgu mwy am y gwrthrychau mewn amgueddfa; pawb yn ei ddilyn yn drefnus a brwdfrydig ar heic i fyny'r Pen-y-ghent. Gwena. Mae'n mwynhau hunan-dwyll.

"Fi isio mynd i ynys," cyhoedda'r ferch ymhen hir a hwyr. "Ond dim ynys Enchi."

"Pa ynys 'ta?"

"Ynys arbennig," haera hithau.

("Na! Dim ini! Tŷ Taid a Nain!" cyfranna'i brawd, gan geisio ymestyn i'w phinsio.)

"Beth am Ynys Môn?" cynigia'i thad.

"Ych a fi," medd y ferch.

"Sut ydan ni am gyrraedd ynys efo carafán, 'mach i?" hola eto.

"Adenydd, 'de?" medd hithau, gan ysgwyd ei phen. "Dwi wedi deud aaa deud wlthat ti."

Pridd tramor

ERBYN ABERGELE MAE pawb yn cysgu heblaw fo. Does ganddo ddim i'w wneud heblaw bodloni ar fod rhwng lorris yn y lôn araf, a chadw'i lygaid ar ddiflastod yr A55.

O boptu i'r heol, mae carafannau. Nid rhai teithiol fel yr un y mae'n ei thynnu, ond rhesi ar resi o rai statig lliw hufen. Cae ar ôl cae ohonynt, yn rhesi syth sy'n diflannu'n stremp geometrig y tu ôl iddo.

Gwna'r meysydd o resi unffurf iddo feddwl am eu taith, flwyddyn yn ôl, gyda chriw o ffrindiau i Wlad Belg. Saith awr dros y Berwyn a thraffyrdd Lloegr i gyffiniau'r twnnel; noson mewn gwesty rhad; ciwio am oriau am y trên, a'r ddau fach yn llenwi'u clytiau; ceisio rheoli'r ddau wedyn rhwng y ceir ar y trên; a gyrru, ar ôl cyrraedd, ar ochr anghywir y ffordd drwy Ffrainc – a'r cwbwl er mwyn edrych ar feddau.

A'r beddau mor anfoddhaol ar ôl eu cyrraedd – y profiad yn pendilio rhwng gorberffeithrwydd a diffyg urddas.

Gwylltiodd Dadi'n gacwn wrth gofeb gomon Hedd Wyn, yn benodol wrth yr arwydd a nodai, mewn difri calon, "To be born Welsh is to be born privileged, not with a silver spoon in your mouth, but music in your blood and poetry in your soul", ac wrth y darlun o'r bardd trwm nad oedd yn debyg iddo yntô!

"Pw 'di hwnna, Dadi?" holodd ei ferch.

"Hedd Wyn. Ti'n gwbod pwy 'di Hedd Wyn?" hola Dadi, braidd yn optimistig.

"Kevin?"

Nid oedd yn siŵr pam roedd y fechan yn ynganu 'Hedd Wyn' fel 'Kevin', ond roedd y bardd wedi dioddef pethau gwaeth.

"Wsti be? Ti'n iawn. Rhaid mai Kevin ydi o."

Gwylltiodd wedyn wrth daclusrwydd y fynwent – wrth ei glendid a'i gwyrddni, wrth ei heddwch. Roedd yn ddig na allai ddychmygu yno oglau mwg a drewdod cnawd yn llosgi, oeri, pydru. Wrth ddarllen enwau'r llanciau ar y meini dilychwin, gwyn, ni allai amgyffred bod eu hesgyrn dan y glaswellt mirain. Roedd yn ddig mai ychydig gannoedd o gyrff oedd yno, gan na allai ddychmygu marwolaethau'r miliynau.

Ceisiodd adael i dristwch oresgyn ei ddicter. Triodd ei orau i grio. Gadawodd i'w feddwl grwydro o'r fynwent hon at gnebryngau modrybedd oedd yn annwyl ganddo; meddyliodd am gael ei anfon i ryfel a pheidio â gweld ei wraig na'i blant byth eto; meddyliodd am olygfa olaf *C'mon Midffîld!*, a Wali'n canu "Ffarwél Bryn-coch, a'm ffrindiau lu – atgofion hoff o'r hyn a fu, y dagrau hallt a'r chwerthin iach, pob siom a bri boed fawr neu fach...". Wnaeth dim byd weithio. Ddaeth dim dagrau.

Roedd ei fab mewn sling ar ei frest, a'i wichian anniddig yn tarfu ar y fynwent. Penderfynodd adael i'r hogyn redeg. I ffwrdd â'r coesau bach rhwng y beddau, ac am y blodau â'r dwylo. Wrth ei ddilyn, ceisiai Dadi barchu'r rhesi a pheidio â sathru ar y gorweddfannau; doedd dim ots gan Cena. Wrth i weddill y criw ymgasglu'n syber uwchlaw gweddillion mab yr Ysgwrn, ceisiai yntau berswadio'i fab ei hun nad oedd torch o bopis yn ymborth blasus.

Cenfigennodd Dadi wrth y rheiny o blith eu criw ffrindiau a lwyddodd i gael eu taro gan aruthredd yr angau. Ond erbyn hynny roedd yn brysurach yn ceisio argyhoeddi ei ferch fod gwell llwyfannau i ganu 'Mi welais Jac y Do' arnynt na'r Garreg Gofio y safai Fflei arni'n awr, yr hon a ddyluniwyd gan Syr Edward Lutyens, a'r geiriau "Their name liveth for evermore" yn urddasol arni.

Dyna lle roedden nhw wedyn mewn amgueddfa yn Ieper, a dim un o'r iwnifforms na'r gynnau na'r ffosydd smalio'n cymell deigryn. Sylwodd ar gerdd Sassoon, 'A Wooden Cross', ar y mur, a mynd i'w darllen. A'r geiriau cant oed – nid y pethau, nid y profiad o sefyll ar y maes lle lladdwyd llu – yn dod yn agos at dorri ei amddiffynfeydd emosiynol: "I am young, and yet I've scores of banished eyes I can't forget... Come back, come back; you didn't want to die; And all this war's a sham; a stinking lie..."

Roedd y dagrau bron â llifo pan sleifiodd ei ffrind y tu ôl iddo a chanu'n dawel yn ei glust: "Fi a Wil, Wil a fi; fi a Wil croes bren..." Chwarddodd Dadi'n anghysurus o uchel ac anelu dwrn slei at geilliau'i gyfaill.

Allan â nhw o'r amgueddfa; aeth eu ffrindiau ar daith prynhawn drwy feysydd y gad (taith y penderfynwyd y byddai mynd â'r plant arni'n drech na phawb), ac aeth y teulu bach am fyrgyr a *flemish fries*.

Gwthio'r pram wedyn tuag at Borth Menin, ac i fyny'r allt serth i'r dde ohono. Gadawsant i'r plant redeg yn y gerddi gwyw, cyn cydio ynddynt wrth fynd i mewn i'r gofeb. Yno, o'r diwedd, daeth y dagrau i bigo yn llygaid y ddau ohonynt.

Ar y waliau, roedd enwau. Llythrennau dirifedi'n rhesi a cholofnau taclus, pob un yn gofnod bychan o lanc a aeth i'r gad un bore, ac na ddaeth hyd yn oed ei gorpws drylliedig yn ôl. Dyma'r hogiau – miloedd ar filoedd ohonynt – a ddarniwyd mor ddrwg nes nad oedd modd rhoi iddynt fedd. Yno, dan y marmor, wylodd Dadi.

Trodd y tor calon yn ddicter eto ar ben dwyreiniol y Porth, wrth i Dadi weld yr ysgythriadau: 'Pro Patria'; 'Pro Rege'. Fel petai hynny'n gwneud yr holl angau'n werth chweil. Fel petai gwlad a brenin sy'n gorchymyn i'w meibion ymrestru i gael eu chwythu'n smidderîns yn haeddu aberth. Fel petai balchder yn llai na boncyrs wrth i'r enwau raeadru o'r nenfwd yn llifeiriant o wastraff einioes.

Bedyddia'r dihiraeth
â'th ddagrau

ER MWYN GWASGU cymaint o werth â phosib allan o'r gwyliau, roedden nhw wedi bwriadu cyfuno'r stop cinio ag ymweliad â gerddi a pharciau ar stad wledig heb fod ymhell o Fanceinion. Ffoniodd Dadi reolwyr y stad ymlaen llaw i gadarnhau bod ganddynt le i barcio carafannau ac, yn wir, maen nhw wedi parcio'n ddigon hwylus pan gwympa'r dafnau cyntaf o law ar y winsgrin.

"Twt, dim ond pigach mae hi," dywed. Ar ôl wythnosau o bendroni a yw'n werth yr arian, maent wedi penderfynu talu i fod yn aelodau o'r Ymddiriedolaeth Genedlaethol, ac mae Dadi'n benderfynol o gyfiawnhau'r buddsoddiad.

"Ti'n siŵr na fasa hi'n well bwyta'n y car?" awgryma'i wraig.

"Twt," medd yntau eto.

Cariant eu picnic tua'r ardal o fyrddau pren, Jenga awyr agored, cyfarpar codi den, a chlocd nobl. (Picnic, yn yr achos hwn, yw brechdanau paced ac ambell bot iogwrt mewn bag Tesco, achos pwy ddiawl sydd â'r amser i osod pethau mewn basged?)

Try'r glaw (nad oedd eriocd yn "bigach" mewn gwirionedd) yn ddafnau swmpus, bygythiol, ac mae'r awyr yn duo. Newydd gyrraedd bwrdd y maen nhw pan fo'r gawod yn cychwyn o ddifri.

Rhedant dan goeden i gysgodi, a pharatoi am ffrae ynghylch

annoethineb gadael y car. Ond sylweddolant fod y goeden yn un mor hynafol, a'i dail mor dew, nes ei bod yn ffurfio gofod clyd siâp cloch o dan y canghennau. Clywant y dilyw'n dymchwel y tu allan, ac mae'n anodd cysoni'r sŵn â'r ffaith eu bod yn hollol sych.

Mae ar fin dweud wrth ei wraig fod holl sôn Dafydd ap Gwilym am ystafelloedd a wnaed gan goed bellach yn gwneud synnwyr iddo – '"Gwell yw ystafell a dyf,' ti bo?" – ond mae hi eisoes wedi gosod blancedi ar lawr, ac mae'r plant yn brathu'r brechdanau'n awchus.

Wrth eistedd a chychwyn ar ei ginio yntau, sylwa Dadi ar fflachiadau oren yn gwibio hwnt ac yma drwy'r dryswch hardd o ganghennau uwchlaw – wiwerod coch! Ni all gofio gweld un o'r blaen. Un? Dwy! Mae tair yno! Ac adar yn canu o'i hochr hi'n gyfeiliant i'w chwarae. Anadla, a sawru oglau'r dail ar y brigau a'r glaw ar y pridd. Glania buwch goch gota ar ei law, ac aiff i'w dangos i'r plant.

Gofidia fod y cinio hwn am ei wneud yn fwy o ffan o RWP nag o THP-W. Hyd yma, bu ei werthfawrogiad o fyd natur yn gyfyngedig i "lymder a moelni'r tir" a hagrwch gosgeiddig Eryri. Ond wrth ryfeddu at ddawnsio creaduriaid yn y goeden, ac wrth lawrlwytho ap i geisio adnabod y goeden ar sail siâp ei dail cysgodol, fe'i teimla'i hun yn cofleidio'r rhan o'i bersonoliaeth sy'n clywed parti cerdd dant yn canu am "y gwyllt atgofus bersawr, yr hen lesmeiriol baent, cyrraedd ac yna ffarwelio, ffarwelio... Och na pharhaent!" yn ei ben bob mis Mai, pan fo clychau'r gog yn ddi-drai ar y llethrau.

Achos er bod cerddi syber, sardonig yn iawn yn eu lle, a sylwebaeth sarcastig ar ddiddymdra pobol yn werthfawr yn ei ffordd, weithiau mae angen gorfoledd a rhyfeddod. Mae angen sbloets o liw, a ffrwydrad o gân adar.

Yn sydyn, caiff ei hun yn ôl ar ward mamolaeth Ysbyty Gwynedd, ychydig dros dair blynedd yn ôl, a'r ferch (sydd bellach yn "golffi" gwallt ei brawd â iogwrt) newydd gael ei gwasgu i'r byd yn gasgliad sgarlad o esgyrn pitw a chroen.

Aethai'r nyrsys â'i wraig i ymolchi ar ôl ei hymdrechion, gan ei adael yntau'n gafael yn y babi'n ddi-glem. Daeth rhywun i'w geryddu am beidio â'i lapio'n iawn yn y blancedi, ac i'w helpu i newid ei chlwt gan nad oedd ganddo'r syniad lleiaf beth i'w wneud.

Wedi hynny, eisteddai yn y gadair yn meddwl beth i'w ddweud wrth y bwndel tlws na allai hyd yn oed sbio ar ei hwyneb heb ddechrau crio o gariad.

Sut allai o addo iddi y byddai'n ei gwarchod a'i hymgeleddu tra byddai? Sut allai o ymrwymo i geisio'i gwreiddio mewn cariad, a rhoi iddi adenydd pob posibilrwydd?

Yn anfwriadol, a heb ddeall pam, clywodd ei hun yn cychwyn: "Draw o ymryson ynfyd chwerw'r newyddfyd blin…"

Dydyn nhw ddim hyd yn oed yn byw yn Eifionydd! Ond aeth rhagddo: "A llonydd gorffenedig yw llonydd y Lôn Goed…"

Hanner ffordd drwy'r trydydd pennill, anghofiodd Dadi sut roedd y gerdd yn mynd. Dim ots. Gafaelodd ynddi'n dynnach, a chusanu ei thalcen, a sychu ei ddeigryn oddi ar ei grudd.

Ikea

PASIANT ARWYDD AM Ikea, a meddylia Dadi am daith diwrnod yr aethant arni fel teulu i'r siop honno pan oedd o'n rhyw ddeuddeg oed, ac yntau a'i frawd a'i chwaer jyst abowt yn ddigon bychan i'w rhieni allu eu pacio i gyd i mewn i'r Peugeot 405 estêt a gyrru i ogledd-orllewin Lloegr am fod arnynt eisiau prynu silff lyfrau.

Cofia Dadi ddigalonni yn y siop – gweld eisiau golau dydd wrth iddynt wthio troli gwag drwy'r warws. Doedd ganddo ddim diddordeb mewn dodrefn nac offer tŷ, ac felly diflasodd yn llwyr. Unig rinwedd y trip oedd darganfod blasusrwydd peli cig Swedaidd. Canfu ei fam a'i dad silff a wnâi'r tro, ond roedd y bocs yn rhy fawr i ffitio ym mŵt y car. Fe gawson nhw un o Fangor yn y diwedd, felly gwastraff oedd y siwrnai lawog, faith wedi'u gwasgu'n chwyslyd yng nghefn y 405.

Erbyn hyn, mae barn Dadi ar Ikea wedi newid. Does ganddo fawr ddim i'w ddweud wrth y snobs sy'n cyfeirio at "ddiwylliant Ikea" ein dwthwn – y tueddiad i brynu pethau'n rhad a'u taflu ar ôl iddynt falu, neu ar ôl cael llond bol arnynt. Does gan Mami a Dadi, na'r rhan fwyaf o bobol eraill, ddim ffortiwn i'w gwario ar ddodrefn, na'r gallu i ymrwymo i hoffi dodrefnyn a brynant heddiw mewn ugain mlynedd.

Mae ymweliadau â'r siop yn donig i'r dychymyg. Mae'r llwybr yn eu harwain drwy fflatiau bychain ffug a ddodrefnwyd yn effeithlon, a'u haddurno'n chwaethus, â nwyddau'r siop. Ceginau; lolfeydd; lloffeydd: pob stafell, er ei bychander, yn rhoi'r argraff o ofod heddychlon, eang – yn dweud wrth berchennog y fflat leiaf nad oes angen llwyth o le i ymfalchïo mewn cartref.

Cyfle wedyn, wrth ddilyn y llwybr rhagordeiniedig, i graffu'n fanylach ar amrywiaeth o'r nwyddau fesul categori. Eistedd ar soffas, a dyrnu eu clustogau; agor drysau cypyrddau cegin a rhyfeddu at y silffoedd mewnol dyfeisgar. Ceisio dychmygu'r ceginau a'r desgiau mewn gofodau addas yn eu tŷ nhw. Eistedd wrth fyrddau; gorwedd ar welyau; rhoi mwythau i garpedi; edrych ar eu gwallt yn y drychau; dewis ffyrc; eu dallu eu hunain wrth edrych yn rhy fanwl ar lampau.

Er bod popeth yn rhad ar ei ben ei hun, erbyn cyrraedd y llefydd talu bydd ganddynt ddau droli ac arnynt nwyddau gwerth £430. Yna byddant yn gwario mwy ar beli cig Swedaidd er mwyn lliniaru'r galar am y £430 a gollwyd, a'u porthi eu hunain ar gyfer y dasg o drio ffitio popeth yn y car.

Fyddan nhw ddim yn mynd i Ikea heddiw, yn amlwg – mae'r plant ganddyn nhw. Fyddai Dadi ddim yn gwneud hynny i'r plant. Nac i'w gyd-gwsmeriaid. Na'r staff. Nac iddo fo ei hun a Mami. Ac mae'r maes parcio'n rhy dynn i'r garafán.

A working class hero
is something to be

AWR NEU DDWY o draffordd yn ddiweddarach, a Dadi'n nogio, maen nhw'n cyrraedd y maes carafannau. Ar ôl oriau ar lôn ddeuol, hoffa mor gul a throellog yw'r trac at y fynedfa, a'r dail yn brwsio ochrau'r garafán. Mae'r plant yn cysgu, ac wrth iddo agor ffenest y car dim ond awgrym a glyw o sŵn ceir ar yr heol gerllaw.

Daw dynes fer mewn jîle at y car i gadarnhau eu manylion, cyn iddi chwifio'i braich a cherdded o flaen y car i mewn i'r safle – fel y dynion hynny a arferai gerdded o flaen y ceir modur cyntaf yn ysgwyd cloch.

"Mae hi wastad yn gwisgo jilê," dywed Dadi.

"Mae hi'n harddach bob dydd," cyfranna Mami ar amrantiad.

"Mae ei pharc braidd yn llawn, ond sgwaryn a gawn."

"Sgwâr o gae'r ddynes sy'n gwisgo jilê," gorffenna Mami'r barodi, a gwena'r ddau'n dawel ar eu plentyneiddrwydd eu hunain.

Mae hi'n eu harwain rhwng y pitshys, a dyma gyfle iddo fo a'i wraig lygadu'r owtffits eraill fel beirniaid da byw. Ambell deulu â charafán fawr, sgleiniog, newydd sbon, a char swanc, grymus i'w thynnu; eraill yn tynnu carafán hynafol, felen, â char sydd hyd yn oed yn fwy di-raen. Ac eraill sydd wedi penderfynu buddsoddi'n drymach ym mlaen neu yng nghefn yr owtffit – bangar yn tynnu moethusrwydd, neu gar hanswm yn tynnu carafán o oes y pyrm a'r pelmet.

Pendrona Dadi weithiau am economeg baradocsaidd carafanio. Mae'n ffordd o gael gwyliau rhad, mynych, ac felly'n apelio at bobol na allant fforddio gwyliau call mewn gwesty crand neu dros y môr. Ond eto, mae angen rhywfaint o gelc i brynu'r cerbydau a'r cyfarpar angenrheidiol i gyd – ac mae nifer nid bychan o'r carafannau o'u cwmpas yn rhai sy'n costio cyflog blwyddyn.

Nid yw eu carafán hwy'n arbennig o grand, drud na newydd, ond nid yw'n destun cywilydd chwaith: mae'n ysgafn i'w thywys, a'r tu mewn iddi'n olau braf, a phopeth nas malwyd gan ddwylo busneslyd y plant yn gweithio'n iawn. Felly hefyd eu car: mae'r Passat cydnerth yn dal i gario peth o'r urddas a'r sglein a oedd ganddo ddegawd yn ôl, pan oedd yn newydd. Mae digon o amrywiaeth ar y maes carafannau hwn, fel ar y mwyafrif ohonynt, i'w teulu nhw fod yn gysurus yng nghanol y tabl drudfawredd – digon iddynt genfigennu wrtho, ond digon o bethau salach hefyd.

Felly teimla Dadi'n ddigon cyfforddus wrth nadreddu ei ffordd at y llain y mae'r ddynes fer bellach yn pwyntio ati â'i dwy fraich.

Cofia fynd i aros ar faes carafannau'r Eisteddfod am y tro cyntaf, pan oedd yn ei arddegau cynnar, a chael sioc ar ei din wrth sylweddoli ei fod yn dod o deulu dosbarth gweithiol.

Cymerasai erioed ei fod yn ddosbarth canol. Yn y pentref ôl-chwarelyddol lle roedd ef a'i deulu'n byw, ni chafodd erioed reswm i feddwl eu bod yn sylweddol dlotach na'r cyffredin, er bod y plant eraill yn cael pethau drudfawr fel crysau pêl-droed timau go iawn, a threnyrs Nike ac Adidas, ac yn cael mynd ar eu gwyliau i lefydd fel Majorca.

Er nad oedd teulu Dadi'n faterol gyfoethog, roedden nhw'n

gwneud pethau a oedd, yn ei dyb ifanc, yn eu gosod yn dwt yn y dosbarth canol – mynd i'r capel, darllen llyfrau, gwylio S4C, mynd i'r theatr.

Ond wrth iddynt, fel teulu, landio ym maes carafannau'r Steddfod yn eu Peugeot 405 lluddedig, dirmygedig, a drechwyd gan bymtheng mlynedd o lafur caled, cafodd y Dadi ifanc agoriad llygad nas anghofiodd. Am ryw reswm, nid oedd wedi dychmygu bod Cymry Cymraeg cyfoethog mor niferus. A nhwthau wedi arfer aros mewn B&Bs rhad a stafelloedd dinji uwchben tafarndai ar gyfer pob Steddfod, roedd darganfod y gymuned lewyrchus hon yn sioc. Pawb yn nabod ei gilydd, a mwy o raen arnyn nhw nag ar ei deulu o. Cochodd fymryn wrth fynd ati i helpu ei fam i godi eu pabell newydd yng nghysgod Baileys a Swifts y teuluoedd hynny oedd yn llawn o hyder na welodd ei eisiau tan hynny.

Er bod pawb yno'n glên ac yn groesawus, nid yw Dadi byth wedi llwyddo i ddiosg yr anesmwythyd a deimlai: yr ofn o beidio â pherthyn – o beidio â chael rhieni mewn swyddi bras yn y sector gyhoeddus sy'n nabod rhieni pawb arall ers dyddiau coleg, o beidio â chael tŷ crand mewn maestref, o beidio â gwisgo cweit yn iawn.

Efallai mai gweddillion yr ofn hwnnw a wnaeth iddo gyfieithu'n llawrydd fel ffwlbart yn ei amser sbâr ar ôl gadael coleg a dechrau gweithio, er mwyn gallu prynu carafán, a galluogi'i blant i gerdded mor dalog â neb arall o blant bach dosbarth canol Cymraeg y maes carafannau.

Rifyrsio

Os NAD YW Dadi'n ddosbarth canol, nid yw'n ffarmwr chwaith – er iddo gael ei fagu ar ffarm, i raddau.

Roedden nhw'n byw mewn tŷ stryd yn y pentre nes roedd Dadi'n ddeg; bryd hynny, prynodd ei rieni fyngalo i'w nain a'i daid, a rhoi estyniad ar y tyddyn lle roedd y cwpwl hŷn yn byw cyn hynny. Ond roedd ei daid wedi hen ymddeol o'r tipyn ffarmio a wnâi ar yr wyth acer o gwmpas y tŷ, ac yn gosod y tir i gyfeillion gadw'u hanifeiliaid arno.

Ymdrechodd ei daid i'w gael yntau i ymddiddori mewn amaethu – gan gynnwys ei osod ar y Massey Ferguson 135 yn wyth oed, a gadael iddo yrru o gwmpas y cae heb syniad sut roedd stopio. Pan fyddai'n amser dipio defaid, câi Dadi'r dasg o agor giât y dip defaid yn ysbeidiol a chyfri'r creaduriaid a adawai drwyddi. Ond doedd dim yn tycio. Hogyn bach tew, diog oedd o, â mwy o ddiddordeb mewn llyfrau na chneifio.

Daeth ei daid i ddealltwriaeth â hen fêt o ffarmwr er mwyn prynu gast ddefaid i Dadi, ei frawd, a'i chwaer, ond buan y collon nhw ddiddordeb yn honno, a chafodd Bet druan fywyd segur yn y cwt tractor nes i'r canser ei choncro maco o law.

Er y bydd Dadi weithiau'n ffantaseiddio am adael ei swydd swyddfa a gwneud ffortiwn allan o ddiadell o ddefaid, gall fyw'n iawn heb y rhan fwyaf o sgiliau amaethwr. Canlyniad gwaethaf methiant ei daid i'w hyfforddi'n ffarmwr yw'r embaras y mae ar fin ei brofi.

Mae arno angen rifyrsio'r garafán ar y llain.

Mae'r ddynes fer wedi dychwelyd i'w chwt, a'r plant wedi deffro.

Cymer anadl ddofn. Gŵyr yn union i ble y mae'n anelu'r garafán, ond nid oes ganddo ffydd yn ei allu ei hun i droi'r llyw yn y cyfryw fodd nes trosglwyddo'r garafán o'i safle presennol i'r sgwaryn bach hwnnw o wellt.

"Stop!" bloeddia'i fab. "Stop!"

"Fisio pi-pi plis, Mami," yw cyfraniad ei ferch wrth ddylyfu'i gên.

"Wedyn," dywed ei wraig. "Mae'ch tad yn trio canol-bwyntio."

Coda'r clytsh. Ceisia gofio'r cyfarwyddyd a ddarllenodd ar y we, sef troi'r llyw i'r cyfeiriad gwahanol i'r un y byddai'n ei droi fel arfer. I ddechrau, mae hynny'n gweithio, ac mae'r garafán yn anelu am y llain. Ond aiff yn rhy bell i'r cyfeiriad hwnnw.

"Be am i ni jyst mynd allan a gwthio?" awgryma Mami. Ei unig ymateb yntau yw ebychu fel arth yn deffro.

Ceisia gywiro'r llywio, ond try'r garafán yn waeth. Mae clip bychan i fyny at y pitsh, a chlyw Dadi oglau'r clytsh yn llosgi wrth iddo ddal ei droed arno'n rhy hir.

Erbyn y pwynt hwn, mae'r egwyddor o droi'r llyw i'r cyfeiriad sy'n teimlo'n anghywir wedi ei ddrysu'n lân. Nid yw'n cofio pa ffordd y byddai'n naturiol troi'r llyw: mae clocwedd a gwrthglocwedd yn teimlo mor anghywir â'i gilydd, ac yn cael yr un faint o ddylanwad ar gyfeiriad y garafán.

"Ti 'di golffan palcio rŵan, Dadi?" hola'i ferch. "Achos mae ffani fi'n gweeeiddi isio pi-pi."

"Stop! Stop! Stop!" cura'i fab ochrau ei gadair.

Crwydra dyn moel, clên yr olwg, draw o bitsh cyfagos, a

sefyll ddwylath oddi wrth ei ffenest. Nid yw Dadi'n agor y ffenest.

"Dal hi fel mae, dal hi fel mae. Llaw chwith lawr. Chwith. Chwith! Chydig o'r dde. Llaw dde lawr. Lawr! Lawr! Llaw dde chwith lawr," dywed y dyn, a'i dôn yn atgoffa Dadi o'r modd y byddai ei daid yn cyfarwyddo ci defaid. "Ti'n o-reit, tiii'n ôl-reit."

Wrth ddilyn cyfarwyddyd y dieithryn caredig, ceisia Dadi roi'r argraff nad yw wedi sylwi ar y dyn, sy'n amlwg wedi bod yn garafaniwr selog am y mwyafrif o'i ddeng mlynedd a thrigain ar y ddaear.

"Dyyyna chdi, diiigon da rŵan. Digon da. Fedri di ei llusgo hi'n syth o fan'na." Coda'r gwron ei fawd. Coda'r rifyrsiwr ciami fawd llywaeth yn ôl, a chynnig gwên gegsyth o ddiolch.

"Pnawn da," dywed Dadi wrth agor drws y car. Mae'r hen ddyn eisoes wedi gostwng y joci-whîl ac yn weindio'r hitsh yn rhydd o'r car.

"Mi fyddi di'n siŵr o ddod yn well efo profiad, sti," ceisia'r dyn gynnig cysur. Estynna'i law. "Ronald."

"S'mai," dywed yntau, gan ysgwyd y llaw heb ddweud ei enw. Mae'i fab yn ei hafflau'n slapio'i ben, ac felly nid yw Dadi mewn tymer sgwrsio.

Synhwyra'r hen ddyn o'r diwedd nad yw'r llanc yn gwerthfawrogi ei help, a chrwydra'n ôl at ei bitsh ei hun.

Wrth godi'r brêc a datgysylltu'r cêbl trydan a chêbl y brêc, tafla Dadi gipolwg draw at bitsh y dyn a'i helpodd. Skoda estêt smart, dwy oed, ac Eldiss dwy echel: owtffit i genfigennu wrth ei pherchennog. Ond owtffit i deulu. Ac er ei fod yn edrych fel penteulu balch, does neb i'w weld yno heblaw Ronald. Dim beics wyrion. Un gadair haul. Dim adlen. Un pâr o sgidiau wrth stepen y drws.

Yn hytrach na disgwyl am help ei wraig, sydd wedi mynd â'r fechan i'r toiled, aiff Dadi ati (a'i fab yn dal i hongian wrth ei wddf) i ostwng y brêc a llusgo'r garafán nes ei bod yn syth ar y pitsh. Mae'i fab yn dynwared ei rwgnach ac yn gosod ei law fechan ar y garafán i'w helpu. Ond mae'r joci-whîl yn sownd mewn pant yn y gwellt, ac felly rhaid i Dadi sefyll yno'n chwibanu nes daw Mami'n ôl.

Gofala sefyll ar yr ochr o'r garafán lle na all Ronald weld bod arno angen cymorth.

Cyfod iti gaer

MAE DADI WEDI colli'r sbirit-lefal bychan y mae'n arfer ei ddefnyddio i sicrhau bod y garafán yn wastad. Edrycha yn yr holl gypyrddau lle gallai fod wedi ei daflu y tro diwethaf. Mae ar fin codi clustogau'r soffa i chwilio yno pan ofynna'i wraig, sydd wedi clywed whiff o oglau annymunol, iddo edrych a oes ar eu mab angen clwt glân. Wrth osod ei law ar din trowsus yr hogyn, nid yw Dadi'n teimlo twrdyn, diolch byth. Ond teimla siâp trionglog y sbirit-lefal ym mhoced ôl Cena. Sut y cyrhaeddodd yno, ni all Cena na Dadi ddweud.

Gyda'r teclyn hwnnw, gall sicrhau bod y joci-whîl ar y lefel gywir, a gostwng y coesau i sefydlogi'r garafán ar y ddaear. Dyna'r theori, ond mae Fflei'n benderfynol o geisio'i helpu i droi'r sbaner arbennig, ac nid yw'r ddau'n gytûn i ba gyfeiriad y dylid ei throi. ("Dwi wedi deud a deud, Dadi! I lawr! Lownd a lownd!")

Ar ôl cael y coesau i lawr, y joban nesaf yw cysylltu'r tanciau dŵr. Yn ddiarwybod iddo, mae Cena wedi datgymalu'r contrapsiwn pibelli sy'n cysylltu'r twll dŵr llwyd â'r Wastemaster, ac ar ôl ei geryddu ("Twonc!") rhaid i Dadi roi coflaid iddo cyn gallu bwrw ymlaen i drwsio'r pibelli a'u rhoi yn y twll.

Arweinia anghytundeb rhwng y brawd a'r chwaer (ynghylch rhaniad y dyletswyddau wrth fynd i lenwi'r gasgen dŵr ffres) at gryn gwffas. Ar ei diwedd, mae gan Cena nifer o wallt Fflei yn ei ddwrn, ac ôl ei dannedd ar ei foch, ac mae pawb yn sgrechian (heblaw Dadi, sy'n gweiddi bod angen i bawb gallio, wir Dduw).

Mae'r tapiau dŵr yn bell, ac mae'r siwrnai'n teimlo'n feithach gan fod y ddau blentyn yn ceisio tynnu'r Aquaroll gerfydd yr handlen fetal heb gytuno'n llwyr ar ba dap y maen nhw'n anelu ato. Ar ôl ei fodloni ei hun nad oes llawer o draffig o gwmpas, penderfyna Dadi adael Cena'n sgrechian ar ganol y lôn, a mynd rhagddo gyda Fflei at y tap. Gafaela hithau'n ddigon del yn y beipen arbennig sydd ganddo er mwyn hwyluso llif y dŵr o'r tap i'r gasgen, ond cyn iddi fod yn hanner llawn mae'r mab wedi ymdawelu ac wedi penderfynu bod arno eisiau dial am y camweddau a ddioddefodd. Ffurf y dialedd hwn yw rhedeg at y tap a halio'r beipen arbennig nes ei bod yn dod yn rhydd, gan chwistrellu dŵr i bobman, ac yn enwedig dros draed ei dad.

Teimla Dadi fel rhoi ochr pen i Cena am y drosedd. (Cyn cael plant, ni allai Dadi ddeall sut y gallai unrhyw oedolyn golli rheolaeth arno'i hun a'r sefyllfa i'r fath raddau nes defnyddio trais yn erbyn ei blant. Mae ei ddealltwriaeth wedi cynyddu.)

Cyrhaeddant yn ôl at y garafán ymhen hir a hwyr, ac yntau bellach yn gorfod tynnu'r gasgen yn ogystal â chario dillad Fflei (fe'u tynnodd ar ôl gwlychu yn nŵr y tap). Panicia wedyn wrth sylweddoli nad yw'r pwmp dŵr yng nghwpwrdd blaen y garafán, nac ym mŵt y car, nac mewn dim un o'r hanner dwsin o gypyrddau a agora'n ffrantig gan geisio peidio â meddwl am y dinistr y mae'r plant yn ei wneud y tu allan.

"Wyt ti wedi sbio'n y sinc?" hola Mami, sydd wrthi'n llwytho'r wardrob â dillad yr wythnos.

"Y sinc? Pam ffwc swn i'n sbio'n y blincin sinc?" hola Dadi, a'i lais octef yn uwch nag arfer.

"Achos ma fan'na wnest ti ei gadw fo tro dwytha. Oedd o'n

syniad da, medda chdi ar y pryd, fel bod y dŵr sbâr o'r beipen yn mynd i lawr y plwg yn hytrach nag yn diferu dros bren y garafán."

"Syniad da iawn," dywed yntau'n llywaeth. "Wnest ti fy mhriodi i am fy mrêns yn ogystal â 'nghorff, yn do?"

Ar ôl cysylltu'r pwmp (a oedd yn y sinc), rhaid cysylltu'r trydan.

"Sbïwch, rŵan," esbonia i'r plant, oherwydd mae arno eisiau eu magu'n garafanwyr medrus. "Rydan ni'n cysylltu'r cêbl i'r garafán gynta, ac i'r pwynt pŵer wedyn. Achos 'dan ni ddim isio bod yn cario weiran fyw. Wedyn wrth adael, fyddwn ni'n tynnu'r cêbl o'r pwynt pŵer gynta, a'r garafán wedyn. Dach chi'n dallt?"

Mae Fflei'n rhy brysur yn ceisio lapio'r weiren oren o amgylch gwddw'i brawd i werthfawrogi rhesymeg y broses.

Ar ôl achub bywyd Cena a chysylltu'r trydan, aiff Dadi i mewn i'r garafán i weld a yw popeth yn gweithio. Nac ydi. Ond mae hyn wastad yn digwydd. Gan deimlo fel dyn go iawn, coda Dadi glustog y soffa a mynd at y bocs ffiwsys. Coda'r trip-switsh i'w briod le, ac mae ganddynt oleuni.

Drwy'r ffenest uwchlaw'r sinc, wrth geisio perswadio'r tap i gynhyrchu dŵr cynnes ("Ffocing poetha'r ffocing ffycar ffrijid.") gwêl fod y plant wedi mynd at garafán Ronald ac yn taflu cerrig bach o'r trac ati. Rhega dan ei wynt, diolch bod y Skoda a'i berchennog wedi mynd i rywle, a mynd atynt i'w llusgo tua thref.

Cofia wedyn fod ganddynt adlen i'w chodi.

Translations

A R ÔL PEDWAR munud o ffraeo ynghylch polion a cheryddu'r naill a'r llall am ddal y canfas y ffordd anghywir, cytuna Dadi a'i wraig y byddai'n well iddi hi godi'r adlen ar ei phen ei hun.

Y rheswm swyddogol dros ymadawiad Dadi yw bod y plant dan draed, ond amheua'r gŵr mai ei ddiffyg deheudra yntau sydd i gyfrif am y consenws y bydd yr adlen ar ei thraed yn gynt os bydd o'n ymabsenoli.

Felly aiff â'r plant i'r parc. ("Dalc!") Gan ystyried bod cae swings yn un o'u meini prawf hanfodol wrth ddewis maes carafannau, caiff Dadi ei siomi, braidd, gan y cyfleusterau: un siglen fawr debyg i hamoc, ffram ddringo fach a llithren ynghlwm wrthi, a math o gwrs rhwystrau pren y tybia y bydd ei blant yn rhy fach i'w goncro.

Nid yw'r plant yn siomedig. Rhuthrant i fyny'r ffrâm ddringo ac i lawr y llithren chwech neu saith o weithiau'n olynol, cyn gorchymyn i'w tad eu codi ar y siglen fawr. Ymuna â nhw ar yr hamoc, a gafael yn dynn ynddynt wrth siglo'n ôl a 'mlaen ar sbid a wnaiff i'r plant sgrechian mewn modd sydd hanner ffordd rhwng arswyd a diléit.

Mae plant eraill yn cyrraedd y parc. Ceisia Dadi ymbellhau o'r chwarae a mynd i sgwlca wrth y ffens. Nid oes arno eisiau dim cyfrifoldeb os yw'r plant eraill yn syrthio a brifo – ac mae'n gyfle, efallai, iddo sbio ar ei ffôn.

Yn annisgwyl iddo, mae ei blant yn ddigon bodlon iddo gilio i'r ochr. Mae tad y plant eraill – merch a bachgen fel ei rai o, ond ychydig yn hŷn, y ferch tua phump efallai – yn cyrraedd ac, ar ôl nòd o gydnabyddiaeth, mae'r ddau ddyn yn bodloni ar edrych ar eu ffôns.

Mae'r plant, fodd bynnag, yn fwy cymdeithasol. Gafaela'r ferch ddiarth yn llaw ei ferch a chyhoeddi mai hi yw ei ffrind, ac maen nhw bellach yn gwthio'i gilydd i lawr y llithren. Mae'r hogiau'n hapusach yn cyrcydu ger y giât ac yn cyfnewid dail heb ddweud gair.

Clustfeinia ar sgwrs y merched.

"Beth ydi d'enw di? Freya ydw i."

"Ti pwsho fi lawr 'ŵan plis."

"W, beth am i mi dy wthio di i lawr? Ti'n barod?"

"Fflei ydi enw fi a blawd bach fi ydi Cena."

"Aethon ni i'r parc ffarm heddiw. Beth wnest ti heddiw?"

"Nath blawd fi neud pw yn ei glwt gynna a nath Dadi ga'l peff ar 'i law wrth newid o."

Mae ei ferch yn chwerthin mor aflywodraethus wrth ddatgelu'r digwyddiad hwnnw nes nad oes gan Freya ddewis ond ymuno. Ond nid yw'n hollol fodlon.

"Dwi ddim yn deall be ti'n ddweud. Pa iaith ti'n siarad?"

"Ti hoffi top fi?" yw ateb Fflei, achos wnaeth hi ddim deall y cwestiwn.

Mae ar fin ceisio esbonio'r sefyllfa i Freya pan sylweddola nad oes angen. Mae'r ddwy mor uniaith â'i gilydd, a'r syniad o siarad Saesneg mor anghyfarwydd i Fflei â'r syniad o siarad Cymraeg i Freya. Mae'r ddwy'n sofran, ac nid oes angen i'r naill ymddiheuro i'r llall.

Gŵyr mai byrhoedlog fydd y sefyllfa hon. Ymhen blwyddyn arall o ysgol a chartŵns, sylweddola y bydd ei ferch, mae'n debyg, yn gallu how-ateb Freya mewn Saesneg clapiog. Am rŵan, mae'n ddigon bodlon gadael iddynt barablu heb i'r naill ddeall y llall.

Mae'r ddwy wedi symud at y cwrs rhwystrau erbyn hyn, a'r hogiau'n cyd-ddringo a chydlithro'n fud. Tybia y bydd yn rhaid iddo ymyrryd a helpu wrth i'w ferch geisio croesi pont o gadwyni a phlanciau simsan, sy'n dipyn o her i Freya, hyd yn oed. Mae'r machlud yn ei lygaid wrth iddo'i gwylio'n mynd.

Mae Fflei yn sigledig, a'i breichiau bach yn straenio i gyrraedd y ddwy gadwyn ganllaw, a'i choesau'n ansicr ar y planciau. Ond gam bach wrth gam dewr, mae hi bellach wedi cyrraedd hanner ffordd, ac wedi ymgyfarwyddo â sigladau'r bont.

Ni ŵyr Dadi beth i'w deimlo. Mae'n ysu am ei gweld yn concro'r her ond, wrth iddi ddynesu'n fwyfwy hyderus at y pen draw, mae'r dagrau'n pigo'i lygaid. Dau gam arall a bydd yno, a Freya'n gafael amdani i neidio'n ddathliadol. Ac ni ŵyr Dadi a yw'n dathlu drosti ynteu'n torri ei galon am nad oes ar ei fechan fregus angen ei thad mwyach.

Yn y tŷ
Diwrnod 1

MAE'R ADEILADWYR WEDI troi am adref bellach, a'u dillad yn llwch drostynt a'u trwynau'n llawn o bowdwr a oedd gynt yn blastar.

A yw'n gywir eu galw'n adeiladwyr heddiw? Malu fuon nhw drwy'r dydd: tynnu yma i lawr fu eu gwaith, nid codi draw. Tynnu drysau'r cypyrddau cegin oddi ar y carcas; rhwygo'r topiau'n rhydd. Iancio plinthiau o'u lle ar y llawr, a dadsgriwio'r unedau'n rhydd o'r waliau; cludo'r cwbwl ymaith. Mae'r cypyrddau, a fu gynt yn amgylchynu prydau'r teulu, bellach yn ddi-drefn ar lawr warws, yn disgwyl am brynwr.

Mwy o falu wedyn. Hacio'r teils hen ffasiwn oddi ar y waliau. Tynnu'r lle tân o'i le. Estyn ebillion trydan a chyfeirio'u grym cnocellog at blastar y muriau, gan ddatgelu – wedi i'r llwch setlo – batrymau brics a cherrig y waliau noeth.

Dinistrwyr nid adeiladwyr heddiw, ie, ond does dim modd codi cegin newydd mewn un sydd yno'n barod. Weithiau, rhaid malurio'r presennol cyn y gall y dyfodol gychwyn.

Teulu

MAE CARAFANIO'N HASL, ond gwell hynny na gwersylla mewn pabell. Er bod halio'r trelar am oriau yn niwsans ac yn creu peryglon, ac er bod yr holl baraffernalia'n ddrud a dryslyd, ar ôl cyrraedd y gwersyll ceir gwely solet a chegin ddefnyddiol. Does ond angen camu i mewn, a cheir cysgod cadarn rhag glaw a gwynt.

Gyda phabell, mae'n haws mynd o le i le, ond ar ôl cyrraedd rhaid cychwyn o'r cychwyn: cysylltu'r polion sy'n codi'r cartref canfas, a hwnnw wedyn yn simsan mewn hyrddiadau o wynt ac yn dda i ddim mewn dilyw. Rhaid estyn – neu fyw heb – yr holl adnoddau sylfaenol hynny sy'n sownd i garafán: hob, toiled, dŵr, cegin, byrddau, cadeiriau, gwely.

Golyga hynny fod gan Dadi gryn edmygedd at y bobol sy'n cymryd pebyll o ddifri. Mae cwpwl o'r fath ar bitsh cyfagos. Mae ganddynt babell wyth dyn, a'r canfas yn dynn. Yn ei libart gosodwyd pob cyffordddusrwydd y gallai neb ddymuno'i gael – carpedi llawr, byrddau, goleuadau tylwyth teg, stof nwy, planhigion ffug, barbeciw, canhwyllau, cegin ac ati. Try'r edmygedd yn dwtsh o genfigen wrth weld mor olygus yw gŵr y babell – yr holl chwe throedfedd heini ohono a'i ben llawn o wallt wedi'i jelio'n ofalus – ac mor smart yw ei wraig, a'r sbectol haul dros ei hwyneb yn cuddio tlysni oeraidd.

Ond mae rhywbeth nad yw cweit yn iawn. Mae dwy lofft wedi eu gosod yn y babell, ond un gwely. Dim ond dau feic sydd yn y pedwar slot yn y rac ar do'r car. Does dim seti plant yng nghefn y *people carrier*. Mwytha llaw'r ddynes ei stumog

40

fflat yn ofidus, ac nid yw hi'n siŵr a ddylai gael gwydraid arall o win ai peidio.

Wrth lusgo'r plant heibio i'r babell, a nhwthau'n bloeddio "Na na na na na na!" ac yn eu gwneud eu hunain mor drwm â phosib yn eu gwrthwynebiad i adael y parc, teimla Dadi'n rhyfedd o ddiolchgar.

Tân

ANHWTHAU'N BERCHEN ar y garafán hon ers blwyddyn bellach, mae eu hyder yn cynyddu. Ar eu trip diwethaf, sef hwnnw i'r Steddfod, penderfynodd Dadi a Mami na allent fforddio cael pob pryd bwyd naill ai o stondinau'r Maes neu o fwytai cyfagos; byddai'r gorddrafft yn gwingo a'r bwmbeili'n dynesu at ddrws y tŷ. Roedd ateb y broblem cinio'n ddigon syml: rôl ham a chaws i'r plant, a chaws, cracyrs a grawnwin iddyn nhw'u dau. Ond byddai'n rhaid iddynt goginio swper yn y garafán.

Gan fod y ddau'n wersyllwyr mor amhrofiadol, tan hynny ni ddefnyddiwyd stof y garafán ond fel cwpwrdd bwyd ychwanegol, na'r hob ond fel darn arall o wyrctop. Roedd potel nwy wedi'i chysylltu â'r pibelli cywir yn y compartment blaen, ond roedd y ddau'n betrus iawn o ryddhau tanwydd a chynnau matsien mewn gofod mor fach â charafán.

Ond allen nhw ddim byw ar frechdanau a chaws drwy'r dydd am wythnos. Roedd yn rhaid cael pasta a saws. Felly mentrodd Dadi i'r compartment blaen a throi'r nobyn i agor y cyflenwad nwy. Pwysodd switsh melyn rhag ofn y byddai hynny'n helpu. Gwaeddodd y ddau ar y naill a'r llall am sbel wrth i'r hob wrthod tanio. Sniffiodd y ddau'r aer er mwyn ceisio dweud a oedd y nwy ymlaen. Tynnodd Dadi'r botel allan, a'i hysgwyd i weld a oedd nwy ynddi; roedd canlyniad y prawf yn ansicr. Ymhen hir a hwyr, cafwyd tân.

Yna, cofiodd y ddau nad oedd ganddynt sosban, a chawsant frechdan i swper.

Erbyn hyn, mae ganddynt sosban, ac ynddi basta'n berwi'n fodlon. Teimlant fel anturiaethwyr yn gwneud gwareiddiad yn y gwyllt. Teimlant fel y bobol gyntaf erioed i ddefnyddio gwres i goginio.

Meddylia Dadi weithiau am yr hap a damwain – y symudiadau, y syniadau a'r sylwi ffodus – a gymerodd i gyrraedd y pwynt hwnnw yn esblygiad cymdeithas ddynol. Dechreuodd y broses, mae'n debyg, wrth i fwncwn a phobol gynnar sylwi bod bwyd newydd i'w gael drwy chwilio drwy ddarnau o dir a losgwyd gan danau gwyllt ar y safana. Sylwi wedyn fod rhai o'r creaduriaid a'r planhigion a fu mewn tanau naill ai heb goginio digon i'w bwyta'n ddiogel, neu wedi llosgi gormod i'w bwyta. Yn sgil hynny, aed ati naill ai i osod y bwyd a oedd wedi tangoginio ar weddillion poeth y tanau, neu dynnu'r bwyd o'r tân cyn iddo goginio gormod. (Ni all Dadi wneud hynny gyda stêc ar hob modern, hyd yn oed.)

Y cam nesaf oedd mentro cludo fflamau – eu cymryd o danau gwyllt, a'u gosod lle dymunai dynion iddynt fod. O gwmpas y tanau hynny, tyfodd gwersylloedd. Taith fer iawn – er iddi bara degau o filoedd o flynyddoedd – sydd rhwng hynny a Mami'n coginio pasta yn y garafán hon heddiw.

Goleuni tân wnaeth alluogi pobol i eistedd o gwmpas yn chwedleua gyda'r nos, yn hytrach na mynd i gysgu ar ôl i'r haul fachlud, gan wneud straeon yn ffordd o basio'r amser a dweud y gwir dan gêl.

Gwres tân wnaeth alluogi pobol i symud i ardaloedd oerach, a gwasgaru dros wyneb y blaned, hyd yn oed i lefydd fel Trefor. (Meddylia Dadi'n aml na fyddai dynoliaeth wedi gadael Affrica o gwbwl pe bai pawb mor ddisymud a bodlon ei fyd â fo – yr unig symud a wnaeth yn ei oes yw mynd naw milltir o'i bentref ei hun i fyw yn y dref gyfagos. Ac mae hynny'n hen ddigon, diolch yn fawr.)

Ni all Dadi ei roi ei hun ym meddwl y concwerwr. Hyd yn oed a ffast-fforwardio miloedd o flynyddoedd yn hynt dynoliaeth, ni all gydymdeimlo â'r dyhead i ymfudo. Ni all ddychmygu mentro i le na welodd dyn erioed – heb lonydd na phibellau dŵr na gwifrau trydan – a dechrau o'r dechrau yno: clirio'r tir i'w wneud yn gaeau amaethyddol ffrwythlon, a hynny cyn dechrau meddwl am ffurfio sefydliadau cymdeithas wâr.

Wrth feddwl am y Wladfa, er enghraifft, ni all gael ei feddwl o gwmpas ei argraff o'r fenter fel un hollol boncyrs: ocê, roedd y bobol 'ma'n teimlo'u bod nhw'n cael eu gormesu yng Nghymru, ond allen nhw ddim bod wedi symud i Tenerife? Neu Ynys Enlli? Fyddai Dadi byth wedi mynd ar long hanner ffordd ar draws y byd i ddechrau gorfod meddwl am ddofi'r tir a rhoi trefn arno ar ôl cyrraedd – clirio brwgaij, tyllu camlesi, a phob math o dasgau eraill nad oedd modd dweud a fydden nhw'n llwyddiannus hyd yn oed pe na bai Dadi'n ei weithio'i hun i farwolaeth neu'n dal haint estron. Hynny oll jyst er mwyn gallu bwyta bara brith yn heddwch gwlad bell? Honco bonco.

Yr wyf yn addaw, drwy gymorth Duw, ymgadw rhag pob math o ddiodydd meddwol

A R ÔL RHOI'R plant yn eu gwlâu, syrthia Dadi i gadair yn yr adlen a dechrau archwilio'i freichiau. Bu amser bàth heno'n arbennig o dreisgar. Mae ganddo ambell batshyn coch lle cafodd slap; sgriffiad neu ddau lle penderfynodd y plant mai ewinedd oedd eu harfau mwyaf effeithiol; a chwpwl o farciau brathu ffres – *love-bites* heb y serch – o gwmpas ei ysgwyddau. Ond mae'r plant wedi eu golchi, eu sychu a'u dilladu mewn pyjamas, ac maen nhw bellach yn ffraeo'u ffordd i gysgu yn eu gwlâu gwynt.

Gall yntau agor can. Darllenodd erthygl dro'n ôl a nodai fod meddygon bellach o'r farn nad oes unrhyw effeithiau da i yfed alcohol, ac mai llwyrymwrthod yw'r unig beth sy'n llesol i'r corff.

Wfft! Mae'r corff yn un peth, ond beth am yr enaid? Gŵyr Dadi'n iawn, ar sail ambell fore Sul yn dilyn sesh, mai gwenwyn yw alcohol, ac mae wedi teimlo i'r byw drafferthion ei organau i'w brosesu. Ond gŵyr hefyd, ar sail ambell nos Wener yn dilyn wythnos galed, fod llymaid oer yn tawelu'r meddwl ac yn tylino'r ysbryd. Teimlodd gyhyrau ei wyneb yn ymlacio ar ôl estyn y can gwlithog o gwrw o'r ffrij, a'i ysgwyddau'n gostwng ar ôl sipian rhywfaint.

Dyma'r sylwedd sy'n galluogi rhieni prysur i wynebu penwythnosau hir gyda'u plant. Dyma'r hylif sy'n cymell creaduriaid swil o'u cragen, yn rhoi geiriau ar dafodau sydd fel arfer yn fud. Dyma'r irwr sy'n gwneud cantorion o'r tawel, a dawnswyr o'r sawl sydd angen i'w traed sboncio'n ehud dros y stryd. Dyma'r crëwr cymundeb sy'n gwneud cyfeillion o ddieithriaid. Dyma'r stwff sy'n cymell pobol na fyddent byth yn cydnabod eu teimladau i roi gwefus ar wefus, tafod ar dafod, a dillad ar lawr. Alcohol yw'r rhaw sy'n datguddio'r gist o lawenydd a gladdwyd dan bridd pryderon. Alcohol yw'r ffon sy'n agor môr ofnau ac yn creu llwybr i'w droedio at dangnefedd a direidi.

Stwff peryg.

Dim cyfrifoldeb,
dim math o ddiddordeb

GYDA HANNER CAN yn ei fol, penderfyna Dadi na all segura
mwyach yn sbio ar ei ffôn.

Mae'n nôl y teithlyfrau a gafodd o'r llyfrgell. Mae golwg go
liwgar arnynt: ers wythnosau, bu'n darllen yn fanwl drwy'r
adrannau ar ogledd Lloegr, gan roi post-it i farcio pob tudalen
lle ceid atyniad a allai fod yn addas.

Yna, mae'n estyn papur A3 ac arno'r tabl y bu'n ei lenwi.
Mae'r colofnau'n nodi pob un o saith niwrnod y gwyliau,
a'r rhesi'n cynrychioli'r oriau rhwng wyth y bore a saith yr
hwyr. Ar y grid hwn, bu Dadi'n nodi symudiadau arfaethedig
y teulu o fore gwyn tan nos, fesul awr – trefniadau teithio,
pethau i fynd i'w gweld, caeau swings, llefydd bwyta. Blw-
tacia'r amserlen i ochr y garafán a – gan ei fod yn gwybod
bod Mami am gymryd y mic ohono beth bynnag – blw-tacia
fap o'r ardal wrth ochr yr amserlen.

Sylla ar y ddau.

"Ti'n bihafio fel ditectif efo OCD eto?" hola'i wraig wrth
iddi ddod allan o'r garafán, a'r plant bellach yn cysgu. "Y
cwbl sy ar goll gen ti ydi llunia o gyrff ar slabs."

Mae Dadi'n reit siŵr nad oes ganddo gyflwr mor ddifrifol
ag OCD, ond dros y blynyddoedd diwethaf sylwodd arno'i
hun yn datblygu rhyw fath o obsesiwn â chael gwerth pob
eiliad o'i amser. Mae cyrraedd ei ugeiniau hwyr wedi plannu
ynddo arswyd nad yw'n manteisio i'r eithaf ar yr un bywyd

hwn. Mae'n casáu'r syniad o gymryd wythnos o wyliau o'i waith, a halio'r garafán yr holl ffordd i Swydd Efrog, heb weld cymaint o atyniadau'r sir ag sy'n gorfforol bosib.

Gwaradwydda wrth feddwl am ei arddegau, a'i gyfnod yn y coleg – yr holl amser rhydd, y diffyg llwyr o ran dyletswyddau a chyfrifoldebau. Sut roedd o'n treulio'i amser? Gwneud cyn lleied o waith cartref â phosib. Siarad â ffrindiau a genod ar MSN Messenger. Mynd ar Bebo a maes-e. Gwylio nonsens ar y teledu. Ar ddyddiau Sadwrn a Sul, cysgai tan y pnawn.

Meddylia am yr hyn a wnâi pe câi'r amser yn ôl. Crwydrai, a gweld rhyfeddodau Cymru – dringo'i mynyddoedd ac yfed yn ei threfi. Teithiai ymhellach – gweld y byd. Ffendiai job – gwneud pres poced a dysgu sgwrsio â chwsmeriaid. Sgrifennai nofelau. Cymerai'r holl amser a dreuliodd yn segur neu ynghwsg, a'i lenwi â phrofiadau.

Mae'n hawdd dweud hyn rŵan, ac yntau'n gweld blynyddoedd crablyd canol oed yn dod yn slei ac araf bach i fyny'r glyn. Efallai y dylai dderbyn bod mewn ieuenctid dristwch, ac mewn oed ddiddanwch.

Dim ond yn ei ugeiniau, wrth gael swydd, wrth symud i fyw gyda'i gariad, wrth gael plant – hynny yw, wrth golli ei amser ei hun – y daeth i sylweddoli gwerth amser. Ac mae'n difaru.

Achos yn yr arddegau y mae teimladau ar eu mwyaf byw. Dyna pryd mae popeth ar ei boethaf a'i oeraf, yr awyr ar ei glasaf, y cymylau ar eu llwydaf. Mae popeth yn brifo'n waeth neu'n bleser brafiach. Perthynas yn para pythefnos, ond ei chyffro i'w deimlo am oes. Cymhlethdodau bywyd oedolyn mor anghyfarwydd â'r clytsh dan droed chwith. Anghyfiawnderau'n creu dicter trwm, a'r sawl sy'n cynnig gobaith ac ystyr yn derbyn ffydd ddiwyro. Nosweithiau allan yn teimlo fel anturiacthau epig; snogio'n teimlo fel cariad.

"Pob mwynder yn ei dymor sydd dda gan farwol ddyn" a hynna i gyd, ond mae Dadi'n damio na fanteisiodd ar finiogrwydd teimladau'i arddegau drwy fynnu mwy o brofiadau. Pam na allai ei ysfa am brofiadau fod wedi cyd-daro â'i allu i'w mwynhau? Ond beth all o'i wneud? Dim ond gwasgu cymaint o brofiadau â phosib i mewn i'r amserlen, a gobeithio y bydd eu nifer yn gwneud iawn am golli intensiti'r teimlad.

DYDD MAWRTH

Llafur

CHWARTER WEDI CHWECH y bore. Mae Dadi'n difaru'r ail gan o gwrw a gafodd neithiwr, wrth iddo chwilio â'i fraich am forddwyd Mami. Nid yw hynny'n anodd gan fod y gwely mor fach, ond cymhlethir y dasg gan y ffaith fod dau blentyn – yn goesau a phenelinoedd i gyd – wedi dringo ar y gwely ac yn barod am ddiwrnod o fywiogrwydd.

"Bore da," ceisia ddweud, ond dim ond dylyfu gên y mae'n llwyddo i'w wneud.

Nid yw diymadferthedd eu rhieni'n plesio'r plant, ac felly dechreuant neidio. Wedi i ben-glin Cena'i daro yn ei stumog, mae ar Dadi angen mynd i'r tŷ bach – ac nid un y garafán, oherwydd fo sy'n gorfod gwagio'r Elsan ac nid yw am wneud y gwaith hwnnw'n fwy annymunol nag y mae'n barod.

Sylweddola nad yw'n dderbyniol gadael y ddau blentyn gyda'u mam, chwarae teg, ac felly mae'n rhoi Crocs ar draed Cena ac yn dweud ei fod yn cael dod am dro i helpu Dadi gyda thasg bwysig. Dechreua Fflei grio, gan feddwl ei bod yn colli cyfle am sbort, ond mae'n rhoi cartŵn iddi ar iPad i liniaru'r siom.

Yn y ciwbicl, yr eiliad y mae Dadi'n eistedd i lawr, dechreua Cena geisio agor y drws. Yn ffodus, mae'r clo'n un cymhleth, a rhydd hynny amser i Dadi sbio ar ei ffôn.

Crwydra'i fawd at ei e-bost gwaith. Nid yw'n un sy'n ysu i ffoi o'r swyddfa ac anghofio amdani. Mae'n mwynhau ei swydd, ac yn gweld gwerth mewn gweithio'n galed er mwyn teimlo'i fod yn cyflawni rhywbeth â'i fywyd hyd yn oed os nad yw'n sgwennu hymdingar o gyfres deledu nac yn dad arbennig o dda i'w blant.

Nid yw'n hoffi teimlo allan o'r lŵp ac, wrth fras ddarllen drwy'i fewnflwch, daw cyffro'r swyddfa'n ôl: tyrchu i grombil deddfwriaeth; deall y prosesau sy'n gwneud i olwynion democratiaeth a gwasanaethau cyhoeddus droi; trafod a negodi, gwrthdaro a chytuno; troi damcaniaeth yn weithredoedd; a'r cwbwl er mwyn gwella bywydau pobol a helpu i achub yr iaith...

"Dŵdw. Dadi. Dŵ dŵ!"

Mae'n dal ati i geisio ateb e-bost, ond does ganddo ddim gobaith gorffen y gwaith. Mae Cena wedi ildio i glo'r ciwbicl, ac yn gofyn yn ei ddull dihafal ei hun ("Dadi! Dw dw! Dŵ dŵ! Pi, Dadi. Dŵ dŵ, dŵ dŵ, dŵ dŵŵŵŵŵŵ!") iddo ddangos fideos o drêns ar YouTube.

Gŵyr Dadi fod dynion eraill yn y toiled, a nhwthau wedi dod yno am rywfaint o heddwch ben bore, felly penderfyna ildio. Teipia "impressive trains" i flwch chwilio YouTube, a dewis un o'r fideos – hanner awr o drenau Amtrak gorllewin Califfornia. Bodlonir Cena gan hynny am ryw hanner munud, gan roi cyfle i Dadi ddechrau sychu, ond wedyn mae'r hogyn yn anniddigo ac yn dechrau crwydro'n ddiamynedd drwy fideos cysylltiedig: trenau cyflym Japan, ychydig eiliadau o weithgarwch Watford Junction, ac yna'n ôl i America ar gyfer casgliad o drenau stêm hen ffasiwn. Mae'r rhain yn plesio, ac fe'u gwylia am shel.

Mae Dadi bron yn lân pan sylwa ar yr enw ar lifrai un o'r trêns stêm ar y sgrin, un sgarlad: 'Denver and Red Granite'. Nid yw'n gwybod llawer am y peth, ond gŵyr fod aelodau o'i deulu wedi mudo i Redgranite, Wisconsin, ddechrau'r ganrif pan oedd pethau'n galed yn chwarel y pentre.

Dydi Dadi erioed wedi bod i America. Mae'n bell ac yn lot o hasl hyd yn oed rŵan. Roedd gymaint â hynny'n bellach ac yn ddrutach i chwarelwyr tlawd ganrif yn ôl. Faint gwaeth oedd yn rhaid i'w hamgylchiadau fod er mwyn gwneud croesi'r Iwerydd yn gambl atyniadol? Faint mwy oedd eu ffydd ym mhosibiliadau'r cyfandir pell?

Bu disgynyddion yr ymfudwyr hynny'n ymweld â'r ardal ychydig yn ôl. Roedden nhw'n Americanwyr dosbarth canol, canol oed nodweddiadol o'r teip. Roedd taid un wedi gadael y chwarel i gadw garej, a'r ŵyr newydd ei gwerthu am filiwn neu ddwy. Rhaid casglu, felly, fod y freuddwyd Americanaidd wedi gweithio.

Meddylia amdano'i hun yn gallu gwneud ei waith ble myn, o'r ddyfais sy'n ffitio'n ei boced (pan na fo'i fab yn gwylio fideos trêns arni), a hwnnw'n waith sy'n cyfoethogi'i ysbryd. A'i hynafiaid yn gorfod treulio wythnosau ar long i gael tâl teg am eu llafur, a'r llafur hwnnw'n llethu eu cyrff.

Ond fe fentron nhw. Fe wrthodon nhw dderbyn eu hamgylchiadau. Fe goelion nhw mewn breuddwyd ym mhen draw'r byd, croesi'r cefnfor, a'i gwireddu. Ac oherwydd hynny, mae Dadi'n genfigennus.

Ailweindia'r fideo, a gweld mai 'Denver and Rio Grande' oedd enw'r rheilffordd mewn gwirionedd. O wel.

Crunchy Not

SAIF FFLEI AR y soffa wrth ei ymyl a'i wylio'n paratoi eu brecwast.

"Pa mor dal wyt ti, Dadi?" hola.

"Chwe throedfedd, rhywbeth felly," ateba'i thad, achos fydd hi ddim callach mai pripsyn bach 5'8" ydi o.

"Bwlshit!" gwaedda Mami o'r bathrwm.

"O," medd y ferch. "A faint dwi?"

"Dwn i'm. Tair, bedair troedfedd ella?"

"Ond sbia, Dadi," dywed, gan lapio'i breichiau bach am ei wddw a phlannu ei phen yn y gofod rhwng ei ên a'i golar. "'Dan ni'r un seis pan dwi'n gneud hyn."

Does arno ddim eisiau ei gollwng, ond ofna fod y grawnfwyd yn mynd yn soeglyd yn y powlenni. Ymryddha o goflaid ei ferch, a gosod brecwast ar fwrdd yr adlen.

Ar ôl perswadio'r plant i ddod at y bwrdd i fwyta, tollta'i rawnfwyd ei hun i bowlen, a llaeth drosto. Aiff at y plant i fwyta. Gyda'r cegiad cyntaf, cynhesa mewn pleser.

Fel arfer, er mwyn arbed arian, maen nhw'n siopa mewn archfarchnad Almaenig rad, ac yn dewis y nwyddau hynny sy'n ceisio ail-greu'r fersiwn enwog o'r cynnyrch. Mae Dadi'n flin fel cacwn os na chaiff ei greision ŷd mêl a chnau bob bore. Cymerodd dipyn iddo arfer ar ôl rhoi heibio'r Crunchy Nut Kellog's go iawn am Honey and Peanut Corn flakes Lidl, gan deimlo'r dynwarediad yn galed – y corn o ansawdd is, a'r haen o fêl yn rhy drwchus. Ond buan yr ymgyfarwyddodd. Ymhen sbel, anghofiodd fod gwahaniaeth.

Tan rŵan. Mae Mami wedi prynu Crunchy Nut go iawn, yn drît arbennig gan eu bod ar eu gwyliau. Llowcia'i frecwast, gan ymhyfrydu yn y pleser prin. Ni all wadu bod rhagor rhwng cornfflecsan a chornfflecsan mewn gogoniant.

Erbyn gwaelod y bowlen, fodd bynnag, mae'n gweld y pryd yn rhy felys, ac yn anfodlon â'r modd y mae'r grawnfwyd yn torri'n rhy hawdd rhwng ei dafod a'i ddant. Sylweddola'i fod wedi bod yn dweud wrtho'i hun erstalwm ei fod yn dioddef bwyd rhad er mwyn cadw'r blaidd o'r drws, ond nid yw hynny'n wir. Mae'n cael mwy o flas ar y ffugiad na'r ffaith – mae'n well ganddo'r dynwarediad na'r peth go iawn.

Llun a chynllun

WRTH YRRU I mewn i Gaerefrog, synnir Dadi yn yr un ffordd ag y caiff ei synnu wrth fynd i ddinasoedd twristaidd eraill. Fel yn Rhydychen, Caer a Stratford-upon-Avon (a llefydd eraill, mae'n debyg, ond dyna lle bu Dadi'n ddiweddar), mae lliaws o dai cyffredin yn amgylchynu'r canol hardd. Gyrrant drwy strydoedd o dai cownsil brics coch, rhai ohonynt â cheir sgrap yn eu gerddi, a nifer â baneri San Siôr yn cyhwfan; tafarndai to fflat; parlyrau ewinedd; siopau cornel a welodd ddyddiau gwell.

Hoffa Dadi hyn. Cyn mynd i ymgolli ym mhrydferthwch anhreuliedig canol y dref, mae'n falch o gael cofio'i bod yn gartref i bobol normal nad yw tlysni atyniadau'r ddinas yn gwneud dim mwy o les iddyn nhw na chychod marina'r dref lle mae Dadi'n byw. Er y dônt â graen ac ambell gyflog i'r lle, mae eu cyfoeth yn teimlo fel byd arall.

Ond mae'n lle hardd. Ar ôl parcio a llwytho'r pram, croesant afon Ouse (gan ddychmygu arni gychod Llychlynwyr ffyrnig), a chyn hir maen nhw wrth y gadeirlan. Ceisia Dadi dynnu llun o Mami a'r plant yn ei chysgod, ond mae'n ymdrech ofer: does dim modd i lens ei ffôn ddal ei holl anferthedd amrywiol (y gadeirlan, hynny yw, nid Mami). Ânt o'i chwmpas, a gweld mewn un gornel y cannoedd o ddarnau tywodfaen sydd wedi eu cerfio'n barod i'w gosod yn lle darnau treuliedig.

"Waaaw, am giand!" yw barn ei ferch ar yr adeilad; dymuniad ei fab yw cael mynd i "Tŷ Nain Taid!" Penderfynant beidio â mynd i mewn gan fod y plant yn tueddu i floeddio yn unrhyw le lle maen nhw'n amau y bydd eco i'w glywed. I lawr â nhw wedyn drwy'r strydoedd canoloesol, sydd mor gul, ac mor llawn o dwristiaid hen a thew, nes bod mynd â'r pram drwyddynt yn eitha anodd. Rhaid iddynt adael i'r plant gicio unrhyw un sy'n sefyll yn eu ffordd.

Meddylia Dadi am ei uchelgais wast, sef mynd yn bensaer. Gan na all dynnu llun na gwneud maths yn arbennig o dda, breuddwyd gwrach yw hynny, ond mae'r alwedigaeth yn apelio ato. Pa swydd arall sy'n cario'r fath fraint â chael ffurfio'r gofodau lle mae pobol yn bodoli, a cheisio gwneud hynny mewn ffordd sy'n codi eu hysbryd a'u galluogi i ffynnu? Pa swydd arall sy'n cynnig cyfle i gipio gwynt pawb sy'n cerdded i lawr rhyw stryd, a gadael adeilad yn gofeb i'w gynllunydd ymhell ar ôl ei angau?

Rhaid i bensaer da ddeall y gymdogaeth, a ffurfio rhywbeth sy'n asio cystal â'i amgylchiadau â thai'r stryd y maen nhw'n cerdded ar ei hyd rŵan, sef y Shambles – un adeilad bychan ar ôl y llall, i gyd yn siapiau gwahanol, a'u honglau a'u llinellau'n amrywio, ond y cwbwl yn gwneud un stryd synhwyrol – ac sydd hefyd yn dyrchafu'r amgylchiadau hynny, yn rhoi delfryd i'r gymdogaeth anelu ato.

Mae'n swydd sy'n gofyn am ddychymyg ehedog ac am sylw trwyadl i'r manylion lleiaf. Heb y ddau, mae'r pensaer yn methu. Un o hoff adeiladau Dadi, tan yn ddiweddar, oedd Canolfan y Mileniwm. Gwirionai ar faint a ffurf ei hymchwydd euraid o'r ochr, ar bendantrwydd ei hwyneb blaen, ac ar y gyts o roi barddoniaeth ar yr wyneb hwnnw. Ond wedyn, treuliodd amser yno yn ystod wythnos yr Eisteddfod.

Yn benodol, ceisiodd fynd i newid clwt ei fab a mynd â'i ferch i'r toiled. Roedd y cyfleusterau newid plant yn y toiledau anabl, a'r rheiny y tu hwnt i gornel dynn, reit gyferbyn â'r toiledau cyffredin. Ceid felly dagfeydd difrifol yno: pobol mewn sgwtyrs a chadeiriau olwyn yn gorfod gwasgu heibio i'r bobol oedd yn ciwio am y toiled, a gwneud eu gorau i rifyrsio a manwfro'u ffordd drwy'r dorf jyst er mwyn cael piso. Doedd y ciwiau o bobol abl ddim yn arbennig o barod i helpu gan eu bod yn canolbwyntio ar beidio â'u gwlychu eu hunain. Roedd ychwanegu pram at y pandemoniwm yn hunllefus. Ac felly pwdodd Dadi â phensaer y Ganolfan: pa iws sydd i osgeiddrwydd solet y gragen aur os na all adael i bobol anabl biso heb golli urddas?

Ta waeth, ceisia Dadi fwynhau crwydro strydoedd Caerefrog yn hytrach na hel meddyliau am bethau na all mo'u newid. Maen nhw wedi cael darn o bapur o ryw siop ar y Shambles sy'n eu cymell i chwilio am gerfluniau o gathod sydd wedi eu gosod hwnt ac yma drwy'r dref. Mae'n weithgaredd difyr heblaw am y ffaith fod y plant yn gweiddi "Pwsi!" ac yn pwyntio at bobol sydd rhyngddynt a'r cathod.

Sgwarnog drwy sbienddrych

A R ÔL I'R gêm ddarfod, mae'r plant yn anniddigo ac yn cychwyn ar ymdrechion Houdinïaidd i ymryddhau o strapiau'r pram fel y cânt ymestyn eu coesau. Penderfyna'u rhieni ildio er mwyn ceisio atal sgrechfeydd. Cymer Mami gyfrifoldeb am Cena; tasgau Dadi yw gwarchod Fflei a gwthio'r goitsh. Mae'r ddwy ddyletswydd yn cyd-daro'n iawn am sbel wrth i Fflei benderfynu gwthio'r goitsh. Buan y blina ar hynny, a gafaela Dadi yn ei llaw. Am fod coesau Cena'n fyrrach, a bod ganddo ysfa anrheoladwy i gyffwrdd ym mhopeth symudol neu liwgar a wêl, mae'r ddau arall y tu ôl iddynt.

Ar eiliad wan, wrth i Dadi oedi am hanner eiliad i chwantu cêcs deniadol yn ffenest becws, llithra Fflei'n rhydd o'i law. Ni all yntau redeg ar ei hôl gyda'r pram oherwydd mae twristiaid yn rhwystro'i ffordd, ond mae hi'n ddigon bychan ac ehud i sleifio drwy eu canol. Wrth iddo sylweddoli ei bod yn mynd am y lôn ar waelod y stryd, sy'n briffordd lle mae ceir yn mynd ar sbid, caiff ei barlysu am hanner eiliad arall, cyn iddo sylweddoli bod rhaid iddo adael y pram a gwthio'i ffordd drwy'r dyrfa.

Colla olwg arni, a gweld degau o bethau pinc a allai fod yn ddarn o'i ffrog. Mae hi'n ymhyfrydu yn ei rhyddid wrth frysio tua'r traffig, ac wrth ddechrau rhedeg ar ei hôl mae geiriau R Williams blydi Parry yn ei ben eto: "Pa fodd y dianc hi rhag rhaib eu rhwydi ffals, eu dannedd chwyrn? ... A eill na chlyw ddolefus gyrn a thost bangfeydd moduron dig?" Ffacing barddoniaeth! Mae 'na amser a lle i'r fath nonsens.

Mae o fewn teirllath iddi, a hithau o fewn llathen i'r lôn, pan fo hi'n stopio'n stond, yn troi ac yn chwerthin.

Wrth ei chodi i'w hafflau a chychwyn yn ôl i ffendio'r pram, mae meddyliau Dadi'n siambls. Oedd o'n ei gwthio'n bellach at beryg wrth geisio'i dal i'w hachub rhag peryg? Pa mor aml mae'n rhaid iddo achub ei blant rhag brifo? Maen nhw mor fach, a'r byd mor fawr a pheryg, nes mai dim ond fo, weithiau, sy'n sefyll rhwng byw a marw. Ydi o'n ffit i gario'u tynged yn ei law?

Mae Mami a Cena wrth y pram pan gyrhaeddant yn ôl ato.

"Be ddigwyddodd?" hola Mami.

"Dim byd gwahanol i'r arfer," ateba yntau.

Saim

Rywsut, maen nhw wedi dod am ginio i le sydd wedi llwyddo i wneud pysgod a sglodion annymunol. Ni wyddai Dadi fod hynny'n bosib. Nid oes ganddo gof o gael rhai gwael yn ei fywyd o'r blaen.

Mae'r rhain yn edrych yn berffaith: y tatws wedi eu codi o'r ffrïwr eiliadau cyn iddynt losgi, cytew'r penfras yn sgleinio'n euraid, a'r pys yn stemio'n wyrdd. Stori wahanol a geir wrth eu fforcio i'w geg. Mae'r tatws yn rhai powdrog, a'u canol yn amrwd a sych er bod haen o fraster drostynt. Does dim perthynas agos rhwng y cytew a'r cnawd gwyn: mae'n chwilboeth ac yn annioddefol o seimllyd. Dyfrllyd a chaled yw'r pys. Er bod lliw ei baned yn foddhaus o dywyll, mae arni flas metalig tebot a orddefnyddiwyd.

Mae'r siop jips ei hun yn lle od. Mae yma gyrtans a charpedi, sy'n cario oglau blynyddoedd o swperau pysgod, ac yn gwneud i'r lle edrych fel cartref henoed. Ond mae eistedd yma'n haws na cheisio perswadio'r plant i aros wrth fainc i fwyta'r cinio o garton. Ac maen nhw'n darparu creonau a phapur i ddiddanu'r plant.

Yn yr ychydig funudau hynny o lonydd, gwnaiff Dadi a Mami'r hyn y byddant yn ei wneud bob gwyliau: mynd ar ap Rightmove, a gweld sut dŷ gaen nhw yn yr ardal.

Ar Rightmove, ceir manylion a phris pob tŷ sydd ar werth ond, yn wahanol i ffenestri arwerthwyr, ceir hefyd lu o luniau o'r tu mewn i'r tai, a chynllun llawr. Ar ben bod yn gyfle i fusnesu, mae'n ffynhonnell ddihysbydd o freuddwydion am gartrefi posib.

Ar yr olwg gyntaf, mae'n edrych fel petai digonedd o dai yn y ddinas o'u cwmpas a fyddai'n rhoi'r un nifer o stafelloedd â'u tŷ nhw am bris gweddol debyg – ac ambell un ohonynt yn edrych yn barchus iawn. Ond maen nhw'n rhy brofiadol i gael eu twyllo. Gwyddant y gall cegin sy'n edrych yn swanc ar sgrin fod yn rhad a blêr. Ni all y lluniau ddangos pa mor uchel yw'r nenfwd – buont mewn tai a edrychai'n ysgafn a golau ar y we, a chael bod y to'n gwasgu i lawr arnynt. Gall tai sy'n edrych yn hanswm o'r tu blaen fod mewn ardal lle caiff cyrff eu dympio yn y biniau bwrdeistrefol. Mewn gair, gallant fod fel platiad prydferth o bysgod a sglodion sy'n siomi wrth daro'r tafod.

Y gwrthwyneb ddigwyddodd gyda'u tŷ nhw. Buont yn chwilio am dŷ yn eu tref am flynyddoedd, heb oedi i edrych ddwywaith ar yr un sydd bellach yn gartref iddynt. Gorweddai yno ymysg y tai eraill, ac nid oedai eu bysedd drosto'n hir wrth sgrolio drwy'r ap. Awgrymai'r lluniau stafelloedd crablyd, wedi eu peintio mewn lliwiau annoeth. Tybient ei fod yn dŷ i rywun, â chwaeth hen ffasiwn mewn bathrwms, a fu farw.

Ond digwyddodd Mami, un diwrnod, sylwi bod y cynllun llawr yn awgrymu digonedd o le, ac aethant am dro heibio iddo. Roedd yn dechrau tywyllu'r noson honno, ond gwnaeth ei faintioli iddynt edmygu'r tŷ – a'i ofni, braidd. Siawns ei fod yn rhy fawr i ddau fel nhw, yn eu hugeiniau? Roedd yn dŷ i ocdolion, ac er gwaetha'r ddau fabi yn y pram o'u blaenau, roedden nhw'n dal i deimlo fel cariadon yn eu harddegau.

Trefnu wedyn i fynd i'w weld, a chael eu hudo gan ffenest liw'r drws pren llydan, a'r cerfluniau o dduwiesau a dyfai o gilfwâu'r cyntedd, a'r grisiau pren nobl a esgynnai hyd at y trydydd llawr. Gwirioni ar ehangder golau'r lolfa, a'r drysau gwydr yn datgelu gardd ugain gwaith yn hirach na'u gardd bresennol. Fe wnaethon nhw sylweddoli y byddai'r tŷ'n golygu gwaith – bod ambell ffenest yn pydru, a phlanhigion yn tyfu o'r simdde, ac oglau llwydni drwy'r lle – ond syrthio mewn cariad â'r olygfa o ffenest yr atig o'r dref yn ei holl flerwch a'i phrydferthwch, yr holl ffordd at y môr.

Yn ffodus iddyn nhw, roedd pawb arall wedi bod yn diystyru'r tŷ ers blynyddoedd hefyd, ac felly gallent fforddio'i brynu am bris rhyfeddol o isel. A dyna wnaethon nhw.

Odi nel

DAETH YMA FEL mater o egwyddor: pam ddylai cael plant ei rwystro rhag mwynhau celf fel y gwnâi cynt? Siawns na allai waliau gwyn a golau iach dymheru anystywalltrwydd y plant, a siawns na allen nhw ryfeddu at siapiau a ffurfiau'r gweithiau, tra bod eu tad yn ceisio gweld rhywbeth dyfnach.

Yn optimistaidd, cydiodd mewn darn o bapur ger mynedfa'r oriel, ac arno fath o helfa drysor ymysg y gweithiau. Ceisia ennyn diddordeb y ferch sydd yn ei freichiau.

"Reit 'ta, Fflei, wyt ti'n gallu gweld llun blodau? Rhai coch a melyn?"

Metha'i ferch ac yntau â gweld y blodau hynny yn unman. Felly hefyd lun car, a dynes â gwallt hir, a chiwbiau amryliw. Erbyn deall, mae'n rhaid talu i fynd i mewn i arddangosfeydd go iawn yr oriel. Yr hyn sydd ar y waliau yn y stafell hon yw gwaith clwb dyfrlliw lleol, a chynnyrch cwrs ffotograffiaeth i ddisgyblion Blwyddyn 9 ysgol gyfagos.

Mae'i ferch yn gwingo erbyn hyn, felly gedy iddi gerdded er ei fod yn bryderus am y gwaith serameg sydd ar fyrddau isel hwnt ac yma.

Mae'i wraig a'i fab yn crwydro'r gofod hefyd, yn ceisio edrych fel pe bai ganddynt ddiddordeb.

"Odi nel," clyw ei fab yn dweud. Aiff Dadi ato i'w holi am y datganiad.

"Be, 'ngwas i? Oriel?"

"Odi nel!" dywed wedyn, a chwerthin.

"Ia, da iawn – 'dan ni mewn oriel."

Mae ei chwaer wedi deall yr ebychiad.

"Na, Cena! Ti ddim fod i ddeud 'ffocinél'!" mae hi'n ei geryddu, fel pe bai hi lawer mwy na blwyddyn yn hŷn na'i brawd.

"Odi nel."

"Na! Mae 'ffocinél' yn air drwg!"

"Odi nel. Ha ha ha."

"Mami! Dadi! Mae Cena'n deud 'ffocinél'. Dwi wedi deud aaa deud wtho fo bod 'ffocinél' yn air drwg, ond mae o'n dal aaa dal i ddeud 'ffocinél'."

"Odi nel!"

"Anwybydda fo, 'nghariad i," yw cyngor ei thad. "Sylw mae o isio."

Mae Dadi'n cochi. Difara'u bod yn rhegi mewn modd y gall siaradwyr Saesneg ei ddeall. Ceisia'i atal ei hun rhag chwerthin: mae'r gair mor estron ar dafodau plant bychain, fel oedolyn yn eistedd mewn pwll peli. Mae'r gair yn swnio bron yn Eidalaidd wrth i'w ferch ei ddweud.

Dylai gywilyddio. Dylai ffieiddio at y fagwraeth y mae'n ei rhoi i'r plant. Ond i beth? Mewn cwta saith mlynedd, bydd ei ferch yn ddeg, ac yn gwybod pob rhegair yn y cread. Dydi o ddim am i'w blant o fod yr unig rai ar yr iard sydd ddim yn gwybod geiriau budur. Mae ei embaras am ei anwybodaeth ei hun yn blentyn yn llawer mwy na'i embaras fod ei fab dwyflwydd yn rhegi.

Cofia'i gyd-ddisgyblion yn yr ysgol bach yn sylweddoli bod bylchau yng ngeirfa'r hogyn â'r eirfa ehangaf yn y dosbarth, ac yn ei brofi:

"Hei, ti'n gwbod be 'di ge? Ti'n ge?"

"Ti erioed 'di twtshad fajaina?"

"Ti'n fyrjin? Wyt ti?"

Pa iws sydd mewn ceisio cadw'i blant yn bur ac yn rhinweddol? Meddylia am ei arddegau ei hun. Yfed dan oed; smocio; rhegi; hel merched; bod allan tan oriau mân y bore, a'i dad a'i fam yn poeni: dyna'r pethau oedd yn gwneud ei fywyd yn werth ei fyw. Pan ddaw'r amser, bydd yntau'n ysu am gael gwarchod ei blant rhag y fath weithgareddau ysgeler, a'u cadw'n blant am byth. Ond pa hawl sydd ganddo i atal ei blant rhag profi'r pleserau gwaharddedig a roddai flas ac awch a lliw a pherygl i'w ieuenctid ei hun?

Clash!

Mae un o'r jygiau seramig yn gannoedd o ddarnau ar lawr, a'i fab yn sefyll uwchlaw'r dinistr a golwg concwerwr ar ei wyneb. Rhuthra Dadi yno, ond cyn iddo agor ei geg mae ei ferch yn achub y blaen arno.

"Dadiii... Ti ddim yn mynd i ddeud 'ffocinél' rŵan, nag wyt? Achos dydi plant da ddim yn deud 'ffocinél' – maen nhw'n deud 'wpsi'."

Dŵ dŵ

ROEDD MAMI A Dadi wedi rhag-weld y byddai ymweld â'r amgueddfa trenau genedlaethol yn syfrdanu a hudo'u mab, ond ar ôl cyrraedd y cwbwl y dymuna Cena'i wneud yw mynd ar y reid fach Tomos y Tanc yn y gornel.

Ceisiant lusgo'r plant o'r ardal chwarae i edmygu rhai o'r cerbydau sydd yno – y trên bwled o Japan; y gyfres o gerbydau sy'n dangos y gwahaniaeth o ran moethusrwydd rhwng y gwahanol ddosbarthiadau erstalwm; y trên cymudwyr o ddechrau'r wythdegau sydd dipyn yn fwy modern a chyffordddus na threnau cyfredol Cymru.

Mae'r awyr yn dew o oglau oel, a'r darnau metal yn sgleinio'n euraid. Crwydra Dadi fymryn tra bod y plant yn chwarae. Saif wyneb yn wyneb â phlât blaen aruthrol trên stêm, a dychmygu hwn yn palu 'mlaen ar hyd y trac. Fyddai gan gnawd ac esgyrn ddim gobaith o'i atal. Dringa'r bont sy'n rhoi golwg dros y neuadd fawr, a gweld yr ugeiniau o gerbydau: bron na all glywed oglau'r mwg, a chlywed sŵn y gweithwyr chwyslyd yn sieflio glo i foliau rhai o'r trêns. Mae bod yma'n gwneud iddo deimlo cyffro cynhyrchiol y blynyddoedd hynny pan oedd diwydiant yn tyfu at ei anterth, a rheilffyrdd newydd yn cael eu gosod lle nad oedd ond ceffyl a throl yn mynd o'r blaen.

Mae ganddynt reswm arall, heblaw diddordeb Cena mewn cerbydresi, dros ddod yma. Am flynyddoedd, bu tad Mami'n gweithio i Reilffordd Ffestiniog, a rhan fawr o'i waith oedd trwsio ac adfer trêns. Sonia'i wraig yn aml am yr wythnos honno pan aeth ei thad i Disneyland Paris i osod trên newydd yno, a hithau'n crio am na châi fynd efo fo.

Mae un o'r trêns a adferodd yma.

"Pwy sy isio mynd i weld y trên nath Taid ei fildio?" gofynna, wedi laru ar wylio'r plant yn chwarae â thrêns tegan Ikea'n union fel y rhai sydd ganddynt adref.

"Ia," bloeddia'r ddau.

Mae ffendio'r trên penodol hwn yn dipyn o her, nid yn unig oherwydd bod y plant wedi gwirioni ar y twll yn llawr yr amgueddfa y gellir dringo i lawr iddo ac edrych i fyny ar fecanwaith gwaelod rhyw drên. Mae ei thad wedi tecstio Mami i ddweud lle roedd y trên pan fu o yma'n ei weld, ond roedd hynny yn 2003. Nid yw'n un o'r trenau mwyaf blaenllaw yn y neuadd – mae'n un o'r hanner dwsin o drêns bychain, ond del, sydd yn un o'r corneli tywyll.

Ar ôl ei ganfod, sylweddola Dadi mai dim ond mewn cymhariaeth â'r trêns eraill y mae'n bitw. Mae gan drên Taid – y Livingston Thompson, a rhoi ei enw iawn iddo – gôt goch gyfoethog a simdde grand, ac mae'r caban yn nobl. Edrycha Dadi ar yr hyn sydd i'w weld o'r injan, a rhyfeddu at ei chymhlethdod a'i chywreinder. Dyma'r injan a dynnwyd yn ddarnau gan ei dad yng nghyfraith; fo wedyn wnaeth lanhau a thrwsio'r darnau i gyd, a'u rhoi'n ôl at ei gilydd fel bod yr injan yn gweithio'n berffaith.

Cywilyddia, braidd, wrth edrych arni. Mae'n ymwybodol iawn na all gystadlu â thad ei wraig fel mecanic nac adeiladwr: rhaid gofyn cymwynas bob tro y mae angen codi ffens neu ddrilio twll. Ni all droi ei law at unrhyw beth ymarferol. Gall beintio wal, ond rhaid i rywun arall wneud y corneli'n daclus. Gall adeiladu dodrefnyn fflat-pac, ar binsh, ond cymer hynny oriau iddo. Gall newid bwlb, ond nid weirio plwg.

Pe bai Dadi'n digwydd bod yn un o oroeswyr yr apocalyps, byddai'n un o'r rhai cyntaf i gael ei fwyta gan ei gyd-oroeswyr. Fyddai ei sgiliau fel llenor a biwrocrat yn da i ddim: seiri, cogyddion ac amaethwyr – pobol ymarferol – fyddai'n angenrheidiol, nid dynion dwylo meddal fel Dadi.

Mae'r fan hyn i mi'n America

MAE HI'N NESU at ddiwedd y pnawn, ond piciant i weld tŷ sy'n perthyn i'r Ymddiriedolaeth Genedlaethol yng ngwaelodion y dref. Tŷ un o farwniaid y diwydiant siocled oedd o'n wreiddiol. Gwelant arswyd yn llygaid y ddynes sy'n sganio'u tocyn aelodaeth wrth iddi weld y plant – a'u hwynebau'n stremp o gacen – yn mrengian oddi ar ddwylo'u rhieni.

"Mi fyddwch chi'n ofalus, yn byddwch?" dywed. "Efallai y byddai'r plant yn mwynhau'r gerddi'n well na'r tŷ."

Ar sail hynny, penderfyna Dadi fynd i weld pob un o ystafelloedd y tŷ, er bod Fflei a Cena wedi diflasu erbyn y llofft gyntaf. Tŷ gweddol ddiweddar ydi o, heb fod o faintioli anghyffredin – plasty Arts & Crafts heb fod fawr mwy na maint dau *executive home* go ddi-chwaeth yn sownd yn ei gilydd. Teimla popeth yno'n gyfyng o'i gymharu â'r plastai arferol.

Felly hefyd yr ardd: fersiynau miniatur o bopeth y byddai'n arferol ei gael yng ngerddi mansiwn – y pwll, llwybrau, y gwyllt a'r ddrysfa i gyd yn siomedig o fychan. Mae'r tai gwydr yn fawr, serch hynny, ac oglau'r perlysiau'n codi chwant bwyd arno. Mae perlysiau'r ardd yn ogleuo'n union fel rhai'r siop, ond yn gryfach, yn burach ac yn fwy meddwol.

Wedi sylweddoli na chânt eu syfrdanu gan ddim byd yn y tŷ cyffredin hwn, ânt yn ôl i'r maes carafannau. Daeth yn law, felly rhaid i'r pedwar ohonynt wasgu i mewn i'r garafán. Nid yw'r cyfyngder yn tymheru awydd y plant i symud, ac nid oes modd i Mami a Dadi wneud unrhyw beth heb faglu dros un ohonynt. Mae'n fach yno, a dyhea Dadi am gael bod yn ôl yn ehangder eu tŷ nhw adref.

Neu gael bod ar gyfandir arall, lle mae popeth yn enfawr – yr anialwch yn ddiderfyn, y byrgyrs yn amlhaenog, yr hafnau'n ddwfn, y disl yn rhad, y gwahaniaeth rhwng dwyrain a gorllewin a de a gogledd yn syfrdanol, y coed yn gawraidd, y ffyrdd yn ddiwyro, y dinasoedd yn nendyrau am y gwelir, y llynnoedd mor fawr â moroedd… a'r rheilffyrdd yn faith. Mae America ar ei feddwl.

"Ti'n cofio'r plania 'na oedd gynnon ni?" hola Dadi.

"Pa rai?" yw ateb ei wraig.

"Mynd i America. Gwneud ein ffordd o gwmpas efo trên."

"O ia, dwi'n cofio rwbath. Ond ti'n gwneud lot o blania, dwyt?"

Mae hynny'n wir. Ond cofia Dadi dreulio nosweithiau'n cynllunio hyn. Hedfan i Efrog Newydd, a chael diflannu yn y llif prysur o bobol. I fyny wedyn i weld rhyferthwy'r Niagara, ac ar draws y Rust Belt i Chicago. Mynd wedyn am goedwigoedd, llynnoedd a mynyddoedd parc y Rocky Mountain, gan obeithio gweld eirth ac eryrod. I lawr wedyn, gan oedi i flasu cynnyrch gwinllannoedd Colorado, ac ar drên hen drefn sy'n crafangu ar ochr y graig uwchlaw'r Goedwig Genedlaethol, tuag at anialwch cowbois-ac-indians Dyffryn y Cofebau. Trên hen ffasiwn arall i weld y Grand Canyon, yna picio i weld Argae Hoover cyn mynd i golli punt neu ddwy yn Las Vegas. Rhagddynt i ymgolli ym mharc Yosemite, a theimlo'r llosgfynyddoedd dan eu traed yn bygwth ffrwydro, cyn mynd ymlaen tua'r gorllewin a chyrraedd heulwen San Francisco.

Ddaeth dim byd o'r cynlluniau. Doedd ganddyn nhw ddim

digon o arian, na digon o amser i ffwrdd o'u gwaith, ac roedd arnyn nhw eisiau babis. Fe benderfynson nhw y câi America aros. Byddai'n rhaid i garafán wneud y tro.

Cymdogion

ER EI BOD yn dal i fwrw glaw, ar ôl pum munud o ddweud wrth y plant am beidio ag agor cypyrddau, peidio â neidio ar y soffa, a pheidio â llyfu traed ei gilydd, penderfyna Dadi ei bod yn rhaid iddo fynd allan o'r garafán. Yn ffodus, penderfyna Fflei wneud pw ac felly, ar ôl sychu ei phen ôl, cyhoedda'i fod yn mynd i wagio'r Elsan.

Mynna Cena gael gwisgo'i gôt a dod i helpu. Chwarae teg, mae'r hogyn yn dipyn mwy o help heb orfod cystadlu â'i chwaer, ac maen nhw wrth y waredfa gwastraff cemegol chwap. Rhaid iddynt aros eu tro, oherwydd mae tad arall wedi dianc i wneud yr un dasg. Nodia Dadi, ac anadlu helô: does arno ddim eisiau ymddangos yn ddiserch, ond does arno ddim eisiau sgwrs chwaith.

"Oréit, lad?" ateba'r dyn, mewn acen Sgows. "Biti am y tywydd, 'de?"

"Ia, mae hi wedi mynd yn wlyb rŵan, yn do?"

Sylwa Dadi fod mono-ael y Sgowsar yn un o'r mwyaf trwchus iddo'i gweld erioed. Tybia Dadi i hen gariad iddo'i gymell i blycio'r blewiach cyntaf a ymddangosodd rhwng ei ddwy ael, ac i hynny beri i'r blew gryfhau a lluosogi, ac iddo yntau wedyn blycio mwy, ac i'r blew ymateb drwy gryfhau a lluosogi mwy nes bod y dyn, druan, wedi rhoi'r gorau iddi a ffendio cariad nad oedd yn meindio ai dwy ael ynteu un oedd ganddo.

"O ble wyt ti, mêt? Dydi honna ddim yn acen leol."

"Gogledd Cymru. Pen Llŷn."

"O, lyfli, mêt. Abersoch, ie? Mae 'na safleoedd neis iawn ffor'na."

"Dydi dy acen di ddim yn lleol chwaith, ond dwi ddim yn credu bod angen i mi ofyn…"

"Pam?" gwena'r Sgowsar unael. "O ble ti'n meddwl dwi'n dod?"

"Lerpwl?"

"Dyna lle ti'n rong, yli. Byrcinéd! Hahahaha! Hahahaha ha ha ha!"

Mae Dadi'n chwerthin wrth i'r Sgowsar rinsio'i danc a mynd, yn amlwg yn falch o'r seibiant rhag ei blant yntau.

Try gwagio'r Elsan yn ffeit â'i fab, sy'n benderfynol o roi ei law yn y llif glas a ddaw allan o'r tanc toiled. Datrysiad Dadi i'r broblem yw caethiwo Cena rhwng ei goesau, lle mae'r hogyn yn ddigon bodlon i geisio brathu a phinsio Dadi drwy'i jîns.

Ar ôl ei fodloni ei hun fod pob twrdyn a darn o bapur toiled wedi mynd i lawr y draen, rinsio'r tanc, a rhoi llaw Cena dan y tap, ânt yn ôl am adref.

Mae Ronald yn sefyll yn anosgoadwy yn nrws ei garafán.

"Sut wyliau?" hola Dadi, ychydig yn barotach i daro sgwrs wrth sylweddoli mai'r dewis arall yw mynd yn ôl i gyfyngder y garafán.

"O, digon dymunol, digon dymunol, was – fel maen nhw'n mynd erbyn hyn, wsti. Cystal â'r disgwyl."

"Go dda," medd Dadi, heb wybod ai dyna'r ateb priodol.

"Gen ti deulu bendigedig. Dach chi'n amlwg yn rhoi magwraeth dda i'r plant bach 'na."

"Dwn i'm am hynny," dywed Dadi. Mae pobol yn dweud hynny wrtho'n aml, ac mae'n peri penbleth iddo bob tro. Dydyn nhw ddim yn gweld y cwffio nac yn clywed y gweiddi?

"O ydach. Rwyt ti'n lwcus iawn. Gwna'r mwya ohonyn nhw rŵan, was. A'r mwya o'r wraig dlws 'na sgen ti – ydi hi'n wraig i ti, ydi, sori?"

"Yndi tad, popeth fel y dylai fod."

"Wyddost ti ddim be 'di trefniada neb heddiw, yn na wyddost? Ond mae'n iawn: beth bynnag sy'n gweithio, 'de? Cyhyd â bod gen ti gwmni a chariad."

Diolch byth, mae Cena'n dechrau llusgo Dadi tua'u carafán, felly gall ymesgusodi.

Mae paned a sgon yn disgwyl amdanynt.

"Sgwrs neis?" hola'i wraig.

"Dwi'n meddwl bod ei wraig o 'di marw. Dydi o ddim yn delio'n dda iawn efo'r peth."

"Bet nad oedd o'm yn ei gwerthfawrogi hi pan oedd hi'n fyw" yw ateb Mami, am ryw reswm.

Ceisiant eistedd am funud i fwyta'u sgons. Gwyliant wrth i ddwy owtffit newydd gyrraedd: y gyntaf yn barchus ddigon (Hyundai estêt yn tynnu Swift ddigon teidi), a'r ail yn drewi o bres – Discovery du newydd yn tynnu Swift Challenger â dwy echel. Daw'n amlwg fod y ddwy owtffit gyda'i gilydd. Parcia'r Hyundai'n ddidrafferth, a'r hen ddyn wrth y llyw'n amlwg wedi hen arfer â goresgyn onglau cymhleth. Neidia'r dyn allan o'r car i roi gwers i'r dyn iau sy'n gyrru'r Discovery. Gan fod y ddynes necles perlau sydd wedi dod allan o'r Hyundai'n debyg iawn i'r ddynes yn sêt pasinjer y Discovery, rhaid mai rhieni'r fam benfelen yw'r pâr hŷn.

Mae refio injan gydnerth y Discovery i'w glywed yn glir, a chyn bo hir bydd oglau'i glytsh yn llosgi'n llenwi'r aer. Amheua Dadi fod y tad yng nghyfraith wedi dewis pitsh lletchwith a serth yn fwriadol er mwyn torri crib gŵr ei ferch, a'i fod yn llwyddo. Torra'r teiars trwm wellt y safle wrth i'r gyrrwr geisio sythu tua'r targed, a bodlonrwydd coci'i wep yn diflannu gyda phob eiliad o flerwch.

Mae'r tad yng nghyfraith yn edrych fel pe bai'n helpu, ond amheua Dadi ei fod yn gweiddi cyfarwyddiadau sy'n amlygu ei arbenigedd ei hun yn hytrach nag yn helpu'i fab yng nghyfraith. Gwêl Dadi wên fach o foddhad ar ei wyneb: O, gall y dyn slic yma fforddio car mawr drud a charafán anferth, a gall hudo'i ferch, a rhoi tŷ mawr swanc iddi, a'i beichiogi – ond fedar o ddim rifyrsio carafán, ac mae 'na rai pethau na all pres a hyder mo'u prynu...

Rhaid i Mami a Dadi roi'r gorau i wylio'r syrcas hon wrth sylwi, yn rhy hwyr, fod y plant wedi gwagio'r ffrij.

Yn y tŷ
Diwrnod 2

CRAGEN OEDD YMA ben bore: waliau noeth. Yn ystod y dydd, fel duw'n rhoi gwythiennau am esgyrn sychion, bu trydanwr yn gosod y weiars i arwain at socedi a switshys. Roedd ganddo gynllun: bu Dadi a Mami'n sefyll yn yr hen gegin yn edrych ar blaniau'r un newydd ac yn ceisio dychmygu yn lle'n union y byddai angen plygiau. Mae'r gwifrau bellach wedi eu tacio i'r brics noeth, yn barod i'w gorchuddio gan groen. Ond, am rŵan, does dim pŵer yno. Pe bai rhywun yn pwyso switsh y golau, byddai'n dal yn dywyll.

Prydau parod

DOES DIM LLAWER o bethau'n gwneud i Dadi ddymuno bod yn sengl. Ar y cyfan, mae manteision cariad ceraint a rwtîn teulu'n gorbwyso'r anghyfleustra o redeg ei fywyd o gwmpas anghenion pobol eraill.

Un o fanteision mawr bod yn sengl, ar y llaw arall, fyddai ei gwneud yn economaidd bwyta prydau parod. I deulu o bedwar, mae'n rhatach coginio pryd go iawn na meicrowefio pedwar pecyn plastig.

Ceir rhagfarn yn erbyn prydau pecyn. Fe'u cysylltir ag unigrwydd pobol sydd wedi methu â chanfod cymar, ac sy'n rhy brysur, neu'n rhy brin o hunan-barch, i brynu nifer o gynhwysion a'u coginio'n greadigol.

Nid yw Dadi'n rhannu'r rhagfarn honno. Wrth gwrs, gall y prydau parod rhprataf fod yn sglyfaethus – lasanias â haen o sudd dyfrllyd ar eu pennau, mins ceffyl, a sawsiau sy'n blasu'n gemegol. Ac mae'n rhaid dewis yn ddoeth er mwyn osgoi siom slomllyd. Ond unwaith y mae rhywun yn talu teirpunt neu fwy, gellir cael prydau pur soffistigedig a blasus.

Er enghraifft, ar hyn o bryd mae ganddo becyn plastig o'i flaen ac ynddo gyrri *katsu* cyw iâr – darnau blasus o gig, gyda saws cnau mwnci cyfocthog, ffa edemame, sleisys puprau o bob lliw, reis a darnau lliwgar di wyddo, a sawl llysieuyn arall nad yw'r pecyn yn eu henwi.

Mae ei wraig yn bwyta cig oen a goginiwyd yn araf a'i farineiddio mewn sunsur, garam masala, coriander a tsili, gyda philaff reis, pys, lentils, ffacbys a sbigoglys – a'r plant yn claddu risoto sy'n ogleuo'n fendigedig.

Ni fyddai byth yn gallu coginio hyn ei hun: byddai'n wallgo iddo brynu'r fath amrywiaeth o gynhwysion niferus; byddai'n cymryd oriau iddo farineiddio'r cig a chreu'r saws; nid yw ei ddwylo'n ddigon dawnus i sleisio'r llysiau mor gain; a byddai amseru coginio'r cyfan, a rheoli o leiaf dair sosban a woc, yn ddigon i dorri ei galon.

Croesa'i feddwl eu bod yn bwyta'n well yn y garafán nag adref, ond nid yw'n dweud hynny wrth ei wraig.

Trais a therfysg tu chwith allan

MAE'N AMSER BÀTH a gwely. Golcha Dadi'r plant mewn basged fawr blastig a osodant yng nghawod y garafán yn absenoldeb baddon call, ac yna mae'n amser ceisio'u gwisgo. Pa bynnag riant sy'n ceisio sychu a dilladu'r naill blentyn a'r llall, nid yw'r dewis yn plesio.

"Isio Mamiiiiiii!" gwaedda Cena.

"Isio Daaaaaaaaadi!" yw cri Fflei.

Ffeiriant, ond mae'r plant yn cyfnewid eu dewis hefyd – Fflei'n mynnu cael Mami a Cena'n strancio am Dadi – ac felly does dim amdani ond dyfalbarhau i geisio gwisgo plentyn sy'n gwneud ei orau i wrthsefyll y fath ymyrraeth. Chwipia breichiau a choesau drwy'r awyr, ac mae cegau'n agored wrth i ddannedd bychain chwilio am groen rhiant i'w frathu.

Nid yw Dadi'n berson treisgar. Nid yw wedi taflu dwrn at neb crioed. Cafodd gyfanswm o ddwy ffeit yn yr ysgol fawr – y ddwy â hogiau nad oedd Dadi'n siŵr beth oedd asgwrn y gynnen rhyngddynt. Cynhwysai'r ddwy ychydig eiliadau o swingio'r naill a'r llall o gwmpas gerfydd eu crysau, ac yna ymwahanu oherwydd na wyddai'r un ohonynt sut i gwffio. Reslai â'i frawd a'i chwaer, wrth gwrs, ond pwrpas yr ymrafael hwnnw oedd pasio'r amser a chael rheolaeth ar rimôt y teledu, nid brifo'i gilydd.

Ei blant sydd, felly, wedi ei gyflwyno i drais. Fe'i synnir bob tro gan eu digofaint, a chan eu dihidrwydd ynghylch anafu pobol eraill. Ond yr hyn sy'n synnu Dadi fwyaf yw'r modd y byddant – ymhen ychydig funudau, wedi iddynt fethu â rhwystro'u rhieni rhag rhoi eu dillad amdanynt – wedi anghofio popeth am ymosod ar eu rhieni ac yn barod i swatio'n eu cesail am sws a stori cyn cysgu. Ni all Dadi ddeall hynny: os yw rhywbeth yn werth digio amdano, siawns ei fod yn ddigon pwysig i ddal dig amdano'n hir?

Digwyddodd profiad arall Dadi o drais ar noson allan ym Mryste, o bobman. Penwythnos stag oedd o: ugain o hogiau'n cysgu ar wlâu gwynt mewn dau iwrt ar gae serth. Twrnament pump-bob-ochr oedd y diwrnod cyntaf, a threuliwyd y noson gyntaf yn chwarae gemau yfed a malu awyr yn gytûn o gylch y tân. Y bore wedyn, ar ôl mwynhau roliau bacwn a ddarparwyd gan yr hipis a ffarmiai'r tir o gwmpas yr iwrts, aethant oll mewn bws mini i Fryste yn eu dillad gorau.

Caed yno sesh hen drefn: cwpwl o beintiau cryfion mewn bar cwrw crefft; byrgyrs posh yn ginio hwyr; ac yna oriau gorfoleddus o beintiau o lager rhad am yn ail â siots o decila a jin – rheolid yr yfed yn llym gan geidwaid y pwrs, a ofynnai am ugain punt arall at y gronfa gwrw bob rhyw ddwyawr. Eisteddent ar fyrddau picnic ar sgwâr rhwng tafarnau hynafol, a'u twrw – gemau yfed, siantiau pêl-droed, 'Calon Lân' neu ddwy – yn meddiannu'r strydoedd, ond neb yn meindio, oherwydd roedden nhw'n griw digon llawen a hawddgar. Trodd ymdrechion arwrol un o'r hogiau i achub ei gap (a luchiwyd gan un arall i ben canopi uchel) yn sbectacl a unodd yr holl sgwâr mewn bonllefau o anogaeth, siom a llawenydd.

Gadawsant yr hen strydoedd a mynd i lawr i gyfeiriad rhyw fath o afon neu harbwr (doedd Dadi ddim yn talu llawer o sylw i'r ddinas) lle ceid llawer o ddatblygiadau newydd – fflatiau, bwytai, a llwyth o fariau a chlybiau ffasiynol. Roedd yn rhaid iddynt fodloni ar Yates gan na adawai neb arall griw o ugain o Gymry llafar a fu'n yfed ers wyth awr dros y trothwy.

Roedd Dadi yn ei hwyliau, a llawenydd y prynhawn yn ei wneud yn hyderus. Diflannodd ei swildod, a sgwrsiai'n braf â dieithriaid a gyfarfu yn y lle smocio (sut y cafodd afael ar sigarét ac yntau wedi stopio smocio ers cyn geni Fflei, dyn a ŵyr). Yna ymunodd â sgwrs cwpwl o'r hogiau a dau lanc arall – rhai mawr, ychydig yn afrosgo, ond digon cyfeillgar. Synnwyd Dadi gan ei allu ei hun i ymgomio a chellwair yn rhwydd â'r llanciau hyn; diolchai yn ei galon i gwrw am gael gwared â'i letchwithdod swil arferol, ac am ei alluogi i wneud ffrindiau'n gyflym â'r dieithriaid llwyr hyn.

Aeth Dadi i'r toiled, a oedd i fyny'r grisiau. Ar ôl dod yn ôl i lawr, aeth i ailymuno â'r ddau lanc afrosgo y bu'n siarad â nhw cynt. Estynnodd un ei law tuag ato, ac estynnodd Dadi ei law ei hun i'w hysgwyd. Ond yn lle ysgwyd ei law, ar ôl gafael ynddi dyma'r llanc yn plycio Dadi tua'r llawr gyda'r fath nerth nes ei fod yn syrthio'n syth ac yn taro'i dalcen yn glewt ar y teils. Cymaint oedd llawenydd Dadi nes na wnaeth hyn fennu fawr ddim arno. Ei gonsýrn cyntaf oedd canfod ei sbectol. Cododd ar ei bengliniau a llwyddo i roi ei law arni. Cododd ar ei draed, a bwriadu mynd ymlaen â'i noson – gan osgoi'r ddau lanc afrosgo, mae'n debyg.

Aeth i chwilio am yr hogiau roedd ar y stag gyda nhw. Pan ganfu un ohonynt, dychrynodd hwnnw. Dywedodd wrth Dadi ei bod yn rhaid iddo fynd i'r toiled. Wrth ei weld ei hun yn y drych, synnodd Dadi o weld bod ei dalcen wedi agor a gwaed yn llifo o'r archoll. Dabiodd y briw ag ychydig o bapur toiled gwlyb, ac yna'i fodloni ei hun ei fod yn iawn i fynd ymlaen â'i noson, er gwaetha'r gwaed ar ei grys.

"Ym, na," meddai ei gyfaill cyfrifol. Rhoddwyd Dadi i eistedd ar sedd y toiled, a daeth pobol o awdurdod cynyddol i edrych arno: yr heliwr gwydrau, i gychwyn; yna rheolwr y bar; yna un o'r bownsars; yna'r pen-bownsar. Roeddent oll yn gytûn fod angen i Dadi gael sylw meddygol, a bod angen dwyn yr ymosodwr i gyfrif. Aed ag o i ambiwlans oedd yn aros ar y stryd yn unswydd ar gyfer delio â'r math o ynfytyn sy'n dioddef y math hwn o anffawd.

Penderfynodd y parafeddygon fod yr archoll yn fwy nag y gallai eu galluoedd cyfyngedig nhw ei drwsio, felly roedd yn rhaid i Dadi gael taith yn yr ambiwlans i'r ysbyty – ond nid cyn rhoi datganiad i PC Hussein gydymdeimladol ynghylch y camwedd a ddioddefodd. Gofid pennaf Dadi ar y pryd oedd ei fod wedi difetha noson y cyfaill triw a chyfrifol a ddaeth gydag o yn yr ambiwlans, ac a eisteddodd wrth ei ochr yn A&E yn ystod oriau maith yr aros. Cafodd y croen a rwygwyd ei ludo'n ôl at ei gilydd ymhen hir a hwyr gan ddoctor hyfryd, hardd oedd yn digwydd rhannu enw â hen fodryb hyfrytaf Dadi.

Bu'n rhaid i Dadi dalu drwy'i drwyn am dacsi'n ôl i'r iwrt, ac roedd deffro yno ymhen ychydig oriau'n brofiad braidd yn boenus; felly hefyd y daith hirfaith yn ôl i ogledd Cymru mewn car gorlawn. Roedd Dadi'n anghysurus o ymwybodol o'r briw a'r sheinar am ychydig wythnosau wedyn, ond buan y daeth y graith yn anodd ei gweld. Cafodd Dadi ambell alwad ffôn gan PC Hussein yn esbonio'u bod wedi dal yr ymosodwr ond na allent fynd â'r achos ymhellach heb i Dadi fod yn fodlon rhoi tystiolaeth mewn llys barn, a doedd o ddim am wneud hynny. Dymunai anghofio'r holl beth.

Ac mae wedi llwyddo, ar y cyfan. Ond weithiau, wrth fethu cysgu yn y nos, bydd yn cau ei lygaid ac yn gweld llawr y bar yn brysio'n galed ato rhwng coesau yfwyr. Bydd Dadi'n gweld wynebau clên y ddau lanc y siaradai â nhw, ac yn pendroni pam y penderfynodd un ohonynt ei anfon yn glatsh i'r llawr. Oedd o'n ysu am ffeit, a heb sylweddoli bod Dadi mor feddal nes y byddai'n brifo, ac nad oedd ganddo'r awydd na'r gallu i gwffio'n ôl? Oedd Dadi ar fai – wnaeth o ddweud rhywbeth gwirion yn ei gwrw, gan dramgwyddo'r dyn?

Oedd Dadi, ar ôl osgoi trais am saith mlynedd ar hugain, jyst yn haeddu cweir am ei holl gamweddau dros y blynyddoedd? Weithiau, edrycha Dadi yn y drych, a meddwl: pwy ddiawl na fyddai isio creithio'r wyneb haerllug hwn?

Pleidiol wyf i'm

Penderfyna Dadi geisio dysgu rhywbeth am yr ardal y mae ynddi, ac felly aiff ati i ddarllen yr erthygl Wikipedia ar hanes Swydd Efrog.

Teimla'n gartrefol o ddysgu mai llwythau Celtaidd oedd rhai o drigolion cynhara'r sir – y Parisi a'r Brigantes. Brigantes! Brythoniaid. Cymry, i bob pwrpas, mae'n rhaid. Cymer Dadi'n ganiataol, pe bai'n cael ei gludo'n ôl ddwy fil o flynyddoedd yn yr union fan hon, y byddai'n gallu cael sgwrs rwydd â'r bobol y dôi ar eu traws (er ei fod weithiau'n cael trafferth deall acen rhai o drigolion Pen Llŷn).

Dilyna hynt y Brythoniaid yn yr erthygl fel ffan clwb pêl-droed distadl yn chwilio drwy hanes yr FA Cup i geisio canfod bri yn y gorffennol.

Ymfalchïa yn llwyddiant y Brigantes i ddal eu tir ar ôl concwest y Rhufeiniaid – er mai fel gwladwriaeth gleient roedd hynny. Ac roedd y Celtiaid yn dal yno ar ôl i'r Rhufeiniaid fynd – teyrnas Ebrauc yn yr ardal lle mae'n awr, ac Elfed i'r gorllewin. Llawenha wrth weld i Elfed barhau'n annibynnol oddi wrth yr Eingl yn Northymbria hyd at ddechrau'r seithfed ganrif. Siomir Dadi'n hallt wrth weld i'r brenin Celtaidd olaf, Certic – Ceredig, ar f'enaid i! Perthyn i Huw? – gael ei ddiarddel gan y Brenin Edwin.

Sgania drwy weddill yr erthygl i chwilio am gyfeiriadau at enwau Cymraeg-ish, neu Geltiaid neu Frythoniaid, ond does dim mwy. Dyna ni wedyn tan iddi ddod yn amser trafod Rhyfeloedd y Rhosynnau. Beth ydi'r ots, beth bynnag? Pa wahaniaeth y mae'n ei wneud i Gymro o Wynedd heddiw fod pobol yn siarad rhywbeth tebyg i'w iaith yng ngogledd Lloegr fileniwm a hanner yn ôl?

Mae'n gwybod beth yw sefyllfa heddiw: mae'n gwybod am y mini-concwests sy'n digwydd bob dydd – pan fo tŷ'n cael ei werthu, neu riant yn deffro plentyn â "Good morning" yn hytrach na "Bore da". Mae'n gwybod beth ddigwyddodd yn 1847. Mae'n gwybod beth ddigwyddodd yn 1536. Mae'n gwybod beth ddigwyddodd yn 1282. Dydi beth ddigwyddodd yn 632 ddim o bwys.

Mae heddiw fel y mae. Beth fyddai'r ots pe bai'r erthygl yn dweud i'r Gymraeg gael ei siarad yn y rhan yma o'r byd am ganrif neu ddwy, neu hyd yn oed fileniwm, yn hwy? Y cwbl a olygai hynny fyddai bod y cywasgu, y dianc i'r gorllewin, wedi digwydd mewn llai o amser.

Ceisia ddychmygu sut fyddai heddiw pe bai gemau gorseddau mileniwm a hanner yn ôl wedi gorffen yn wahanol – gyda'r Brythoniaid yn fuddugol, a'r Eingl yn mynd adref a'u cynffon rhwng eu coesau – ac yna pe bai'r Llychlynwyr a'r Normaniaid wedi cael eu trechu neu heb drafferthu dod i Brydain.

Sut fyddai hi, mewn gair, pe bai'r Gymraeg yn cael ei siarad ledled Prydain heddiw? Ni all gael ei ben o gwmpas y cwestiwn. Gall feddwl am y goblygiadau hanesyddol (Fyddai'r Ymerodraeth Brydeinig wedi digwydd? Beth am y Rhyfel Byd Cyntaf?) ond ni all gyfrifo'r effaith arno fo fel Cymro Cymraeg. Mae heddiw fel y mae.

Hyd yn oed ac yntau'n byw yng Ngwynedd, gŵyr yn iawn ei fod yn un o leiafrif – yn un o'r goroeswyr sydd wedi eu gwasgu i'r gorllewin. Ceisia gofio pryd y sylweddolodd nad oedd hi'n normal siarad Cymraeg. Cofia fod yr ysgol bach yn ddigwestiwn, naturiol Gymraeg. Rhaid mai dyna'r gaer fechan olaf. Erbyn ysgol dre – hyd yn oed ym Mhen Llŷn – roedd siarad Cymraeg yn wrthsafiad, yn ddatganiad o hunaniaeth. Erbyn hyn, ni all Dadi ddychmygu bod yn un o'r mwyafrif.

A dydi'r chwarae petai-a-phetasai 'ma ddim yn help o gwbwl. Mae heddiw fel y mae.

Aiff yn ei flaen o'r erthygl 'History of Yorkshire' i'r un 'History of Yorkshire Puddings', sy'n ddifyrrach.

DYDD MERCHER

Llond gwlad

NI SYLWODD MOR wag oedd y wlad nes iddo hedfan drosti. Rhaid iddo fynd i Gaerdydd gyda'i waith o bryd i'w gilydd. Pan fydd amseroedd ei gyfarfodydd yn caniatáu, gall gymryd yr awyren o'r Fali – y bws mini hedegog hwnnw sy'n gwneud y daith hirfaith mewn hanner can munud.

Yng nghanol y dynion busnes syber, a'r neiniau o Fôn sy'n eu cachu eu hunain ar y daith i warchod eu hwyrion yn Nhreganna, mae Dadi'n llawn o ryfeddod plentyn. Tynna'i ffôn allan a cheisio dal cymaint â phosib o luniau o Gymru o'r awyr. Dechreua'r daith yn odidog: i lawr dros Landdwyn, a phwynt Abermenai'n sgleinio, a chastell Caernarfon yn dychryn hyd yn oed o'r fan hyn; caiff wedyn weld yr Eifl, a thraciau a phonciau'r chwarel yn edrych yn anghyfarwydd o'r ongl uchel hon. Ond ar ôl pasio braich urddasol Pen Llŷn a chroesi'r Traeth Mawr, gydag Eryri'n syfrdanol o aruthrol i'r chwith ohonynt, mae'n mynd yn anos dweud ble maen nhw. Mae'r wlad i gyd, wedyn, yn glytwaith undonog o ddolydd, caeau a dyffrynnoedd gwyrddion nes cyrraedd y cymoedd.

Wrth fyw a theithio ar y tir – dilyn heolydd o un pentref, tref neu ddinas i'r llall – mae'n hawdd credu bod y wlad yn adeiladau i gyd. Esbonia hynny haeriad hen bobol hiliol fod "y wlad 'ma'n llawn". Ond wrth ei gweld o'r awyr, daw'n amlwg nad yw Cymru'n llawn o gwbwl. Clystyrau bach hwnt ac yma yw'r pentrefi a'r trefi – smotiau bychain o lwyd a glas mewn ehangder o wyrddni. O'r awyr, ymddengys yn absŵrd fod pawb wedi hel at ei gilydd mewn setliadau mor fychain, a'r holl aceri o gaeau'n dal yn wag. Mae 'na bobol heb erddi, yn byw mewn tai dwy lofft efo tri o blant, ac yn cael trafferth ffendio lle i barcio'u ceir – ac eto, dydi'r trefi ond yn cymryd canran fechan iawn o dir y wlad. Siawns na ellid fforddio lle i bawb gael anadlu, ac ymfalchïo yn ei libart ei hun?

Ond dyma fel y mae dynoliaeth yn hoffi bod: swatio at ei gilydd yn gymunedau tyn, rhag ofn, hyd yn oed os nad ydyn nhw'n nabod y bobol yn y fflat drws nesa.

Mae meysydd carafannau'n amlwg iawn o'r awyr, oherwydd maen nhw mor drefnus – yr holl unedau wedi eu gosod yn rhesi rheolaidd, cynlluniedig yn y caeau. Estynna Dadi am ei sbectol. Mae pawb yn ystwyrian, ac felly agora len y ffenest uwchlaw'r gwely. Gwêl garafán eu cymdogion ychydig fetrau i ffwrdd, a'r nesaf yr un nifer o fetrau oddi wrth honno, a'r nesaf wedyn yr un modd. Dyhea am ehangder digwmpeini: mynd â phabell, efallai, i ucheldiroedd yr Alban, ei gosod mewn man fflat heb fod ymhell o afon a choed, a gorwedd yno'n ddigymydog.

Hi a gymerth ei ffrwyth ef

RHYFEDDA DADI WRTH feddwl am y gwyliau yr âi o a Mami arnynt yn eu hugeiniau cynnar, cyn iddynt ddechrau meddwl am epilio.

Prynent wyliau pecyn: gyrru i Fanceinion; dal awyren yn llawn o bobol mewn dillad haul a graddau amrywiol o feddwdod; glanio ar ryw ynys heulog ryw bedair awr i'r de; cael eu cludo ar fws gyda'u cyd-hedwyr i westy; aros yn y gwesty hwnnw drwy'r wythnos, heblaw am ambell ymweliad, efallai, â thref neu atyniad arall cyfagos.

Dilynent yr un drefn bob dydd. Codi; cawod; mynd i roi eu tyweli ar lownjars; llusgo ymbarél haul at y lownjars; mynd i fwyta brecwast bwffe anferth; mynd i orwedd ar y lownjars yn darllen llyfr hawdd; mynd i'r bar; picio i'r pwll; ail-wneud eu heli haul; mynd i'r bar; gorwedd; cinio bwffe enfawr; gorwedd; bar; gorwedd; bar; gorwedd; paned a chacen neu hufen iâ; gorwedd; bar; gorwedd; bar; ymolchi, gorchuddio'u crwyn ag *aloe vera*, newid eu dillad; swper bwffe sylweddol; bar; eistedd; bar; eistedd; llofft; paned; rhoi eli ar eu llosg haul; cysgu. Yr un drefn bob dydd am wythnos, yna'n ôl ar y bws a'r awyren yn drist a phinc.

Rhyfedda Dadi at y gwastraff teithio yn un peth – talu cannoedd i fynd i wlad arall heb weld ei rhyfeddodau. Ond yn fwy na hynny, rhyfedda at y gallu i eistedd yn segur. Nid ydynt wedi ymlacio ers dwy flynedd. Mae'n amhosib aros yn llonydd gyda'r plant: maen nhw'n mynd mynd mynd, felly mae Mami a Dadi'n gorfod dilyn. Mae'r posibilrwydd o dreulio diwrnod ar lownjar yn chwerthinllyd. Rhaid gwneud rhywbeth o hyd, oherwydd fel arall bydd diflastod yn esgor ar wylofain a dinistr.

Felly rŵan, mae Dadi'n gwthio'r plant o gwmpas archfarchnad mewn troli dwbwl. Mae arnynt angen llaeth a bara, ond yn bwysicach mae arno angen gwneud rhywbeth i ladd amser tra bod Mami'n clirio'r garafán. Mae Tesco'n darparu llond bocs o ffrwythau am ddim i blant eu bwyta wrth siopa ac am ei fod yn greadur barus sy'n hoff iawn o fwyd am ddim mae Dadi'n awyddus i weld faint o'r ffrwythau hyn y gall y plant eu llowcio mewn un ymweliad. Rhoddodd lai o rawnfwyd yn eu powlenni brecwast fel bod arnynt eisiau bwyd.

Claddant fanana'n ddigon cyflym, wrth i'w tad ddewis cacen wy Bortiwgeaidd ar gyfer amser paned a chael cip ar yr eil bŵs rhag ofn fod rhywbeth diddorol yno. Yn ôl â nhw wedyn at y bocs ffrwythau, lle dewisa Fflei ellygen a Cena afal. Dyma ddechrau gofidiau. Mae'r ddau'n difaru eu dewis, ond does gan yr un ohonynt mo'r sgiliau diplomyddol i negodi cyfnewidiad glân. Ceisia'r naill gipio ffrwyth y llall, ac ar yr un pryd warchod ei ffrwyth ei hun. Gan fod un o ddwylo'r ddau'n brysur yn gafael mewn ffrwyth, buan y dechreuant ddefnyddio'u dannedd i geisio cael mantais yn y sgarmes. Am sbel, roedd prysurdeb eu cegau'n ymdrechu i frathu eu gwrthwynebydd yn golygu eu bod yn dawel, ond nawr penderfyna Fflei ddefnyddio'i thalcen.

Wedi iddi gracio'i phen yn erbyn un Cena gyda chlec, dechreua hwnnw sgrechian. Penderfyna Cena y byddai'n well ganddo golli ei afal na gadael i'w chwaer ennill, ac felly lluchia'i ffrwyth ar lawr – neu ar droed Dadi, a bod yn fanwl. Dechreua Fflei sgrechian o weld iddi ennill y ffeit ond colli'r ffrwyth, ac felly penderfyna Dadi – sydd â'i ddwylo'n brifo o frathiadau, slaps ac ergydion ar ôl ceisio rhwystro'r ymladd – na allan nhw aros yno i fwyta mwy o ffrwythau, er eu bod am ddim.

Mae hi'n hanner awr wedi wyth ar fore Mercher, felly does dim llawer o gwsmeriaid eraill yno i'w farnu, ond teimla gymysgedd o gydymdeimlad a dicter yn llygaid y staff – mae'r rhan fwyaf ohonyn nhw wedi gadael eu plant eu hunain adref i ddod i'r gwaith am ychydig o lonydd.

Tala am y nwyddau, ac allan â nhw. Sylweddola'i fod wedi anghofio'r dorth a'r llaeth, ond nid yw'n dychwelyd. Mae ganddynt bastel de nata, pedwar can o gwrw crefft, a phwmp beic, felly nid oedd yr ymweliad yn ofer.

Mae heddiw a doe i'r duwiau ond erys dyn o hyd

FAINT O AMSER all hi ei gymryd i edrych ar adfeilion abaty? Dim ond stop sydyn oedd hwn i fod ar y ffordd i weld Meini Brimham (cerrig diddorol mewn cae) ond, wrth iddynt edrych ar y map a gânt gan wirfoddolwyr y fynedfa, sylweddolant y byddant yma'n hir.

Drwy gyfres gymhleth o fargeinion eiddo, llwyddodd rhywun i ddod yn berchen ar stad gyfan sy'n cynnwys clamp o fynachlog. Cânt y teimlad mai dim ond mymryn o falchder y perchnogion yn eu tiriogaeth oedd yn deillio o'r adfail – fel pe bai'n dŷ chwarae neu'n ffoli yng ngwaelod yr ardd.

Mae yma gamlas a melin, a gerddi dŵr sy'n mynd â gwynt dyn. Cerddant heibio i blas Jacobaidd digon parchus. Ar lawntiau twt mae darnau arbrofol o gelf, ac mae'r gerddi dŵr yn ddigon o ryfeddod – siapiau pendant, gosgeiddig, tywyll yn y gwellt. Ymhell uwchlaw'r pyllau siâp lleuad, mae colofnau urddasol y Deml Duwioldeb, a disgynna'r dŵr yn rhuthr ger y Tabernaclau Pysgota. Does ganddyn nhw ddim amser i fynd i weld y Tŷ Gwledda fry yn y coed.

Ond does dim o hyn yn cymharu â'r fynachlog. Bu Dadi mewn adfeilion abatai o'r blaen (nid cynifer â'i frawd, ond nifer teg ohonynt), ond does dim un o'r rheiny'n cymharu â hwn. Bron na all weld y gymuned gyfan o fynachod yn llusgo'u brethyn ar hyd y lle – ugeiniau o frodyr gwynion, pob un â'i dasg.

Mae Dadi'n gweld cestyll yn reit aml, ac mae eu tyrau a'u muriau mor gyhyrog ac amddiffynnol nes na all neb amau nad symbolau o oruchafiaeth a thrais ydynt. Yma, synna sut y gall waliau cerrig godi yr un mor uchel a chadarn â waliau castell, ond dweud stori hollol wahanol: mae'n amlwg o'u ffurf mai addoliad, nid ymosodiad, yw eu pwrpas.

Cerddant drwy weddillion waliau anadnabyddadwy tuag at y strwythurau sy'n dal i sefyll.

Mae Cena'n anniddig, a dweud y lleiaf. Mynnodd gael dod allan o'r pram ac mae'n amharod i gerdded gyda Dadi; yn hytrach na hynny, mae arno eisiau dringo'r cerrig a cheisio datgymalu rhai o'r waliau, ac mae'n gweiddi melltithion yn ei lais crochaf. Ond wrth iddynt fynd i mewn i'r selariwm – yr hen selerydd, lle cedwid pethau'n oer dan do isel, plethedig – mae'n tawelu.

Ânt rhagddynt i gorff y fynachlog, gan geisio dychmygu'r brodyr yn bwyta'u grual yn y ffreutur, a chlywed cysgod o lafarganu yn yr eglwys eang, sibrwd cynllwyngar yn y cabidyldy, a chrafiad pluen ar femrwn yn un o'r corneli eraill.

Er bod yr abaty hwn yn fwy trawiadol na'r rhai y bu Dadi iddynt yng Nghymru, a bod ei enaid yn hedfan yn uwch na'r tyrau wrth sbio i fyny atynt, nid oes ganddo gymaint o ots am hwn. Mae'n meddwl am fynachlogydd Cymru fel rhai a roddai nodded a nawdd i feirdd, ac a oedd, o'r herwydd – dim ots beth yw barn rhywun am grefydd – yn hollbwysig i'r gwaith o annog a chofnodi peth o farddoniaeth a chwedlau pwysica'r traddodiad llenyddol Cymraeg.

Roedd ei brofiad o Lyn Egwestl, er enghraifft, gymaint â hynny'n ddyfnach wrth feddwl am Guto'r Glyn yn cael byw yno yn ei henaint a'i ddallineb – yn gwybod mai fo oedd yr "hynaf oll", yn cywilyddio am fod yn "siaradus o ŵr" yn "sôn am hen ddynion". Rhoddodd yr abaty hwnnw wely a nawdd i'r bardd dall, oherwydd gwelai'r mynaich llythrennog ei bod yn rhan o'u dyletswydd i roi bri ar ei alwedigaeth yntau.

Meddylia, fodd bynnag, am y mynachlogydd y ddwy ochr i'r ffin yn rhannu iaith – a honno'n iaith wahanol i iaith bob dydd trigolion ardaloedd yr abatai. Roedd Lladin yn iaith gyffredin heb fod yn iaith gormes: iaith yr oedd ei defnyddio'n pwysleisio neilltuolrwydd y gymuned.

Rhannent dynged hefyd: wnaeth mynachlogydd Cymru na Lloegr ddim goroesi dinistr carlamus y Diddymu. Gallai Dadi wneud â meddwl am ffyrdd o dawelu'i fab, sydd bellach yn fflamgoch am ei fod yn sgrechian, a'i sŵn yn chwalu heddwch y dolydd ger yr afon lle mae'r ffenest wag yn dangos awyr.

Yn hytrach na hynny, meddylia am ganlyniadau Deddf Goruchafiaeth 1534, honno a wnaeth Harri VIII yn bennaeth Eglwys Loegr, gan ddiddymu awdurdod Pab Rhufain – mewn gair, y Brexit cyntaf. Yn dilyn hynny, aed ati i feddiannu tiroedd, gwagio adeiladau, troi pobol allan, gadael tai cred i ddadfeilio, chwalu'r strwythurau a defnyddio'r cerrig i wneud plastai: y chwant am reolaeth a chyfoeth yn arwain at chwalu canrifoedd o dreftadaeth. Ar yr un pryd â'r broses hon – fel rhyw fath o ôl-nodyn – pasiwyd y Deddfau Uno, a geisiai ddiddymu'r gwahaniaeth rhwng Cymru a Lloegr.

Penderfyna Dadi ei bod yn rhaid iddo geisio tawelu'i fab yn hytrach na cheisio cofio dyfyniad Marx am hanes yn ei ailadrodd ei hun – y tro cyntaf fel trasiedi, yr eildro fel ffars.

Yn y tŷ
Diwrnod 3

PLASTRO SY'N DIGWYDD heddiw. Roedd y plastrwr ychydig flynyddoedd yn hŷn na Dadi yn yr ysgol. Roedd ar Dadi rywfaint o'i ofn – hogyn gieuog, a'i aeliau'n cuddio'i lygaid mewn cuch bygythiol; roedd wedi defnyddio cwmpawd ei set geometreg i greithio siapiau yng nghroen ei fraich. Doedd o byth yn cario bag ysgol. Roedd yr athrawon hyd yn oed yn fwy ofnus ohono nag yr oedd Dadi; dyna pam y câi getawê â gwisgo aeldlws.

Dyna pam hefyd, efallai, na wnaeth neb ei helpu i ddarllen a sgwennu'n dda iawn – dim ond ei geryddu am fod yn ara deg, ac am gambihafio. Teimlad o fregusrwydd am fod bron yn anllythrennog oedd i gyfrif am y cambihafio hwnnw, ond wnaeth neb dorri'r cylch, ac felly gadawodd yr ysgol ar ddiwrnod ei ben-blwydd yn 16, a mynd i weithio i'w yncl fel labrwr.

Heddiw, mae ei enw ar y fan loyw sydd wedi parcio y tu allan i'r tŷ, ac mae'n ennill dwywaith yn fwy na Dadi am ddiwrnod o waith. Pe gallai unrhyw un ei weld wrth ei waith yn y gegin, rhyfeddent at ei ddeheurwydd dewinaidd gyda thrywel a hebog: gorchuddia'r waliau mewn eiliadau, ac ni allai'r llygad craffaf weld y gwyriad na'r brych lleiaf yn y plastar.

Cyffrous yw llef
y cigfrain ar bob tu

RŴAN, YN Y car, mae pawb arall yn cysgu, felly mae Dadi'n gwrando ar bodlediad sy'n sôn am ddiwedd y byd. Un o ddamcaniaethau'r cyflwynydd yw mai'r llwybr naturiol i ddynoliaeth – yn wyneb y tebygolrwydd o gyflafan ecolegol neu redeg allan o adnoddau naturiol – yw ymadael â'r corff dynol a phloncio'n hunaniaethau oll ar ryw fath o gof cyfrifiadurol anferth.

Byddai hyn, yn ôl y cyflwynydd, yn fath o nefoedd. Ni fyddai poen nac ymdrech gorfforol. Dim ond eneidiau'n rhydd i fod yn hapus, a meddyliau'n rhydd i ddatblygu syniadau. Byddai modd tincran â'r cyfrifiadur nefol hwn er mwyn cynyddu llawenydd yr eneidiau o'i fewn.

Dydi Dadi ddim yn hoffi'r syniad. Nid yw'n siŵr pam. Onid canfod hapusrwydd yw pwynt bywyd? Ac oni fyddai cael gwared â'n cyrff yn cael gwared ar sawl un o'r rhwystrau i hapusrwydd?

Ni all Dadi gynhesu at y syniad y dylem anelu at wneud bywyd pobol yn ddim ond gorfoledd mewn gwagle. Meddylia am fywyd fel gêm, lle mai'r nod yw curo anghenion y corff er mwyn cyrraedd bodlonrwydd – swm rhesymol o bleser i'r synhwyrau, hyn a hyn o gariad, rhywfaint o deimlad fod yr ymennydd yn cyflawni ei botensial.

Mae'r corff yn lluchio rhwystrau: yr angen i weithio i gael arian i'w gartrefu a'i ddilladu a'i fwydo; yr angen i gysgu; yr anallu i deithio i bellafion ar amrantiad; salwch ac anabledd, weithiau; heneiddio a marw'n gosod llinell derfyn greulon o agos ac anochel. Y dasg i bobol yw gwneud digon o beth bynnag sy'n gwneud iddynt lawenhau er mwyn teimlo bod eu bywyd wedi bod yn un da.

Nid gelyn yn unig yw'r corff yn y gêm hon. Plesio'r corff, weithiau, yw plesio'r enaid – boed hynny drwy diramisŵ, shag, jog, neu goncro mynydd a gweld copaon y wlad yn eu gogoniant.

Diolch, ond dim diolch, felly, fyddai ateb Dadi i'r gwahoddiad i fodoli ar gyfrifiadur hyd dragwyddoldeb. Ond mae Dadi'n abl o gorff, ac yn byw mewn tŷ go braf mewn lle dymunol. Mae ei deulu a'i geraint o'i gwmpas. Nid yw'n gorfod treulio gormodedd o'i oriau yn y gwaith – a beth bynnag, mae hwnnw'n lle digon derbyniol i fod ynddo. Felly mae braidd yn drahaus iddo fo ddweud ei fod yn mwynhau ymryson â'i gorff am oruchafiaeth – mae ganddo siawns go lew o ennill.

Blas y cynfyd

GYRRANT I LE bwyta sy'n rhan o ffarm lewyrchus yr olwg – dim byd tebyg i'r tyddyn lle magwyd Dadi.

Cerddant drwy'r siop ffarm sy'n arwain at y lle bwyta. Dyma'r math o le y dôi Dadi iddo ar ei union pe bai'n ennill y loteri, ac felly ddim yn gorfod poeni am wario pedair punt ar botyn o jam neu ffeifar ar sgwaryn drewsawr o gaws. Mae yma ryfeddodau coginiol sy'n tynnu dŵr o'i ddannedd – o'r cowntar peis hyd at y silffoedd nibls a'r cratiau ffrwythau – ac yn gwneud iddo gael ffantasïau dwys am sglaffio'i ffordd drwy fwffe anferth o ddanteithion y lle.

Mae yma – llawenydd pob llawenydd! – samplau bychain y gellir eu cymryd am ddim. Helpa'i hun i ambell ddarn o sosej, lympiau bach o gawsiau amrywiol eu blas, a llwyaid neu ddwy o iogwrt organig. Mwynha Fflei hithau lowcio'r seigiau, a gwêl Dadi staff y siop yn cuchio i'w cyfeiriad wrth eu gweld yn cymryd y mic yn eu barusrwydd – does fawr o olwg prynu arnynt. Mae Fflei, o leiaf, yn hapus: gan Mami y mae'r dasg anos o reoli Cena, sy'n cael ei dynnu'n ddiatal at y pethau drutaf, mwyaf bregus yn y siop – pyramidiau o jariau mêl, poteli o win ysgaw, persawrau perlysieuog – gyda golwg ar eu dinistrio.

Ar ôl stwffio cymaint ag y gallant o fwyd gwobrwyedig i'w cegau heb gael eu taflu allan, ânt drwodd i'r bwyty. Ar ôl i'r plant liwio rhywfaint ar anifeiliaid amrywiol y fwydlen, glania platiau gorlawn ar y bwrdd. Caiff y plant frechdanau ham a chaws (ynghyd â ffyn moron a hwmws, a anwybyddant).

Dewisodd Mami blatiad ffarmwr – porc pei, tafelli tenau o fiff brau a ham, tri math o gaws, deiliach, betys a phob math o hadau, catwad a llysieuach eraill.

Aeth Dadi, o awydd i beidio â bod yn josgin, am y platiad llysieuol – ffalaffels, puprau amryliw wedi eu marineiddio, hwmws a joch o gŵli tsili yn ei lygad, bara'n llawn betys a syltanas, a detholiad o saladau reis, cwscws, tatws a thapenâd hallt. I fod yn saff, gofynnodd am borc pei ar yr ochr hefyd. Gwiriona ar ffresni lliwgar y pryd – ar y sbeisys yn cyfuno â chynnyrch tir a daear Swydd Efrog i greu pryd sgwâr, ffres sydd eto'n cyffroi. Dywed wrtho'i hun fod rhagoriaeth bwyd ffarm organig i'w flasu yn y cinio.

Ar y ffordd i'r toiled ("Dwi wiiir angen mynd, Dadi, neu fydd rhaid iddyn nhw sychu'r gadar efo weip.") caiff Dadi gip ar y gegin agored. Gwêl yno'r amrywiol saladau'n cael eu rhofio allan o focsys plastig dienaid ar y platiau – pob carton wedi ei stampio â barcod y gwneuthurwr. Mae hyn yn troi arno. Doedd y pentyrrau cain o salad ar ei blât yn ddim ond cyfrannau bach o dunelli o'r stwff a gynhyrchir mewn ffatrïoedd, ei roi mewn bocsys plastig, a'i gludo mewn lorïau at arlwywyr. Dychmygodd, am ryw reswm, fod ei bryd yn fwy arbennig na hynny.

Beth oedd o'n ei ddisgwyl – bod rhyw forwyn landeg mewn brat brethyn yn paratoi pob un o'r salads yn unigol, ac yn cusanu pob darn o reis cyn ei orchuddio'n gariadus â saws sbeislyd y chwysodd hi drosto mewn beudy?

Adeiladwyd gan dlodi

PLASTY ARALL. Y tro hwn, mae mor fawreddog ag y gallai neb obeithio. Gyrrant i lawr dreif hirfaith, heibio i wartheg hirwallt, corniog na welodd Dadi mo'u tebyg erioed. Ceisiant ddychmygu cael eu cludo ar hyd yr un heol mewn carej ceffyl, a chael galw'r lle'n gartref. Mae hynny'n amhosib – mae'n lle rhy fawreddog i neb allu ymlacio ynddo, hyd yn oed ei berchnogion.

Brics coch yw gwneuthuriad y lle, ac ambell linell o garreg lliw hufen i roi diffiniad i'r ffurf. Cerddant drwy'r gerddi: ogleuo'r blodau a'r perlysiau. Ar y lawnt o flaen y plas mae coeden anferth – canrifoedd o dderwen.

Yng ngardd eu tŷ nhw, cofia Dadi, mae derwen ifanc yn tyfu. Mae hi mewn lle anghyfleus, braidd, ac mae'n boen i dorri gwellt o'i hamgylch; ymhen blynyddoedd, bydd yn rhwystr i chwarae pêl-droed ar y darn hwnnw o lawnt. Nid yw Dadi, hyd yn hyn, wedi magu plwc i'w thorri a'i dadwreiddio. Hoffa'r syniad o gael derwen yn ei ardd. Mae'r goeden yn ddelfryd o gadernid, yn dweud eu bod yn bobol nobl sydd wedi bwrw gwreiddiau saff.

Hoffa'r syniad y bydd y goeden yn tyfu gyda'r blynyddoedd: rhyw dair troedfedd ydi hi rŵan, yr un taldra â'i ferch i bob pwrpas. Gydag amser bydd yn twchu ac yn tyfu'n llawer talach na hi. Er nad yw Dadi'n hoffi meddwl am farw, hoffa feddwl na fydd o'n gweld y dderwen fach hon yn ei llawn dwf. Hoffa'r syniad y bydd y goeden yn tyfu ar ôl iddo yntau fynd i'r ddaear, ac y bydd plant ei blant, a phlant eu plant nhwthau, yn ei dringo a chael picnics yn ei chysgod. Ond yna, stopia feddwl am hynny oherwydd, wrth gwrs, bydd y plant hynny'n byw yng Nghaerdydd, neu'n siarad Saesneg, neu'r ddau.

Cyn mynd i'r cae swings, ânt i mewn i'r plasty. Ar ôl dod wyneb yn wyneb â dynes fawr sy'n gyndyn o adael iddynt fynd â'r pram o gwmpas, rhaid iddynt dynnu'r plant allan cyn mynd i weld y stafelloedd.

"Ti'n siŵr fod hyn yn beth call?" sibryda'i wraig wrtho.

"Os ydi hi'n mynnu gadael i'n plant ni redeg yn rhydd yn lle'u cadw nhw'n styc yn y goitsh, geith hi ddelio efo'r difrod," hisia yntau'n ôl.

Llusgant y plant ar hyd y llwybr a awgrymir drwy'r plas. Nid ei hudo na'i ryfeddu a gaiff Dadi gan yr hyn a welant, ond ei ddychryn. Ceir yma stafell ar ôl stafell o grandrwydd arallfydol. Mae'r manylion yn ddigon edmygadwy ar eu pennau eu hunain, mewn darnau bychain – to pren cerfiedig y llyfrgell, er enghraifft, neu'r defnydd cain, patrymog sgarlad ac aur a ddefnyddir fel cyrtans ac fel papur wal, neu'r delwau sy'n rhan o goncrit y grisiau. Ond gyda'i gilydd, mae'r argraff gyffredinol yn ormodol. Mae'n chwydlyd.

Ceir paentiadau godidog yma. Gallai Dadi dreulio oriau'n syllu ar sawl un. Ond ceir dau neu dri ar bob wal, a naw neu hyd yn oed ddeg ar furiau eraill. Byddai un yn fwy trawiadol, ond nid gwneud cyfiawnder â chelfyddyd oedd bwriad y perchnogion. Yn hytrach, eu nod wrth gasglu a dangos y gwaith celf oedd arddangos eu cyfoeth eu hunain.

All Dadi ddim dychmygu cael cymaint o arian nes teimlo'r angen i addurno pob stafell yn yr horwth tŷ i raddau mor eithafol o grand – pob manylyn yn ei le, o'r carped Indiaidd hyd baentwaith euraid y nenfwd. Pe bai'n oludog y tu hwnt i'w freuddwydion, byddai am gael tŷ nobl, solet, chwaethus, ond un a deimlai fel cartref, ac un a fyddai'n ddatganiad am werthoedd amgenach na chyfoeth.

Aiff yr awydd i chwydu'n waeth wrth fynd heibio i fathrwms mahogani a meithrinfeydd na allai'r un plentyn ddod ohonynt yn iach – ac wrth feddwl o ble y daeth y cyfoeth aruthrol sydd i'w weld ym mhobman. Llafur pobol dlawd, bron yn sicr – boed yn amaethwyr, chwarelwyr, gweithwyr ffatri, neu gaethweision. Pobol yn dioddef einioes o lafur caled er mwyn i ffati gowtlyd mewn plas gael tapiau aur.

Digwyddodd yr anochel – mae'r plant wedi diflasu, ac yn delio â'r diflastod drwy drais a sŵn. Mae Cena'n smalio bod yn llew, a'i ru'n taranu drwy'r siambrau. Ceisia Mami ei dawelu ond does dim ots gan Dadi: dydi'r lle hwn ddim yn haeddu urddas a pharch tawelwch.

Mae'r ddau'n ysu am gael rhedeg, a neidio ar bennau ei gilydd, a chwffio, a sboncio dros y lle. Caiff Dadi ei demtio i ollwng dwylo'r plant a gadael iddynt wneud fel y mynnont – neidio ar gwilt cywrain y gwely pedwar postyn, defnyddio'r badell acw fel cwch, rhedeg am y gorau tuag at y cabinet gwydr sy'n dal y llestri tsieina drudfawr, a'i gael i ddisgyn yn glindarddach i'r llawr. Ni all feddwl am well tynged i arteffactau ecsbloetio na chael eu dinistrio'n harti gan ddau na wyddant beth yw arian.

Llonydd gorffenedig

DIGWYDDANT BASIO DATBLYGIAD eiddo newydd sbon ar ochr y ffordd. Bloeddia'r arwyddion fod tai arddangos ar gael i'w gweld heddiw.

"Be wnawn ni?" hola Dadi.

"Awn ni?" ateba Mami. "O ran myrrath."

Cyn mynd am y swît farchnata, gyrra Dadi ar hyd rhai o strydoedd y stad. Mae yma dai digon del, a gynlluniwyd i roi'r argraff fod eu harddull yn deillio o gyfnod amhenodol yn y gorffennol. Mae'n rhyfeddol o hawdd mynd ar goll yma – ar ôl troi unwaith neu ddwy, does gan Dadi ddim syniad sut i gyrraedd yn ôl i'r fynedfa.

Tai yw'r rhain a fyddai'n smart ar eu pennau eu hunain, pe baent yn ddatblygiad unigol yng nghornel cae ar gyrion pentre. Yn y cyd-destun hwnnw, gellid ystyried pob un o'r rhain yn dŷ â chymeriad, gyda'r brics coch a'r cladin pren a'r portico carreg yn creu teimlad o Loegr lân, ddiogel, falch, na fodolodd erioed.

Nid un tŷ sydd yma, ond cannoedd. Un ar ôl y llall yn rhesi diderfyn; stryd ar ôl stryd yn dilyn, un i mewn i'r llall, yn ddrysfa o unffurfiaeth. Dan yr amgylchiadau hyn, dileir pob argraff o gymeriad. Drwy luosogi'r un tŷ dro ar ôl tro, fe'i gwneir yn amlwg nad oes dim yn unigryw nac yn ddiddorol am y dyluniad.

Mae yma amrywiadau ar y thema – tai sy'n amrywio o dair i bump ystafell wely; rhai â garej; rhai â phwt o ardd yn y tu blaen; rhai'n derasau, a'r mwyafrif naill ai'n dai pâr neu'n eistedd ar blot balch ar eu pennau eu hunain. Ond nid yw'r gwahaniaethau bychain hynny'n gwneud dim ond tanlinellu'r tebygrwydd sylfaenol.

Nid yw'r unffurfiaeth yn gwneud i'r stad deimlo fel uned gydlynus. I'r gwrthwyneb. Er bod adeiladau pentrefi prydferth yn cydweddu â'i gilydd, rhoddant yr argraff o fod wedi datblygu dros ddegawdau a chanrifoedd, a phob adeilad newydd yn cael ei siapio rywfaint gan ddylanwad yr hyn oedd yno'n barod. Mae'r stad hon wedi ymddangos ar amrantiad, y cannoedd o dai gyda'i gilydd, felly mae'n teimlo fel digwyddiad yn hytrach na phroses.

Does dim siop na thafarn nac eglwys na phost na neuadd yn ganolbwynt i weithgarwch y gymuned, dim ond ambell ymdrech wan i ffugio bod hwn yn lle go iawn – cloc sydd i fod i edrych yn draddodiadol, a meinciau na fydd neb yn eistedd arnynt.

Ar ôl mynd i lawr ambell lôn bengaead, cânt eu hunain yn ôl wrth y swît farchnata. Caiff Mami bwl o nerfau – mae'n ofni y bydd y staff gwerthu'n gweld yn glir nad ydynt eisiau prynu un o'r tai hyn go iawn, ac y bydd y plant yn gwneud llanast yn y tŷ.

Mae'r ferch yn y siaced daclus yn falch o'u gweld wrth iddynt straffaglu drwy'r drws.

"Chwilio am le i deulu bywiog sy'n tyfu?" gofynna, a'i dannedd yn fflachio'n wyn y tu ôl i'w minlliw.

"Ia," dywed Dadi. "Mae fy nghyflogwr wedi dweud bod rhaid i mi symud swyddfa i'r ardal yma, ac mae Vickie wedi cael joban yn yr ysbyty leol."

"Neis iawn. Doctor ydach chi?" gofynna'r werthwraig i Mami, sy'n pinsio cefn Dadi am iddo'i hailfedyddio.

"Na, llnau," ateba yntau cyn i Mami gael cyfle.

"Lyfli," dywed y werthwraig, gan estyn taflenni tai ychydig yn fwy distadl iddynt.

Ymlaen â nhw drwy'r gyfres o dai – rhes o bedwar, sydd i fod i gynrychioli'r amrywiaeth a geir ar y stad. Tŷ tair llofft yw'r cyntaf; mae pedair yn yr ail, a phump yn y trydydd. Aiff y tai fymryn yn grandiach wrth i'r ffug-stryd fynd rhagddi, ac mae'r gerddi'n tyfu hefyd. Ond maen nhw i gyd yn ddigon tebyg: waliau gwynion, carped golau, a gwaith celf jenerig ar y waliau.

Disgwyliasai Dadi gasáu'r tai. Cymerasai y byddai eu diffyg cymeriad yn ei lethu, ac yn gwneud iddo ddirmygu unrhyw un a ddôi yma i fyw. Nid felly y mae. Teimla'n sobor o genfigennus o'r teuluoedd taclus a fydd yn gosod eu marc cyfyngedig ar y tai.

Mae landerydd y tai hyn yn gyfan, a'r dŵr glaw'n llifo'n ddel i'r gwter. Mae'r toeau'n siapiau call, a'r llechi heb gracio. Mae'r ffenestri i gyd yn rhai gwydr dwbwl, heb dyllau, a fyddai 'na ddim drafft yn dod drwy ddim un ohonynt. Mae'r switshys golau yn y llefydd mwyaf amlwg iddynt fod, ac mae'r bylbiau golau wedi eu gosod yn y llefydd mwyaf synhwyrol; a beth bynnag, does dim corneli tywyll i'w goleuo. Mae'r gerddi'n batshys sgwâr, fflat o wellt y gellid ei dorri ag injan ysgafn mewn llai na chwarter awr.

Mae'r waliau i gyd yn syth, a phob llinell yn gyfochrog â'i gilydd. Yma, wrth hongian llun, fyddai dim rhaid iddyn nhw ddewis mewn cymhariaeth â beth yr hoffent iddo fod yn strêt – y nenfwd, y rheilen luniau, y sgertin ynteu'r llawr. Yma, byddai'r lle cyfyngedig yn eu gorfodi i daflu'r geriach a'r llyfrau nad ydynt wedi sbio arnynt ers blynyddoedd.

Fyddai cawod y tŷ hwn ddim yn gwneud i'r pibau dŵr wichian a bustachu. Fyddai anadl rhywun ddim yn troi'n gwmwl gwyn wrth ddeffro ar fore o aeaf. Fydden nhw ddim yn gorfod archwilio pob darn o bren â pharanoia dybryd er mwyn gweld a oes ynddo dwll pry. Fydden nhw ddim yn gorfod crafu pen er mwyn ffitio cegin ddeche i mewn i stafell fach, oherwydd byddai cegin dwt a defnyddiol yno'n barod.

Yn bennaf oll, tybia Dadi na fyddai plant y bobol ddestlus sy'n byw yn y tai hyn hanner mor wyllt â'u rhai nhw. Byddai diffyg cymeriad y tai'n cael ei drosglwyddo i'r plant, ac ni fyddent byth yn mynd drwy lond basged o gylchgronau glosi gan eu rhwygo a'u chwalu fel y mae Fflei wrthi'n gwneud, nac yn bownsio ar soffas gwyn y stafell haul yn eu welis fel Cena. Byddai bywyd yn syml ond yn fodlon: sticeri 'LIVE LAUGH LOVE' ar y waliau.

Pam, felly, nad ydynt yn gwerthu'r hen dŷ problemus ac yn mynd yn ôl i dŷ newydd, glân, didrafferth? Pam na wnân nhw gydnabod bod eu cartref yn ormod o hasl, a'i ffeirio am rywle plaen na fyddai'n llyncu eu harian a'u hamynedd?

Rhaid eu bod yn mwynhau'r cymhlethdod. Rhaid bod yr ymdrech yn bleserus, yn ei ffordd, a'r trafferthion yn gwneud pob llwyddiant yn felysach.

Wedi'r cwbwl, pe bai Dadi'n cael dewis clicio'i fysedd a thrawsnewid ei blant anystywallt yn rhai sy'n abl i wneud pethau fel eistedd yn llonydd am bum munud a dilyn cyfarwyddiadau rhesymol, fyddai o'n clicio'i fysedd? Ynteu a fyddai o'n dewis cadw'r epil gwyllt, blêr, diwrando sy'n ei yrru'n benwan?

Nwyd yng nghryndod dwfn yr organ reiol

ANHWTHAU'N ÔL yn y garafán, mae Dadi'n sbio drwy'r ffenest i weld pa gymdogion newydd sydd ganddynt. Gwêl fod cwpwl canol oed wedi cyrraedd, sy'n amlwg yn Gristnogion o argyhoeddiad. Nid y sticeri pregethwrol yn ffenest gefn yr Honda yw'r unig arwydd o hynny – mae'n glir ar eu hwynebau hefyd. Gall Dadi ddweud arnynt eu bod yn bur betrus ynghylch dod â'u carafán i ganol anghredinwyr, ac mai goddef y byd a'i bethau y maen nhw, nid eu mwynhau.

Ond wrth edrych ar y gŵr yn brasgamu tuag at y tap dŵr – dyn smart, tal mewn trowsus crîm a siwmper goch – amheua Dadi fod craciau yn ei amddiffynfeydd. Gwêl arlliw o euogrwydd a hunanamheuaeth yn yr wyneb glân, agored. Tybia Dadi fod y crediniwr yn ei geryddu ei hun am rywbeth.

Cred Dadi mai'r hyn a ddigwyddodd yw bod y cwpwl wedi penderfynu mynd i Lundain ar gyfer cymanfa efengylaidd fawr yn yr O2 neu neuadd gyffelyb. Gan eu bod yn bell o adref, ac am eu bod yn credu y byddai Duw am iddynt gael trît, penderfynsant gael gwesty gwylaidd yn hytrach na mynd â'r garafán. Byddent yn teithio yn ôl ac ymlaen i'r gymanfa ar y Tiwb y ddau ddiwrnod, bore a nos.

Dyna ble'r aeth pethau o chwith i'r credadun unplyg hwn. Cyrff. Cyrff ym mhobman. Cyrff benywaidd, ifanc, hardd.

Merched glandeg yn mynd i'w gwaith yn y bore, a'u penolau wedi eu lapio mewn sgertiau tyn, a gyhoeddai'r gogoniant am greadigaeth Duw. Merched a'u blowsys yn dangos jyst digon i'w ddychymyg allu plymio i ddirgelwch eu bronnau bach llawnion.

Yn y pnawn, merched mewn ffrogiau haf. Roedd hi'n wythnos boeth yng nghanol Mehefin, ac mae poethder yn waeth ar drenau tanddaearol Llundain nag yn unman arall. Wrth ddilyn y merched hyn i fyny'r grisiau symud, dilynai ei lygaid amlinell eu coesau i fyny o'u sandalau, heibio'u pengliniau, ac i fyny at waelodion eu sgertiau, nad oedd mor bell â hynny o'u contiau melys, tyn, ffrwythlon. Wrth eu dilyn i lawr y grisiau, ceisiai ei lygaid grwydro i lawr at eu bronnau. Melltithiai deneudra'r cotwm oedd rhyngddo a'u cnawd.

Melltithiai ei gyneddfau ei hunan – y "trachwant sanctaidd" a gafodd gan Dduw i'w gymell i genhedlu plant o fewn ffiniau glân briodas – am wneud iddo sylwi ar y merched hyn. Doedd hi ddim yn broblem a gâi'n aml, ond roedd rhywbeth am Lundain – y gwres, y crynodiad uchel o bobol ifanc – a wnâi'r rhywioldeb yn amhosib iddo'i anwybyddu. Yr hyn oedd fwyaf anodd iddo oedd y ffaith mai rhywioldeb naturiol, anfwriadol oedd hwn – gallai gondemnio'r harlotiaid hynny a wisgai'n anniwair er mwyn denu dynion i drybini, ond y cwbwl a wnaeth merched y Tiwb oedd gwisgo'r hyn a'u gwnâi'n hapus a chyfforddus. Doedden nhw ddim yn bwriadu hysbysebu eu cnawdoldeb. Damwain oedd bod eu dillad yn gwneud i efengýl canol oed ddeisyfu eu dinoethi ac anghofio holl ddisgyblaeth yr hanner canrif ers ei dröedigaeth.

Ar ôl i'r merched fynd o'r golwg, caeai ei lygaid a gweddïo am gael bodloni ar y wraig a genhedlodd iddo bedwar plentyn sydd bellach yn magu eu plant nhwthau yn y Bywyd.

Efallai, wrth gwrs, nad oes euogrwydd o gwbwl yn ei wep a bod Dadi'n dychmygu pethau.

Y gŵr a harddo'r gweryd

MAE DYN YN torri'r gwellt o gwmpas y carafannau, ac oglau'r llafnau toredig yn felys yn yr awyr. Â deheurwydd y profiadol, aiff y gofalwr â'i dractor bach i mewn i gilfachau digon anodd, a gadael y maes yn dwt a ffres o'i ôl.

Hoffai Dadi gael dyn fel hyn i dendio'i ardd ei hun. Yr ardd oedd un o'r pethau a apeliodd atynt ynghylch y tŷ sydd bellach yn gartref iddynt – darn hir o dir, ar rywfaint o lethr, sy'n cyrraedd reit at y stryd ryw ddau gan llath i ffwrdd o'r ffenestri mawr ar flaen y tŷ. Mae arno sawl coeden nobl – *Japanese monkey puzzle* anferth, coeden afalau, a choeden geirios sy'n blodeuo'n hyfryd o binc am rai wythnosau ar ddiwedd y gwanwyn.

Edrychai Dadi ymlaen at y gwaith a greai'r ardd. Gobeithiai gael lleddfu peth ar ei euogrwydd am beidio â bod yn ffarmwr drwy ymroi i'r gwaith o gynnal a chadw'r ardd. Ar ôl cael garddwr proffesiynol i glirio'r llanast a'r brwgaij a dyfodd yn ystod y cyfnod pan oedd y tŷ ar werth, bwriodd Dadi ati i geisio cadw'r lawnt dan reolaeth. Cafodd injan torri gwellt drydan ar ôl ei Yncl Bob. Y broblem â hynny oedd bod angen tri chêbl ymestyn er mwyn cyrraedd gwaelod yr ardd. Mae defnyddio'r fath hyd o gêbl (esboniodd ei dad yng nghyfraith wrtho'n ddiweddarach) yn golygu bod y cerrynt mor wan nes bod ceisio'i ddefnyddio'n dinistrio electronics yr injan torri gwellt. A dyna a ddigwyddodd. Chwythodd y flymo'i phlwc.

Cafodd ei dad yng nghyfraith afael mewn injan betrol ail-law iddo wedyn, a bu'n defnyddio honno'n selog am fisoedd. Fodd bynnag, roedd cyn-berchnogion yr ardd wedi gosod cerrig addurniadol ar hyd ymyl y llwybr, a'r rheiny wedi suddo i'r lawnt gydag amser, nes nad oedd modd eu gweld. Am eu bod yn anweledig, gyrrodd Dadi'r injan dros ymyl y lawnt, a tharodd y llafn yn erbyn un garreg gydag andros o glec. Gan wadu bod problem, parhaodd Dadi i ddefnyddio'r injan, er ei bod yn fwy swnllyd nag o'r blaen, ac yn crynu fel rhywbeth gwirion, nes bod ei arddyrnau'n boenus ar ôl ei defnyddio. Bu'n rhaid iddo stopio'i defnyddio pan sylwodd fod crac yn y tanc petrol, a bod hwnnw'n gollwng fel gogor. Yr hyn oedd wedi digwydd (esboniodd ei dad yng nghyfraith wrtho'n ddiweddarach) oedd bod y glec wedi plygu a llacio'r cranc-siafft, a bod y jerian dilynol wedi gwneud i'r tanc gracio.

Teimla Dadi'n ffôl ac yn flin am yr holl beth. Ar hyn o bryd, does ganddo ddim injan torri gwellt, ac nid yw'n awyddus i wario tri chan punt ar rywbeth y mae'n garantîd o'i ddinistrio. Mae tywydd crasboeth yr haf wedi lladd y gwellt, ac felly does dim angen ei dorri am rŵan, ond buan y bydd y glaw'n ei ailffrwythloni.

Mae'r problemau hyn yn fychan mewn cymhariaeth â'r bwgan mwyaf, sef gorfod torri'r gwrychoedd. Ceisiodd Dadi arbed arian drwy brynu'r cyfarpar i wneud hynny ei hunan, ond canfu'n reit handi fod ei freichiau'n rhy wan, amhrofiadol ac ansgilgar i wneud y gwrychoedd yn daclusach na phe bai bwystfil wedi eu cnoi. Gwnaeth y dasg gymhleth o roi'r peiriant at ei gilydd iddo grio, ar ôl dod â'r bocs adre o'r siop a sylweddoli bod angen rhoi'r cydrannau at ei gilydd, heb sôn am y gwaith corfforol o geisio dal y peiriant trwm i fyny a thorri'r llwyni uchel.

Roedd wedi gobeithio y byddent, erbyn hyn, yn tyfu eu tatws a'u moron a'u perlysiau eu hunain mewn bocsys pren taclus, ond mae ei fethiant i dorri'r gwellt yn awgrymu bod hynny'n rhy uchelgeisiol. Rhwng popeth, nid yw'r ardd wedi gwneud iawn am ddiffyg gyrfa amaethyddol Dadi. Os rhywbeth, teimla hyd yn oed yn fwy annigonol, a difara beidio â phrynu tŷ â decin a phatio y tu cefn iddo.

Y ferch ar y cei yn Rio

CAIFF DADI EI anfon i'r cae swings fel bod Mami'n cael llonydd i gael trefn ar y garafán. Mae dynes yno'n barod gyda'i mab. Gwena Dadi arni, ac yna ceisio'i hanwybyddu.

Rhaid iddo geisio rheoli ei ddychymyg.

Na, nid fel'na, y moch.

Mae'n tueddu i geisio dehongli pobol ar sail yr ychydig a wêl ohonynt. Gall weld o ansawdd hercan ac esgidiau'r fenyw hon nad yw hi'n byw mewn hofel; a dweud y gwir, mae'n amau mai hi yw perchennog yr SUV Lexus a'r Elddis Crusader hyfryd sy'n tra-rhagori ar owtffits eraill y maes carafannau. Mae ganddi ddiemwnt anferth ar ei bys modrwy briodas, ond dydi ei gŵr ddim i'w weld yn unman. Tybia Dadi felly ei fod o'n mynd i'w waith yn ystod y dydd ac yn dychwelyd i'r garafán gyda'r nos – ffordd i'r teulu gael gwyliau heb iddo fo orfod cymryd amser o'i waith.

Tybed beth mae o'n ei wneud? Rhedeg ffyrm cyfrifiaduron, efallai. Tybed a ydyn nhw'n hapus? Mae'r ddynes yn rhoi sylw mawr i'w mab – ydi hynny'n awgrymu ei bod yn canolbwyntio arno fo i wneud iawn am agendor rhyngddi hi a'i gŵr? Edrycha arni: mae ei cheg yn gwenu ond ei llygaid yn drist, ac o gwmpas ei llygaid gwêl Dadi argoelion mân o rychau cyntaf straen ar ei hwyneb deunaw ar hugain oed.

A dweud y gwir, does gan Dadi ddim math o hawl edrych arni drwy gornel ei lygad a cheisio'i dehongli fel hyn. Mae'r plant yn chwarae'n ddigon del am newid, felly estynna Dadi ei ffôn a chwilio am 'Y ferch ar y cei yn Rio' er mwyn ceisio teimlo'n llai euog am y ffordd y bu'n ceisio dyfalu cymeriad y ddynes yn y parc.

Doedd gan Dadi ddim dewis ond sylwi ar y ddynes: dim ond hi oedd yno – doedd hi ddim yn un o'r cannoedd ar y cei. A wnaeth o ddim cymharu'r ddynes â llygoden Ffrengig wen oedd yn sbio i bobman ar unwaith. Fel TH – a ddyfalodd fod y ferch, un tro, "i rywun yn Lili neu'n Lio" – bu yntau'n ceisio dyfalu pethau am fywyd carwriaethol y ddynes. Ond wnaeth o ddim ei gweld yn ynfyd, na gweld "penwendid" yn y modd roedd hi'n ymgolli yng ngweithgareddau'r cae swings.

Beth petai dieithryn yn sbio ar Dadi, ac yn ceisio'i ddehongli yntau ar sail cliwiau prin ei wisg, ei ymwneud â'i blant, ei wedd a'i olwg – ei sbectol, a gwallt ei ben yn teneuo y tu hwnt i bob urddas? Efallai na ddoen nhw'n agos at y gwir. Neu efallai y gwelen nhw fwy o'i gymeriad nag y mae Dadi'n ei wybod amdano'i hun.

Beth fyddai'r byd pe na allem weld rhywfaint ohonom ein hunain yn ein gilydd – naill ai teimlo'r "ofn ddaeth im wrth bitïo", neu benderfynu newid wrth deimlo sbarc o genfigen, neu fwynhau'r cyffro o ddychmygu y gallai cyfarfyddiad ar hap newid trywydd oes? Ar fysys, ar strydoedd, mewn sinemâu, mae pobol yn braidd gyffwrdd â'i gilydd – miliynau o sgyrsiau ddim yn cychwyn, sawl cyfeillgarwch posib yn peidio â bod: pob cyfle a gollir yn newid mymryn ar y dyfodol. Nid bod ots.

Paradwys dan y sêr
ry bleser i ŵr blin

G EDY'R DDYNES A'I mab y parc, ac mae Fflei a Cena'n falch
o hynny – maen nhw'n gwybod ei bod yn rhaid iddynt
fihafio pan fo pobol ddiarth o gwmpas. (Edrycha Dadi'n
gegrwth ar yr athrawon ysgol feithrin sy'n ei sicrhau nad yw
ei ferch yn tueddu i gicio, brathu na sathru neb yn ystod ei
dwyawr yn y dosbarth. Fe'i brifir gan y sylweddoliad y gall
Fflei fod yn dangnefeddwraig mewn rhai amgylchiadau.
Golyga hynny mai mater o ddewis yw ei gwylltineb arferol
– neu, hyd yn oed yn waeth, fod rhywbeth am ei bersonoliaeth
o sy'n cynhyrfu'r gwaethaf ynddi.)

A nhwthau wedi chwarae'n barchus ym mhresenoldeb y
ddynes, maen nhw bellach yn benwan. A bod yn deg â Fflei,
ymddengys mai bai Cena yw'r cythrwfl diweddaraf. Mae
gwallt Fflei'n llawn o risgl coed a luchiwyd drosti, ac mae
Cena wrthi'n halio hwd ei chwaer fel gwallgofddyn gan wneud
i'w hwyneb fynd yn anhardd o biws. Mae'n deg tybio, ar sail
cochni braich Cena, fod Fflei wedi ei frathu i ddial am luchio'r
rhisgl, ond dydi hynny ddim yn cyfiawnhau'r crogi.

Llusga Dadi Cena i ffwrdd o'i chwaer, a cheisio rhoi ram-
dam iddo.

"Be sy haru chdi, hogyn?" gofynna, gan geisio edrych i
mewn i'r llygaid mawr, del sy'n ei osgoi. "Pam wyt ti'n bod
mor uffernol o wirion, ac mor gas efo dy chwaer? Sbia arnaf i.
Cena! Be sy haru chdi?"

Nid yw'r row'n effeithiol iawn – mae Cena wedi cael gormod o rai cyffelyb o'r blaen, ac mae'n ceisio gwingo o freichiau Dadi i allu chwarae mwy â'r rhisgl sy'n gorchuddio llawr y cae swings.

Beth all o'i wneud? Mae'n dymuno rhoi clewtan i Cena, ond pe bai'n ei waldio am bob trosedd gyffelyb, byddai'r hogyn bach druan mewn gofal cyn diwedd yr wythnos. Dydi dweud wrtho iddo wneud rhywbeth o'i le – ceisio esbonio'i drosedd iddo, a nodi pam nad ydan ni'n trin ein gilydd fel'na – ddim yn cael unrhyw effaith. Ac mae Dadi'n poeni: ydi, mae Cena'n gwneud pethau drwg rownd y ril, ond os ydyn nhw'n dweud wrtho byth a hefyd ei fod yn hogyn drwg, oni fydd o'n credu hynny, ac yn gwneud pethau drwg oherwydd mai dyna natur a thynged hogiau drwg fel fo?

Yn anffodus, penderfyna Fflei ymuno â'r ceryddu.

"Cena, hogyn drwg. Dwi wedi deud aaa deud – rhaid i ti beidio gneud hynna…"

Poera Cena yn ei hwyneb, ac ni all Dadi ei feio. Ei hymateb hithau yw sgrechian a phlygu ei phen yn ôl gyda'r bwriad o roi cusan Glasgow i'w brawd bach. Gosoda Dadi ei law i rwystro'i thalcen mewn pryd, rhoi Cena dan ei fraich, a llusgo Fflei'n ôl tua'r garafán gan weiddi ar y ddau na chân nhw aros yn y cae swings os mai fel hyn maen nhw'n bihafio, Iesu Grist o'r nef.

"Plis deutha i fod swper yn barod," yw ei eiriau cyntaf wrth ei wraig wrth gyrraedd yn ôl i'r garafán.

"Newydd orffen hwfro ydw i, sori," yw ei hymateb anymddiheurol hithau. "Amser neis yn y parc?"

Cred Dadi fod gwichian wrth i Cena frathu pont ei ysgwydd yn ddigon o ateb.

"Be sy 'na i swper? Faint o amser gymerith o?"

"Ym…" ateba'i wraig. "Tisio…"

"Syniad da," dywed yntau.

Fel rhywun â sglodyn ar ei ysgwydd ynghylch ei statws ddim-cweit-yn-ddosbarth-canol, caiff Dadi weithiau ei roi mewn caethgyfle. A yw'n mynd am yr opsiwn dosbarth canol – hynny yw, gwneud y peth gwleidyddol gywir, hunangyfiawn, iachus a llesol, cydwybod-cymdeithasol-tastig, llai pleserus, sy'n costio mwy? Ynteu a yw'n dilyn ei reddfau dosbarth gweithiol ac yn gwneud y peth rhad, boddhaus, sy'n peri i ddinasyddion cyfrifol, cyfoethog droi eu trwynau?

Heno, does ond un ateb: ydyn, yn bendifaddau, maen nhw'n mynd i Maccie's am swper.

Caiff snobs y byd sôn faint fynnont am fraster yn culhau capilarïau, a gwartheg yn rhechan nwyon sy'n niweidio'r amgylchedd, a bwytai cyfleus, rhesymol, rhyngwladol yn gwneud i bobol beidio â mynd i lefydd bwyta araf, annymunol, lleol. Aiff yr ystyriaethau hynny allan drwy'r ffenest wrth i ddannedd Dadi ddechrau dyfrio, gan ragflasu'r saim a'r halen a'r cig a'r lliwiau.

Efallai fod y bennod hon yn darllen fel un o hysbysebion teledu McDonald's eu hunain. Weithiau, mae treialon bywyd mor hegar nes nad oes ond un ateb – camu dan y bwâu aur. Nid yw Dadi'n hidio dim am hynny. Dydi'r ffaith fod ei brofiad yn cyd-fynd â naratif corfforaethol y behemoth masnachol ddim yn gwneud ei brofiad yn gelwydd.

Weithiau, mae ar ddyn angen rhwygo'i ffordd drwy haen o garbs a garnais, blasu saws tsili melys, crensian drwy gôt o gytew euraid, a suddo'i ddannedd i mewn i ddarnau o gyw iâr suddog, poeth. Mae arno angen stwffio'i wyneb â sglodion tenau sy'n drymlwythog o saws barbeciw. Mae arno angen ysgytlaeth mefus trwchus, moethus, pechadurus i olchi ei lwnc. Ac mae arno angen i'r cwbwl gyrraedd y bwrdd ymhen ychydig funudau ar ôl archebu, ynghyd â bwyd a theganau a wnaiff apelio at ei blant a'u cadw'n ddiddig. Mae arno angen i ferch ddod i gynnig balŵns i'r plant er mwyn gwneud swper, jyst am un noson, yn destun gorfoledd yn hytrach na cherydd.

Cewch – wrth gwrs, blantos! – fe gewch chi McFlurry i bwdin. A hanner tarten afal rhyngoch hefyd (gwyliwch losgi'ch tafodau) achos, er eich holl wendidau, rydach chi wedi bwyta'ch byrgyrs yn dda, rydach chi'n chwarae'n ddiddig efo'ch teganau bach plastig, ac mae'ch mam a'ch tad wedi cael llond eu boliau o sgrwtsh sydd – maen nhw ill dau'n cytuno – yn well na secs.

Dysgu Deio

A R ÔL SBLASIO'N y bàth i gael gwared ar oglau'r saim, a chael gwisgo'u pyjamas, mae'n amser darllen stori i'r plant. Gofynna Dadi i Fflei a Cena pa stori hoffen nhw ei chael, ac mae'r ateb yn bendant. Maen nhw wedi gwirioni ar lyfr anenwog o straeon plant. Fe'i cyhoeddwyd rywdro yn y chwedegau, a bu allan o brint ers blynyddoedd. Mae'r iaith dwtsh yn afrwydd. Does neb wedi clywed am yr awdures, er bod y tynnwr lluniau rywfaint yn fwy adnabyddus. Does dim llawer o luniau yn y llyfr.

Am ryw reswm, mae'r plant wedi gwirioni ar ei straeon syml, tawel. Dyna'r un am y robot sy'n dechrau siarad â bachgen ar bnawn glawog, a'r un am yr injan dân sy'n cael ei hesgeuluso pan ddaw un newydd i'r dref ond a gaiff ei defnyddio eto i achub cath o goeden. Mae yn y llyfr stori ryfedd am gwningen yn ceisio canfod pen draw'r enfys, ac un syml am ferch yn dysgu byji i siarad.

Y ffefryn yw 'Dysgu Deio'.

"'Bachgen chwech oed yw Deio'," dechreua Dadi arni.

"Na! Naw oed!" protestia Cena, oherwydd 9 yw ei hoff rif.

"'Dydi o ddim yn fachgen da bob amser.'"

Trosedd Deio yw peidio â gwrando ar ei fam pan fydd hi'n gofyn iddo glirio'i deganau, brwsio'i ddannedd neu lanhau ei esgidiau.

"Na! Na! Na! Na!" dynwareda'r plant Deio, mewn modd sy'n gwneud i Dadi boeni eu bod yn gweld Deio'n fwy o esiampl nag o rybudd.

Penderfyna'i fam ddysgu gwers i Deio pan ddaw Wyn ei ffrind draw i ofyn a gaiff fynd i'w barti pen-blwydd.

"Wyddoch chi beth ddywedodd Mam?"

"NA'N WIR, WYN," bloeddia Fflei.

"NA WI WIN!" bloeddia Cena'r un pryd.

Mae'r plant wedi dechrau dweud "Na'n wir, Wyn" yn llawn bob tro y mae angen iddynt ddweud "Na" – ac, hefyd, ar adegau pan ddylent ddweud "Ie".

Yn wir, dydi Deio ddim yn cael mynd i'r parti – ond mae'n dysgu ei wers, yn gwneud ei dasgau i gyd, ac yn ufuddhau o'r pwynt hwnnw ymlaen.

Daw'r stori i ben, a theimla Dadi'r un cymysgedd poenus o dristwch a hapusrwydd ag sy'n ei daro bob tro y bydd yn cau'r llyfr. Oherwydd roedd yr awdures yn nain iddo (neu'n fam-gu, a dweud y gwir) – mam ei fam. Bu farw o ganser cyn i Dadi gael ei eni.

Felly mae'n anhraethol falch o gael dweud ei straeon wrth ei blant ei hun, er ei fod yn cael pang o hiraeth bob tro – hiraeth am fenyw nad adnabu erioed mohoni. Ac mae'n falch, mewn ffordd, nad oes clem nac ots gan Fflei a Cena pwy sgwennodd y llyfr. Maen nhw'n mwynhau'r straeon am eu bod yn mwynhau'r straeon.

Dydyn nhw ddim fatha ni

NOSON DDIGWRW HENO, oherwydd fe brynson nhw gacennau – tair rhwng y ddau ohonynt – yn y siop ffarm. Gwnaiff Mami debotaid o de. Nid yw Dadi'n siŵr pam, oherwydd te tramp maen nhw'n ei yfed adref.

Mae eu noson o fwyta cacen ac ymgadw rhag pob math o ddiodydd meddwol yn atgoffa Dadi o le yr aethant iddo ar ddiwedd noson yn Lerpwl un tro. Roedden nhw wedi bwyta gormod o stêc i feddwl am gael pwdin yn y bwyty ond, goctel neu dri'n ddiweddarach, roeddent yn barod am rywbeth melys. Nid nepell o'r dociau, daethant ar draws rhyw fath o gaffi hwyr-y-nos.

Roedd yn lle slic – teils a byrddau marmor gwyn, a'r decor yn borffor tywyll a du. Teimlai fel y math o fwyty sydd i'w weld mewn ffilmiau am Rwsiaid amheus. Dim ond cacennau a phaneidiau a weinai'r lle – dim prydau, dim alcohol – ond fe gawson nhw deisennau ardderchog i'w sobri cyn mynd am beint bach olaf.

Y peth rhyfeddaf am y lle oedd y cwsmeriaid. Roedden nhw i gyd yn Foslemiaid yn eu harddegau a'u hugeiniau cynnar. Nid yn unig hynny: roeddent i gyd yn gyfoethog – Apple Watches, AirPods, trenyrs drudfawr, a rhes o SUVs moethus a sbortscars swanc wedi'u parcio y tu allan. Doedd Dadi ddim yn gwybod bod poblogaeth Foslemaidd fawr yn Lerpwl, na llawer iawn o bobol gyfoethog chwaith – ond dyma le bwyta a wasanaethai, yn ecsgliwsif i bob pwrpas, bobol ifanc a syrthiai i'r ddau gategori.

Cofia Dadi gael gyrrwr tacsi'n esbonio iddo mewn dinas arall fod gwaharddiad Islam ar alcohol yn golygu bod Moslemiaid yn methu â mynd i bybs a bariau arferol – a'u bod, yn hytrach na hynny, yn mynd naill ai i fariau shisha, neu i lefydd cacen a phwdin. Roedd gan bobol ifanc Foslemaidd ddant difrifol o felys am na chaent yfed seidr a Smirnoff Ice fel pobol eraill yn eu harddegau.

Er nad oedd neb yno'n fygythiol, teimlai Dadi a Mami fel pobol oedd yn tresbasu yn nhiriogaeth rhywun arall. Teimlai Dadi hefyd fel pe bai pobol wyn ar eu colled: dydi plant yn eu harddegau ddim yn cael mynd i'r pyb, felly rhaid iddynt yfed mewn parciau a thai, sy'n llawer peryclach. Pe baent yn cael ymgasglu i fwyta pwdinau mewn llefydd glân, saff fel hyn, oni fyddai hynny'n eu plesio a'u cadw'n ddiogel?

Ond wedyn, go brin y byddai'r bobol wyn yn barod i gydnabod bod y Moslemiaid wedi ei dallt hi, a dechrau cymysgu â nhw a'u dynwared.

Twyllwyr ydym oll
heb eithrio'r un

Sgrolia drwy luniau o wyliau pobol eraill ar Instagram. A hithau'n ddiwedd Awst, mae pawb a'i gi ar ei wyliau, ac yn rhoi gwybod i'r byd drwy roi lluniau golau, godidog o'r ffaith ar y we.

Plesid Dadi'n iawn gan ogledd Lloegr fwll tan hyn. Ond mewn cymhariaeth â gwyliau pawb arall, ymddengys eu hwythnos nhw'n fflat, llwydaidd ac anuchelgeisiol.

Gwêl bobol yn gwenu gerbron cestyll chwedlaidd yn yr Almaen. Dacw rywun yn dal lliwiau pyledig Ciwba. Hwn a hwn ger llyn anhygoel yn Slofenia. Tri phlentyn dwyflwydd oed yn sblasio mewn pyllau heulog yn Gran Canaria, Majorca ac Albufeira. Traed rhywun sy'n ymlacio gyda gwydraid o win ar lawnt *château*. Gwep hon a hon fry uwchben dur a gwydr a choncrit metropolis. Rhywun annhebygol wedi concro'r Matterhorn, a gweddillion eira'n ddisglair yn haul yr haf.

Cenfigenna Dadi. Teimla'n euog am beidio â gwneud digon o ymdrech i fynd â'r plant i weld rhyfeddodau tramor. Teimla'n fflat nad aethant i weld y byd cyn cael plant.

A theimla'n hyll. Yn y lluniau hyn, mae pawb yn hardd. Mae haul a brêc o'r swyddfa'n gwneud hynny i bobol: mae eu dannedd yn wynnach, eu gwarrau'n llai crwm, a'r golau'n eu dangos ar eu prydferthaf. Teimla'n dew, hefyd: mae agosrwydd y bobol yn y llun at ddŵr a haul wedi eu cymell i dynnu eu crysau a datgelu corpysau diwastraff, cyhyrog na wyddai Dadi amdanynt o'r blaen.

Gŵyr mai rhith, o fath, yw hyn: pawb yn bustachu er mwyn cael llun sy'n plesio, a'r llun hwnnw'n gorbwysleisio tlysni eu gwedd a hapusrwydd eu gwyliau. Gŵyr Dadi hynny'n iawn oherwydd nid yw yntau'n cyhoeddi lluniau o'r plant yn sgrechian, na'r trips i Tesco eto fyth i nôl hanfodion, na'r oriau maith yn y car rhwng atyniadau.

Er bod pawb yn twyllo'i gilydd, ni all Dadi fod yn flin am hynny. Mae'r byd yn gallu bod yn shit; yn wir, mae'n hollol shit i lot fawr o bobol lot fawr o'r amser, gan gynnwys pobol sy'n ymddangos yn freintiedig a hapus. Ac i'r mwyafrif o bobol y rhan fwyaf o'r amser, mae bywyd yn gyffredin, yn ddiflas, yn siom. Beth, mewn difri, sydd i'w ennill o dynnu sylw at y shit a'r siom?

Gŵyr pawb am y cachu a'r cyffredinedd, felly beth sy'n bod ar bedlera'r hardd a'r hyfryd – llenwi llygaid pobol eraill â haul a heli ac Aperol Spritz ac ynysoedd ffrwythlon a marchnadoedd bwyd a choedwigoedd hudol a chwerthin plant a phroseco a ffynhonnau a chusanau cariadon a *tarte au citron* a thraciau trên a neidio o awyrennau a pheintio wyneb a hotpants ac eliffantod a lager ewynnog a chlogwyni concredig a reidio camelod a chwarae piano a thywod ar ficini ac adenydd awyrennau a thapas a llyfrau a'r holl bleserau sy'n ffrwydro drwy'r llwydni'n ogoniant o liw?

DYDD IAU

Dewr yw'r un a dyr ei wallt

MAE'N BRYD I Dadi eillio'r blewiach ar ei wep. Wrth syllu i'r drych yn y bloc toiledau, teimla'n euog am adael y plant gyda'i wraig iddo gael llonydd i siafio. Ond mae hi wedi eu sodro o flaen cartŵns iddi gael tynnu'r adlen i lawr. Dechreua Dadi ymlacio, a mwynhau'r heddwch, gan wybod bod ei absenoldeb yn help mawr i Mami ddelio â'r adlen.

Dydi sbio i'r drych ddim yn brofiad pleserus. Ben bore, mae pob rhych yn amlycach, a'i lygaid yn goch fel rhai rhywun a arteithiwyd. Mae'i wallt – hynny sydd ar ôl ohono – yn llanast. Wrth dywys y siafiwr i fyny asgwrn ei ên, edrycha o ddifri ar drueni ei ben.

Cofia Dadi fynd i gael torri ei wallt pan oedd tua naw oed, a'r ddynes yn dweud bryd hynny y byddai'n mynd yn foel. Hyd heddiw, nid yw'n siŵr ai arbenigedd y farbwres ym materion y pen a'i galluogodd i broffwydo felly, ynteu a gymerodd olwg ar ben sgleiniog tad Dadi a chymryd y byddai gwallt y mab yn mynd ar yr un disberod.

Proffwydodd Louise fel Cassandra. Erbyn hyn, mae patshyn moel Dadi wedi ehangu cymaint, a'i dalcen wedi mudo'n ôl i'r fath raddau, nes bod siâp od iawn ar ei wallt. O'r tu blaen, fyddai neb callach – llwydda Dadi i lunio cwiff argyhoeddiadol o'r manion sydd ganddo – ond all neb ond tosturio wrth Dadi o weld ei ben o'r cefn neu o'r ochr.

Gŵyr ers blynyddoedd y bydd yn rhaid iddo eillio'i ben ryw ddydd. Ymataliodd hyd yn hyn oherwydd nid yw wedi ei argyhoeddi ei hun fod ei orchudd pathetig presennol yn waeth na moelni llwyr.

Nid oes ganddo gywilydd o foelni. I'r gwrthwyneb, does ganddo fawr o feddwl o ddynion â phen llawn o wallt. Mae wedi tanysgrifio'n llawn i'r esboniad o foelni sy'n dal bod y corff yn penderfynu canolbwyntio ei egni ar bethau pwysicach na chynnal a chadw gwallt.

Rhaid fod dynion gwalltog yn bobol ddiffygiol, hunanfoddhaus os yw eu cyrff yn blaenoriaethu harddwch yn hytrach na chyfeirio'u holl egni at ymdrechion mwy ymenyddol neu gorfforol. Datganiad yw moelni: dydi fy ngwerth esblygol i ddim yn fy harddwch, ond yn fy neallusrwydd, yn fy newrder, yn fy nghryfder, neu yn fy mhŵer rhywiol amrwd.

Oeda'r eilliwr yn llaw Dadi. Fflachia'r llun o Samson ym Meibl y Plant yn ei ben. Beth petai yntau'n colli ei gryfder i gyd o gael gwared ar ei wallt? Nid cryfder corfforol, yn amlwg – ond byddai derbyn moelni'n golygu derbyn henaint. Ni fyddai'n bosib troi'n ôl. Priodi; cael plant; eillio pen; ymddeol; clefyd siwgwr, neu ganser, neu hartan, neu'r tri: dyna'r camau pendant tuag at farwolaeth.

Gostynga'i law. Ond meddylia wedyn: os nad yw'n gwneud y weithred rŵan, bydd yn rhaid iddo fynd am hercan yr wythnos nesa. Bydd yn rhaid iddo ddioddef yr artaith o geisio dal ei dir mewn sgwrs â barbwr nad oes ganddo ddim yn gyffredin ag o. Bydd yn rhaid iddo edrych arno'i hun mewn drych am ddeg munud.

Mewn chwinciad o ollyngdod, mae'n rhoi'r eilliwr ar ei dalcen ac yn gweithio'i ffordd yn ôl. Cwympa cudynnau ysgafn i'r sinc. Aiff i fyny o'i seidars wedyn, y tu ôl i'w glustiau, a synnu mor wyn yw'r blewiach sy'n disgyn i'r sinc. Reit rownd ei ben â fo, a dirgrynu'r peiriant yn gysur wrth i'r llafnau bychain rwygo'r hydref prudd o'r pridd.

Mae'n osgoi edrych yn y drych nes ei fod wedi gorffen. Mae'n amser edrych i fyny. Synna mor anghyfarwydd yr edrycha, ac mor fawr yw'r pen noeth; mae'n wyn o gymharu â'r wyneb petrus odano. Edrycha Dadi fel thyg – bownsar ar y gorau, llofrudd ar y gwaethaf.

Ond edrycha fel rhywun nad yw, bellach, yn gwadu'i dynged.

Amlinell lom

N**I DDYWED DDIM** byd am ei wallt wrth fynd yn ôl i'r garafán. Mae'r adlen wedi ei phacio, a phawb yno wedi cael eu gwisgo. Rhydd Dadi welingtons am draed y plant fel y gallant ddod i'w helpu gyda'r offer dŵr a thrydan. Mae'n ddiwrnod symud heddiw – amser ffarwelio â Swydd Efrog, a mynd i Swydd Gaerhirfryn.

Agorant gompartment blaen y garafán ac, er bod Cena'n cael waldan yn ei wyneb gan ei fod yn sefyll yn rhy agos at y drws, cyd-dynna pawb yn burion wrth dynnu'r cêbl trydan allan o'r polyn, ei weindio, ei dynnu o'r garafán, a'i gadw.

Does neb yn sylwi ar ei wallt. Neb ond Dadi. Wrth i'r tri ohonynt bowlio'r Elsan a'r dŵr wast tua'r lle gwagio, chwilia am ei adlewyrchiad yn ffenest pob carafán a basiant. Mewn rhai ffenestri, gwêl strabyn cydnerth nad oes arno angen blew i'w addurno. Mewn rhai craill, gwêl bripsyn sy'n edrych fel dioddefwr canser.

Mae ymddygiad y plant yn ei blesio'r bore 'ma. Mae fel petaent yn sylweddoli bod eu tad yn teimlo'n ansicr ynghylch ei wrywdod a'i ieuenctid, ac yn ymatal rhag ei bryfocio. Cyd-dollta'r tri ohonynt wastraff y toiled a dŵr y sinc i lawr y tyllau priodol.

Yna, aiff natur Cena yn drech nag o. Rhed at y tap dŵr ffres a'i agor led y pen. Sodra'i law reit dan y tap nes bod y dŵr yn tasgu ymhell – dros Cena, a dros Fflei, a redodd yno ar amrantiad i ymuno â'r hwyl. Yn y pum eiliad a gymer i Dadi ollwng y tanciau gwastraff a mynd at y tap i'w gau, caiff y ddau eu socian yn llwyr. Gwlychir jîns Dadi'n sopen wrth iddo geisio cael trefn. Dawnsiant yn y dŵr, a'u welis yn llawn ac yn sgweltsian.

Ceisia weiddi arnynt ond mae eu bloeddio hapus yn ei drechu. Sylwant wedyn eu bod yn oer, a dechreuant sgrechian. Gwrthodant helpu i lusgo'r tanciau gwastraff yn ôl gan fod arnynt eisiau canolbwyntio ar gwyno eu bod yn wlyb.

Pan gyrhaeddant yn ôl i'r garafán, mae Mami newydd orffen tacluso a chadw dillad pawb yn ddiogel yn y wardrob yn barod at y daith.

"Ym. Sgen ti ddillad ffres i'r rhain? Maen nhw angen tyweli hefyd..."

"Ffocinél," medd Mami.

"Odi nel!" dywed Cena.

"Ti ddim i fod i ddeud 'ffocinél'," dywed Fflei.

Wrth dynnu'r garafán drwy'r maes hwn am y tro olaf, trewir Dadi gan fymryn o alar am y lle, a'i goed uchel a'i gysgod gwyrdd cynnes. Dymuna i'r trawst beidio â chodi i'w gadael allan.

"Dadi..." medd Fflei'n araf ar ôl iddynt fynd rownd y rowndabowt i'r draffordd. "Lle mae dy wallt di?"

Sgrechia Mami, gan ei dychryn ei hun, ac yna mae'n dechrau giglo.

"Mor ddrwg â hynny?" gofynna Dadi'n dawel wedi iddi dawelu, a rhoi ei llaw dros ei cheg mewn embaras.

"Ym," yw unig ateb Mami am sbel hir. "Ym."

"Mae dy wallt di'n edrych yn neis iawn heddiw hefyd, cariad."

"Ti'n gwbod be? 'Di o ddim mor bad â hynna. 'Di o'm sut sat ti isio i dy ŵr edrych, ond..."

"Dydi o ddim lot gwaeth na sut oedd o cynt, yn nac'di?"

awgryma Dadi, gan geisio cael rhyw fath o fendith ar ei benderfyniad.

"Na, ond a bod yn deg, sa hi 'di bod yn anodd iddo fo fynd yn waeth."

Yn y tŷ
Diwrnod 4

DYNION GOSOD FFENESTRI sydd yno heddiw. Mae Dadi a Mami'n ceisio peidio â meddwl amdanynt yn mynd ati i rwygo'r hen ffenest bren o'i thwll, oherwydd bu dewis y ffenest newydd yn dipyn o benbleth.

Maen nhw wedi dewis ffenest blastig yn hytrach nag un bren. UPVC! Y gwarth. Gwnaeth y penderfyniad iddynt ill dau deimlo'n annheilwng o fyw mewn tŷ mor hen a llawn cymeriad – teimlant fel pe baent yn bradychu pa bynnag fasnachwr neu gapten llong cyfoethog a'i hadeiladodd i'r safonau uchaf.

Ar yr un pryd, maen nhw'n reit siŵr eu bod nhw'n gwneud y peth iawn. Yn ariannol, mae'r ffenest blastig rai cannoedd o bunnoedd yn rhatach. Yn esthetig, mae'r ffenest blastig yn edrych mwy neu lai'n union yr un fath â ffenest bren a beintiwyd yn wyn – yn well, os rhywbeth, oherwydd mae'n edrych yn sgleiniog a newydd. Maen nhw wedi dewis ffenest sash, sy'n edrych yn hen ffasiwn fel pechod – ac yr un mor secsi. Yn ymarferol mae'r manteision yn enfawr – ni fydd y plastig yn pydru, nid oes angen ei beintio (joban drafferthus, sy'n gwneud i'r gwahanol gydrannau fynd yn sownd yn lle llithro'n hwylus), ac mae'n llawer ysgafnach ac felly'n gwneud y ffenest yn haws ei hagor.

Ond nid yw'n bren. Ni laddwyd coeden a'i saernïo gan grefftwr. Efallai ei bod yn well, ond nid yw'n draddodiadol.

Mae Mami a Dadi'n tybio y dylen nhw deimlo'n ddrwg am hynny.

Ta waeth, mae'r dynion wedi tynnu'r hen ffenest ddrafftiog o'i lle, ac yn paratoi'r twll at ddyfodiad y ffenest newydd.

Barddoniaeth mewn oes ddiwydiannol

MAE RHAN O Dadi'n difaru eu bod yn gadael Swydd Efrog mor gynnar, a chymaint ar ôl i'w weld – Abaty Rievaulx, cerdded y Moors a'r Dales, glan môr Scarborough…

Ond rhaid cadw at y cynllun, ac mae'r Passat yn carlamu'n braf tua'r gorllewin dros y Pennines. Wrth i'r car lyncu'r draffordd, ceisia Dadi wneud i'r enwau droi'n brofiadau yn ei ben. Pasiant arwydd Leeds, a meddylia Dadi am y ffrind hwnnw a oedd ganddo yn yr ysgol bach a gefnogai Leeds United i'r carn, hyd yn oed ar ôl iddynt gwympo o'r Uwch-gynghrair, er bod pawb arall yn ffans Lerpwl a Man U. Wrth basio Wakefield, meddylia am felinau gwlân a brwydrau, a damio na chawsant gyfle i fynd i'r oriel gelf awyr agored gerllaw. Arwydd Halifax: *piazza* Eidalaidd trawiadol, a siopau artisan o'i gylch. Huddersfield… Glo? Ni all Dadi feddwl am unrhyw beth cadarnhaol am y lle, ond byddai'n dda ganddo dreulio awran yno, iddo gael dweud ei fod wedi bod.

Nid yw'n anghytuno â T H Parry-Williams mai hud enwau yw gweld y byd. Diau y câi ei siomi gan y llefydd hyn i gyd – canfod, o fynd yno, na fuasai ar ei golled o beidio ag ymweld â Bradford, Barnsley na Rochdale. Ond hoffai gael eu ticio oddi ar y rhestr, a chael gwared ar rywfaint o'i anwybodaeth am y byd. Fel y mae, mae'n teimlo'i fod yn colli rhywbeth.

Mae pasio'r trefi diwydiannol hyn i gyd yn gwneud i Dadi feddwl am erthygl a ddarllenodd mewn hen rifyn o'r *Llenor*.

(Na, does ganddo ddim byd gwell i'w wneud.) Ysgrifennwyd yr erthygl yn 1934, pan oedden nhw newydd sylweddoli "nad rhyw fudiad dros dro megis, i gynhyrchu nwyddau rhad er budd ymarferol gwareiddiad, oedd y chwyldro diwydiannol". Disgrifiai'r erthygl sefyllfa lle mai'r hyn sy'n normal yw bywyd trefol: "Bellach nid cymdeithas wledig gydag ychydig o'i haelodau'n byw mewn trefi ar fasnach a thrafnidiaeth a geir, ond cymdeithas ddinesig hollol, a rhai o'i haelodau yn parhau i fyw yn y wlad."

Bron i ganrif yn ddiweddarach, mae Dadi'n ymwybodol iawn mai fo yw'r eithriad am ei fod yn byw mewn tref wledig yn hytrach nag yn un o'r dinasoedd mawr. Ond nid yw cweit yn deall yr apêl. Does ganddo ddim byd yn erbyn dinasoedd. Mae'n mwynhau mynd i'w cyffro o bryd i'w gilydd, a manteisio ar y toreth o fariau sy'n agored yn hwyr y nos. Hoffa'r ffaith eu bod yn drybola o ieuenctid, ac yn grochanau o amrywiaeth.

Ond mae'n falch o gael dianc adref, lle nad oes sŵn traffig yn y nos, lle gall fforddio gardd hirfaith a thŷ nobl, lle gall y plant igam-ogamu ar hyd y lôn heb ofni ceir, lle gall bigo'i drwyn heb i'r baw fod yn ddu... Meddylia weithiau ei fod yn gwastraffu'i ugeiniau ar gartref teuluol yn y wlad pan allai fod yn snortio'i ffordd drwy gocên a genod Caerdydd. Eto, gŵyr hefyd mai nonsens yw hynny – pe bai'n byw yno, byddai'n unig, yn anghynhyrchiol, ac yn ei grio'i hun i gysgu am fod ei fywyd mor ddibwrpas. Fyddai o ddim yn mwynhau'r bywyd hwnnw mwy nag y byddai'n mwynhau ymweld â Huddersfield a Barnsley.

Yr unig beth sydd o'u plaid yw ei fod heb eu profi.

Ar wahân i sugno ar joints pobol eraill ddwywaith neu dair yn ystod ei arddegau, nid yw Dadi erioed wedi cymryd cyffuriau anghyfreithlon. Snortiodd snyff a sinamon ar nosweithiau annoeth, ond dyna'r cwbwl y bu iddo erioed ei gymryd drwy'i drwyn.

Mae arno ormod o ofn awdurdod a gwarth i fod yn arbennig o awyddus i gymryd cyffuriau. Byddai'n arswydo rhag cael ei ddal. Er ei fod yn gwybod bod llawer iawn o bobol normal yn cymryd cyffuriau heb unrhyw ganlyniadau negyddol – does dim diwrnod yn pasio heb iddo glywed oglau wid ar y stryd yn rhywle – mae Dadi'n parhau'n blentynnaidd o biwritanaidd yn eu cylch.

Mae clywed am rywun sy'n gwneud drygs yn ei lenwi â'r un teimlad o naïfrwydd â phan gâi un o'i gyd-ddisgyblion yn yr ysgol bach row am smocio neu am ddefnyddio cyfrifiaduron yr ysgol i sbio ar fronnau noethion ar y we. Mae ei hanner yn difaru nad oes ganddo fo'r gyts i wneud pethau mor fentrus ac aeddfed, a'r hanner arall yn benderfynol o beidio â risgio'i gysylltu ei hun â gweithgarwch y mae cymdeithas wâr yn troi ei thrwyn arno.

Cofia Dadi hongian ar ymylon y criw o blant a gamddefnyddiai'r cyfrifiadur fel hyn un amser chwarae gwlyb yn yr ysgol bach: "Teipia 'teen' i mewn i'r bocs yna! Naci, dim 'tin' fatha twll tintws. 'Teen' efo dwy 'e' yn y canol. Dwi'm yn gwbod be mae o'n feddwl ond os ti'n clicio 'Images' wedyn ti'n cael gweld bŵbs. Ac weithia tina. Ond dim 'tin' ma 'teen' yn feddwl. Ma hynna jyst yn coínsidynt."

Gwalltogrwydd

EDRYCHA DADI YN y drych yn amlach nag sy'n saff. Ceisia benderfynu a yw'n edrych yn llai salw gyda'i hercan newydd ai peidio. Yr unig gasgliad y daw iddo yw ei fod lawer yn debycach i'w dad nag yr oedd bedair awr ynghynt.

Gyda'u pennau bellach yr un mor ddi-wallt â'i gilydd, daw Dadi'n fwyfwy ymwybodol o nodweddion eraill y mae'n eu rhannu â'i dad. Teimla'i hun yn lapio'i law dde am dop y llyw yn union fel y gwnâi ei dad. Sylwa ar y blew ar ei fysedd, gan gofio edrych yn genfigennus – pan oedd tua deuddeg, yn ysu i'w biwberdod frysio – ar fysedd blewog ei dad ar y llyw, ac ar galedwch y croen. Erbyn hyn, mae ei ddwylo yntau cyn flewoced, er nad ydyn nhw cyn galeted – ond nid yw Dadi'n teimlo'n fymryn yn fwy o ddyn nag y gwnâi'n ddeuddeg oed. Piga'i drwyn, gan bendroni ai dynwared yr hyn a welodd ei dad yn ei wneud y mae, ynteu a yw'r arfer wedi ei ysgrifennu i mewn i'r cod cyntefig sy'n ffurfio'u cynhysgaeth ill dau.

O arferiad, heb gofio'u bod yn Lloegr, pwysa Dadi'r botwm i gael Radio Cymru. Rhaid eu bod yn ddigon agos at Gymru erbyn hyn i'r mastiau dros y dŵr gario'r signal yr holl ffordd i'r M62, ac mae Cymraeg yn llenwi'r car.

Fel mae'n digwydd, mae un o ganeuon Dafydd Iwan yn cael ei chwarae. Mae Dadi'n ymroi i ganu, fel sy'n naturiol, er gwaethaf protestiadau'r plant. Ond mae'n danto cyn pen dim. Er mor hoff ydyw o Dafydd Iwan a'i ganeuon, mae'n gwneud iddo deimlo'i annigonolrwydd a'i ddiflastod ei hun yn fwy hegar.

Plentyn y nawdegau yw Dadi – Blair yw'r prif weinidog cyntaf y mae ganddo gof sylweddol amdano. Nid yw'n cofio Thatcher, na reiats treth y pen a streic y glowyr, heb sôn am brotestiadau chwyldroadol y chwedegau. Do, wrth gwrs, bu mewn ralis Cymuned a Chymdeithas yr Iaith yn ei arddegau cynnar, ond erbyn hynny dyna oedd y peth cydymffurfiol i'w wneud – y gwrthwyneb i fod yn rebel. Does ganddo ddim syniad beth yw herio'r drefn go iawn. Nid oes gan Dadi brofiad o fod eisiau dryllio'r statws cwo – fel person rhyddfrydol, rhyddfrydig, canol y ffordd, mae'n rhan falch o'r consensws.

Roedd Dafydd Iwan yn rhan o fudiad a giciai'n erbyn y tresi go iawn – yn ysbrydoli pobol i brotestio'n dramgwyddus o angerddol, a mynd i'r carchar dros yr iaith. Mae Dadi'n trio gwneud ei ran, ond mae ei fywyd yn hawdd mewn cymhariaeth â'r bobol a fu yn y jêl.

Gwnaeth DI lawer mwy na phrotestio, wrth gwrs – fel dyn busnes, gwleidydd, a phregethwr lleyg. Gŵyr Dadi nad oes ganddo obaith cyflawni hyd yn oed chwarter cymaint. Ac i Dadi, y peth gwaethaf yw bod DI wedi gwneud y cwbwl a chadw llond pen o wallt.

Gwnaiff campau pobol eraill i Dadi ddigalonni'n llwyr, a damio'i ddiffyg gallu ei hun. Cofia orwedd ar y soffa pan oedd yn ei arddegau, a gwylio Canghellor y Trysorlys – Gordon Brown, mae'n rhaid – yn gwneud y gyllideb. Cofia suddo i bwdfa waeth gyda phob brawddeg, pob ffigwr. Sylweddolai Dadi'n bymtheg oed nad oedd ganddo fo'n agos at yr un crap ar sefyllfa gyllidol y deyrnas, nac ar bolisi economaidd. Gorweddodd ar y soffa'n pwdu am oriau wedyn.

Ac – och! – mae gan Gordon Brown lawer iawn o wallt hefyd.

Cyrraedd glan

GADAWANT Y DRAFFORDD, a gyrru ar hyd y strydoedd di-raen ar gyrion y dref glan môr enwog lle mae eu maes carafannau nesaf. Mae'r plant wedi deffro ar ôl cyntun byr, ac am y gorau i geisio gweld y tŵr adnabyddus, yn union fel y byddai Dadi a'i frawd a'i chwaer yn ceisio bod y cyntaf i weld y pafiliwn pan yrrent i'r Steddfod yn y Peugeot 405. Camgymerant sawl peilon trydan am y tŵr.

Ar ôl methu tro neu ddau, cyrhaeddant y maes carafannau. Lle roedd yr un blaenorol yn cuddio mewn gwyrddni, wedi'i gysgodi gan goed tal a llwyni, mae hwn yn fwy parod i gyhoeddi ei bresenoldeb ei hun. Cânt eu croesawu gan arwyddion lliwgar a chymeriadau cartŵn, a'u cyfeirio at y carafannau teithiol gan foi diogelwch sydd i'w weld yn mwynhau'i swydd. Rhaid iddynt basio carafannau statig – cannoedd ohonynt, mewn milltiroedd ar filltiroedd o gilffyrdd dryslyd – cyn dod at y lleiniau a neilltuwyd i garafannau symudol.

Mae mwy o fywyd ar y lleiniau hynny, ond mae'n bur amlwg hefyd fod cwsmeriaid y parc hwn yn waeth eu byd na rhai'r maes yn Swydd Efrog. Prin yw'r owtffits yma sy'n gwneud Mami a Dadi'n genfigennus, heblaw ambell gyfuniad eithriadol o gar a charafán yr amheuant na thalwyd amdanynt ag arian cwbwl gyfreithlon. At ei gilydd, carafannau a welodd ddyddiau gwell yw'r rhain – modelau'r degawd blaenorol. Nid yw hynny'n golygu nad yw'r perchnogion yn ymhyfrydu ynddynt. Cadwant y carafannau'n lân a thaclus (eu golchi'n fisol â shami), eu haddurno â thedi bêrs a blodau ffug, a'u gwneud yn fwy cartrefol â blancedi meddal.

Dysgodd Dadi sbel yn ôl nad oes cysylltiad, o angenrheidrwydd, rhwng cyfoeth a hunan-barch. Meddylia am y bobol y teimlai barchedig ofn tuag atynt erstalwm – dynion bins, gyrwyr bysys – pobol nad ydynt yn ennill llawer, ond sy'n rheoli'r heol ag awdurdod llwyr. Meddylia'n benodol am bobol a ystyriai'n rymus pan oedd yn yr ysgol bach – y gofalwr a ddigiai hyd at wrid ag unrhyw un a gamai ar ei loriau gwlyb, yr hyfforddwyr nofio a oedd (mae'n rhaid) yn athletwyr Olympaidd, y cymhorthydd a fynnai ymddygiad gweddus a threfnus gan bawb ar yr iard, a'r merched cinio. Pobol fel hyn oedd yn rheoli'r byd.

Dyma bobol a redai eu terynasoedd yn falch ac yn llym, a'u hyder yn eu meistrolaeth o'u gwaith yn troi'n falchder yn y gofodau dan eu rheolaeth. Troai'r balchder yn awdurdod gwarchodol, gwaharddgar, a hynny wedyn yn troi'n felltith ar unrhyw un a amharchai'r gofod neu'r awdurdod hwnnw.

Cofia Dadi am y gogyddes ysgol honno y tybiodd, unwaith, ei fod yn ffrind iddi. Wedi'r cwbwl, câi fynd i sefyll yn nrws ei chegin yn ystod amser chwarae'r bore i sgwrsio a thynnu coes. Meddyliodd Dadi fod hyn yn rhoi'r hawl iddo'i helpu ei hun i un o'r wynebau tatws yr oedd y gogyddes newydd eu ffrio a'u gosod ar y bwrdd: teimlai fod y gogyddes fel modryb garedig iddo, a byddai'n gallu ei helpu ei hun i un o wynebau tatws modryb ar bob cyfrif.

Camgymeriad oedd hynny. Roedd Dadi wedi llamu dros drothwy anweledig a olygai ei fod wedi tramgwyddo – wedi amharchu awdurdod y gogyddes dros ei dominiwn. Cafodd Dadi ei chwipio â chwpwl o eiriau siarp. Cafodd ei frifo.

Edifarhaodd. Meddyliodd wedyn mai'r geiriau llym o gerydd fyddai diwedd y mater. Roedd yn anghywir.

Pan ddaeth amser cinio, cafodd pawb arall eu platiau cyn Dadi. Ar ôl i bawb arall gael eu bwyd, gorymdeithiodd y gogyddes o'r gegin a gosod ei blât o'i flaen, a llygaid pawb arno. Ar y plât, nid oedd tri wyneb tatws, fel roedd ar blât pawb arall – dim ond dau a gafodd, gan ei fod wedi ei helpu ei hun yn farus i'r trydydd yn ystod amser chwarae.

Esboniodd y gogyddes yn uchel wrth y prifathro beth oedd i gyfrif am y seremoni oeraidd hon. Cogiodd yntau geryddu Dadi. Mewn gwirionedd, roedd y prifathro'n ddyn digon call i weld yr halibalŵ braidd yn hurt, ond doedd o ddim am daflu amheuaeth ar awdurdod y gogyddes drwy ddweud wrthi am stopio gorymateb i'r lladrad.

Rhyfedd, wedyn, oedd sylweddoli bod y teitaniaid hyn yn bobol dlawd. Caiff Dadi e-bost bob bore Mercher gyda rhestr o swyddi gyda'r cyngor. Nid yw'r cyflog a delir i'r staff cefnogol hyn mewn ysgolion yn ddigon i alluogi rhywun i wneud fawr mwy na chrafu byw. Ond eto, mae ganddynt falchder a grym yn eu gwaith – balchder sy'n dod o feistrolaeth ac awdurdod.

Pan gychwynnodd Dadi weithio, yn syth o'r coleg, enillai'r un faint â'r gweithwyr hyn. Neidiodd o swydd i swydd, gan ddweud wrtho'i hun bob tro y byddai tair neu bedair mil yn fwy o gyflog yn gwneud iddo deimlo'n saffach, yn fodlonach ei fyd, yn fwy awdurdodol, yn fwy abl i ddiogelu dyfodol ei deulu. Ni ddigwyddodd hynny hyd yma.

Erbyn hyn, mae'n ennill sbel yn fwy na dynes cinio neu ofalwr ysgol, ond nid yw'n teimlo mewn rheolaeth ar fawr ddim yn ei fywyd, ac nid yw'n feistr ar unrhyw ddominiwn.

Yr oeddynt ill dau yn noethion, Adda a'i wraig, ac nid oedd arnynt gywilydd

Bron na all Dadi deimlo'r bacteria ferwca'n heintio'i draed wrth iddo gicio'i fflipfflops ymaith. Mae'n llethol o boeth yn y stafelloedd newid, wrth i aer llawn o oglau clorin gael ei chwythu drwy'r pibau i gymysgu â sŵn sblasio a sgrechian.

Nid yw'r plant yn meindio'r sŵn na'r gwres. Maen nhw wedi cyffroi'n bot – i'r fath raddau nes eu bod yn bihafio'n well rŵan, wrth ddiosg eu dillad i ddatgelu'r siwtiau nofio odanynt, nag y gwnaethant drwy'r wythnos.

"Pwy sa'n meddwl, 'de?" hola Mami'n greulon. "Mae gan y plant fwy o ddiddordeb mewn mynd i'r pwll nofio nag ymweld â threfi canoloesol a phlastai. Pwy fasa wedi rhagweld hynna?"

Mae'r pedwar ohonynt dros ei gilydd mewn ciwbicl go fychan, ond mae'n braf cael rhywfaint o breifatrwydd. Gwnaiff stafelloedd newid agored i Dadi feddwl, gyda chryn arswyd, am newid gyda llond dosbarth o hogiau cyn gwersi nofio'r ysgol.

A nhwthau'n 11, 12 ac 13 oed, roedd eu cywilydd hunanymwybodol am eu cyrff ar ei waethaf. Roedd rhai o'r hogiau wedi datblygu dulliau dyfeisgar, teilwng o berfformwyr syrcas, o dynnu eu dillad a gwisgo'u tryncs heb i neb gael cip ar eu pidlan. Doedd dim angen iddynt boeni – roedd pawb yn arswydo cymaint am y peryg o gael eu cyhuddo o fod yn ge nes eu bod i gyd yn cadw'u llygaid ar y llawr rhag i neb allu honni eu bod yn edrych ag awch homo-erotig ar gorff un o'r hogiau eraill.

Dyma hefyd oed pan fo cyrff gwrywaidd yn datblygu – rhai'n gynharach na'i gilydd. Cafodd Dadi gip anfwriadol ar bidlan ambell un o'r hogiau'n cwympo'n hir a gosgeiddig o ganol fforest o biwbs – cipiau a dorrai ei galon, a gwneud iddo weddïo i'w gorff gynhyrchu mwy o destosteron ar fyrder.

Bymtheng mlynedd a dau o blant yn ddiweddarach, mae Dadi bellach yn poeni mwy am gyflymder prosesau bywyd na'u harafwch. Er bod arno ormod o floneg a lympiau anghyfleus, nid yw ei gorff yn peri cymaint o gywilydd i Dadi bellach, ac mae'n ddigon bodlon dangos ei fol i bawb arall yn y pwll nofio.

Mae'n helpu, yn hynny o beth, nad i Center Parcs yr aethant ar eu gwyliau. Yn Center Parcs, neu Bluestone, neu yn un arall o'r parciau gwyliau mwy uchel-ael, byddai gweld ymgynghorwyr rheolaeth a datblygwyr eiddo ac entrepreneuriaid a bancwyr dros chwe throedfedd, â choesau hir a dim ond yr awgrym cyntaf o fol cwrw – cyn-chwaraewyr rygbi, â llond pennau o wallt, wrth gwrs – yn bownd o wneud i Dadi deimlo bod ei ffeif-ffwt-êt yn rhy fyr, a'i fŵbs yn rhy fawr. Byddai'n gwneud ei orau i gadw allan o olwg eu gwragedd tal, blond, tenau, rhag iddo deimlo cywilydd am fod yn enghraifft mor blaen o ail reng dynoliaeth.

Mae manteision i ddod i barciau gwyliau sy'n agos at waelod y farchnad. Yma, mae amrywiaeth ryfeddol o gyrff – rhai mor esgyrnog ag yr oedden nhw yn yr ysgol, ac esgyrn eu pelfis i'w gweld yn glir. Ar ben arall y raddfa, ceir boliau fel rhai angenfilod cartŵn yn bochio'n harti dros ymylon tronsiau a gwaelodion bicins; mae *stretch marks* yr un mor gyffredin ar ddynion ag ar ferched. Rhai cyrff sydd fel y galchen; rhai'n binc ar ôl gormod o haul; rhai sy'n brownio'n naturiol; sawl corpws y taenwyd arno, mewn modd anwastad, sylwedd brownio.

A'r tatŵs. O, y tatŵs. Enwau plant a aned a thadau a fu farw; lluniau o berthnasau annwyl. Y tri llew drachefn a thrachefn; YNWAs niferus. Diarhebion mewn Mandarin, Arabeg a Sirileg. Dyddiadau. Glöynnod byw. Sêr. Enfysoedd. 'England'. Pabis cochion ddigon i lenwi ffos.

Does neb yn poeni yma. Mae pawb ar eu holidês, ac yn rhoi heibio am sbel y gofid a'r cywilydd parhaus ynghylch effaith babis neu beis ar eu cyrff. Mae Dadi'n falch o gael ymuno â'r fyddin o sblashwyr a phadlwyr sy'n gadael i ddŵr y pwll olchi pob hunanymwybyddiaeth i ffwrdd.

Mae ar Fflei fymryn o ofn y dŵr. Rhaid i Dadi sblasio rhywfaint ohono dros ei choesau, yna'i bol, ac yna sbrinclo'i gwar, cyn iddi benderfynu ymollwng yn llwyr i'r tonnau. Does dim angen dwyn perswâd ar Cena i redeg i blith y plant eraill sy'n lluchio dŵr a fflôts a pheli i bobman, a sefyll dan y balmwydden ffug sy'n tywallt dŵr, a cheisio yfed y gymysgedd sy'n llawn o glorin a phiso a heintiau.

Dringant i ben y grisiau lliwgar. Gafaela Dadi'n dynn yn Fflei wrth eistedd ar ben y llithren ac yna, wrth glywed y chwiban, ymollwng i lawr y llethr cyflym nes glanio cyn pen dim yn y trobwll sy'n tasgu ar y gwaelod. Coda ben Fflei'n sydyn uwchben y dŵr cyn iddi fynd i banig, a symud y gwallt o'i hwyneb iddi gael agor ei llygaid a chwerthin a gweiddi, "Eto, eto, eto!"

Y ddrychiolaeth i'r wledd
a'r ffantom i'r ffair

"Dwi'n gwbod bo' ni 'di bwyta allan neithiwr, 'de, ond..."

"Lle sat ti'n licio mynd?"

"Dwn i'm. Nunlla crand."

"Wethers?"

"Ych, go iawn?"

"Byrgyr?"

"Gafon ni Maccie's neithiwr."

"Pitsa?"

"Blant, ydach chi isio pitsa?"

"Ooooooooooes!" bloeddiodd y plant, ac felly maen nhw rŵan yn eu helpu eu hunain i lond powlenni o salad – mae'r bar salad yn un bwyta-faint-fynnoch, felly mae'n bolisi gan Dadi fynd drwy o leiaf dair powlen orlawn, fel mater o egwyddor. Betys, cwscws, letys, colslo, tameidiau o afal, ffyn bara, hadau: does dim yn uchel-ael am y salad. Cafodd ei gynhyrchu fesul tunnell gyda'r cynhwysion rhrataf, a dyna'i apêl: nid yw'n ymhonnus nac yn gymhleth.

"Ma hwn jyst y bwyd i'w fwyta cyn mynd i'r sinema, dydi?" digwydda Dadi ddweud wrth Mami.

"Sinema? Be 'di un o'r rheiny?"

"Paid â phoeni am y peth. Rwbath oeddan ni'n gallu ei wneud O'r Blaen."

Clywodd Dadi unwaith fod gwledydd Prydain yn mynd

drwy fwy o bitsas bob blwyddyn na'r Eidal. Ar ôl bod yn yr Eidal, mae'n anodd ganddo gredu hynny – o'i brofiad o, dydyn nhw'n bwyta dim byd arall yno, heblaw pasta a hufen iâ. Er ei holl wendidau, mae Prydain yn lle sy'n gwerthfawrogi ac yn bwyta amrywiaeth gatholig o fwyd.

Os ydi Prydeinwyr yn bwyta cymaint â'r Eidalwyr o bitsa, yn bendant nid ydynt yn ei fwyta yn yr un ffordd. Mae pitsas Prydain yn drymion ac yn seimllyd: bwyd cysur, yn drymlwythog o gigach, i'w stwffio i wyneb blinedig rhywun dan straen. Mae'n fwyd hawdd, nad oes angen meddwl amdano, dim ond ei gnoi a gadael i'r saim iro pob pryder. Yn yr ysbryd hwnnw y mwynha Dadi'r wledd gig Americanaidd sy'n glanio o'i flaen ac yntau'n llawn, yn barod, o gwscws a salad pasta.

Mae un o'r bwytai hyn nid nepell o'r A470, yn y cymoedd – ryw dri chwarter awr o Gaerdydd. Weithiau, pan fydd Dadi'n gadael cyfarfod hir yng Nghaerdydd ac yn cael trafferth meddwl am wynebu'r ffordd yn ôl adref, bydd yn stopio yno am damaid o swper.

Teuluoedd fydd yno, gan mwyaf, ac ambell gwpwl. Nid pobol gyfoethog: adeiladwyr, pobol sy'n gweithio mewn canolfannau galw, glanhawyr, gweithwyr archfarchnad. Pobol sydd wedi penderfynu eu tretio'u hunain ond sydd ddim yn gallu gwario gormod. Maen nhw wedi gwisgo'r plant mewn dillad gwell na'i gilydd. Mae dod yma'n achlysur, ond ddim yn ddigon o achlysur i wneud iddynt deimlo'n wastraffus. Teimlant eu bod – ar ôl gweithio'n galed drwy'r wythnos – yn haeddu llond eu boliau o fwyd sy'n blasu fel America, yn galorïau gwag, gogoneddus i gyd.

Wrth stwffio'r salad i'w wep yn y bwyty hwnnw ger yr A470, bydd Dadi'n meddwl am y Gymru Rydd Gymraeg.

Mewn theori, tybia Dadi, y delfryd yw bod pawb yn y bwyty hwn yn siarad Cymraeg. Ac mae hynny'n teimlo fel delfryd creulon. Mae pobol yn dod i Pizza Hut am eu bod eisiau bywyd hawdd: anghofio am arbed arian, anghofio am golli pwysau, a theimlo'u dannedd yn rhwygo drwy grwst meddal.

Pam ddiawl y byddai unrhyw un am roi i'r bobol ddiniwed, weithgar, ddifreintiedig hyn – sy'n haeddu cael sglaffio pitsa mewn heddwch – y "tristwch hwn, a'r boen fel pwysau plwm ar gnawd a gwaed"? Byddent yn berffaith abl i siarad Cymraeg pe caent yr addysg iawn – does dim unrhyw ddiffyg moesol na deallusol yn rhwystro hynny. Ond onid oes ganddyn nhw ddigon o shit i ddelio ag o heb yr "iaith ar ein hysgwyddau megis pwn"?

Mae bod yn Gymraeg yn anodd, dim ots faint o faneri sy'n chwifio yn y Steddfod. Bod yn Gymraeg yw bod ar ddibyn difodiant, a neb ar y tir solet yn poeni lot y naill ffordd na'r llall a wyt ti'n disgyn ai peidio. Bod yn Gymraeg yw teimlo'i bod yn llai o hasl siarad iaith rhywun arall. Bod yn Gymraeg yw coginio lobsgóws pan allet ti fod yn Pizza Hut.

Un o ofnau mwyaf Dadi yw gorfod siarad Saesneg â'i wyrion. Un o'i bryderon mwyaf yw bod yn un o'r genhedlaeth Gymraeg olaf. Ond pe bai'r diwedd yn dod, byddai'r pryder a'r ofn yn cael ei ddileu o'r byd. Wrth ofyn i'r staff roi gweddill ei bitsa mewn bocs iddo gael ei fwyta tua'r Ganllwyd, bydd Dadi'n pendroni a yw'n deg trosglwyddo'r baich i'w blant ei hun, heb sôn am y bobol dda hyn.

Awgryma hyn, yn y diwedd, er ei flasused, nad yw Pizza Hut yn arbennig o dda am ddileu gofid.

Ond wedyn bydd Dadi'n meddwl: pe bai pawb yma'n siarad Cymraeg, fyddai siarad Cymraeg ddim yn faich. Byddai'r peryg wedi diflannu. Byddai'r cyfrifoldeb wedi ei rannu mor eang nes bod yn bleser ei ysgwyddo. Byddai siarad Cymraeg yn brofiad mor rhwydd a hapus â sglaffio crwst a chaws.

Tonnau gwyllt y môr

GWÊL DADI FOD ganddo decst. Pwy sydd 'na? Hen ffrind nad yw'n gwneud digon o ymdrech i gadw mewn cysylltiad â hi.

> Haia! Jyst isio gadal i chi i gyd wbod mod i di penderfynu gadal fy ngwaith a mynd i Indonesia am flwyddyn i ddysgu Saesneg! (Iddyn nhw, ddim i fi!!!) Dwi'n disgwl parti a hannar cyn mi fynd, iawn??? ☺ xxx

Trewir Dadi gan don fawr o dristwch a chenfigen. Mae'n falch dros ei ffrind, wrth gwrs, ac yn edmygu ei dewrder – ond yn chwenychu'r mentrusrwydd hwnnw iddo'i hun. Cyn cael plant, yn y dyddiau digyfeiriad hynny rhwng priodi a gweddill eu bywyd, ac yntau mewn swydd ddiflas ar y pryd, bu yntau'n edrych ar gyfleoedd i fynd i weithio dramor – dim ond cael tystysgrif TEFL, a gallai fynd i ennill profiadau a rhywfaint o gyflog yn Tsieina, yr Eidal, India, Gwlad Thai, Dubai – degau o lefydd gwahanol, diddorol.

Mae'r ysfa honno wedi pasio erbyn hyn, ond mae'i hen awydd yn deffro eto wrth weld bod ei ffrind yn mynd amdani. Buan y bydd y dyhead yn mynd yn ôl i gysgu. Mae wedi datblygu ffyrdd gwahanol o ddelio â straen bywyd beunyddiol – ffyrdd nad ydynt yn golygu hedfan rownd y byd.

Ychydig wythnosau'n ôl, er mwyn gwneud yn siŵr ei fod yn cael amser yn anadlu gwynt y môr yn hytrach nag *air-con* y swyddfa, penderfynodd Dadi fynd ar sesiwn gaiacio yn Aberdaron. Aeth yno'n gynnar yn y bore, a mynd am dro i fyny o'r pentre ar hyd y clogwyni. Gan ei fod wedi gadael adref yr un pryd ag y byddai fel arfer yn mynd am y swyddfa, roedd ganddo ddigonedd o amser: dilynodd y llwybr gydag ymyl y dibyn, gan feiddio edrych i lawr weithiau. Roedd yn rhy uchel i weld ogofâu nac adar y creigiau, a doedd ganddo mo'r gyts i geisio dringo i lawr at Ffynnon Fair.

Ymhen tipyn, aeth i fyny bryncyn a rownd cornel a heibio i wrychoedd ac, yn sydyn reit, dyna lle roedd hi, a golau'r bore'n feddal ar las llaethog y môr o'i chwmpas, a dim ond ambell awgrym swil o gerhyntau'r swnt yn styrbio'r olygfa: Enlli. Roedd hi'n edrych fel mae hi yn y lluniau, yn osgeiddig a sanctaidd.

Mae rhywbeth, fodd bynnag, am ei gweld yn y cnawd (yn y pridd?) sy'n esbonio obsesiwn pererinion â hi: math o hyfdra, o arbenigrwydd, nad yw i'w weld mewn lluniau ohoni ar ei phen ei hun. Y ffordd orau y gall Dadi esbonio'r peth yw dweud ei fod fel un o'r hysbysebion colur neu siampŵ hynny lle mae model, ffocws yr hysbyseb, yn cerdded ymhlith llu o bobol eraill sydd ddim yn annhebyg iddi: mae rhywbeth anesboniadwy am ei ffurf a'i lliw a'i sglein a'i hymarweddiad yn sicrhau mai hi yw canolbwynt y sylw, mai ati hi y caiff llygaid chwantus a chenfigennus eu tynnu.

Gallai Dadi syllu ar Enlli am oriau, ond roedd yn rhaid iddo frysio'n ôl i'r pentref i fynd ar y caiac. Erbyn hynny, roedd yn swp o nerfau: beth ddaeth dros ei ben yn cadw lle ar y fath gwrs? Roedd y rhesymeg yn iawn – roedd arno eisiau mynd i weld clogwyni o'r môr, ond doedd ganddo mo'r amser rhydd i gyfiawnhau gwario £300 ar gaiac iddo'i hun, a doedd ganddo mo'r profiad a'r sgiliau i fynd ar y môr ar ei ben ei hun, heb i Mami gael cathod bach.

Er ei fod yn edrych ymlaen, roedd ofn wedi ei oresgyn.

Byddai ei gyd-gaiacwyr yn bownd o fod yn hardd a heini – *six-packs*, a'r heli'n sgleinio ar eu gwalltiau melyn... Byddent yn siŵr o'i adael ymhell ar ôl, ar drugaredd y tonnau, wedi colli'i rwyf, i gael ei daflu i mewn i'r dŵr a methu â dringo'n ôl i'r cwch a boddi. A byddent i gyd yn chwerthin am ei ben wrth gludo'i gorff oer, gwlyb, marw'n ôl i'r lan.

Fel y digwyddodd pethau, doedd dim angen iddo boeni. Mwynhâi Dadi dyndra'r *wetsuit* ar ei groen, a theulu dymunol o Gaerdydd oedd ei gyd-ddisgyblion. Gwrandawodd Dadi'n astud ar gyfarwyddiadau'r boi hynaws â phoni-têl a arweiniai'r cwrs, a'i chael yn ddigon rhwydd eu dilyn ar y dŵr.

Ar ôl llusgo'r cwch i'r dŵr a neidio iddo, doedd dim amser i feddwl am y teimlad rhyfedd o eistedd yn ysgafn ar ben ymchwydd y môr: roedd yn rhaid padlo fel ffŵl i wyneb y tonnau a thorri drwyddynt i gyrraedd dŵr tawelach. Trechodd Dadi bob ton er ei bod yn fore gwyntog ac, ar ôl mynd ryw hanner canllath, fe'i synnwyd gan y tawelwch. Ar y lan, roedd crashys y tonnau'n ei gwneud yn anodd clywed llais addfwyn yr hyfforddwr; y tu hwnt i'r tonnau'n torri, roedd modd cael sgwrs glir.

I'r gorllewin â nhw – i gyfeiriad Enlli eto, ond ar hyd y gwaelodion y tro hwn. Gallai Dadi weld y llwybr a ddilynodd y bore hwnnw, a synnu pa mor uchel ydoedd, gyda wyneb llwyd y graig yn dringo'n serth am y gwellt uwchlaw. Gallai weld yr holl gilfachau a chuddfannau nas gwelsai o'r top, ac o geg yr hyfforddwr deuai rhes o enwau adar mewn Cymraeg croyw, nes gwneud i Dadi gywilyddio am ei anwybodaeth ac ymdynghedu i ddwyn *Llyfr Natur Iolo* o dŷ ci fam a'i dad, a'i astudio'n fanwl.

Edrychai'r pentre'n bell o'r fan hyn, er nad oedden nhw wedi padlo'n hir. Tynnodd yr hyfforddwr eu sylw at gerhyntau'r bae drwy eu cael i aros yn llonydd am sbel, ac yna troi'n ôl at y lan a gweld bod popeth wedi shifftio i'r chwith. Aethant i geg ogofâu, o gwmpas creigiau, a'u tynnu eu hunain drwy hafnau culion, gyda chregyn mân yn brifo cledrau eu dwylo.

Fe lanion nhw mewn porth bychan, a Dadi'n cael modd i fyw wrth i'r tonnau ei sgubo ar wib tua'r lan – ceisiodd badlo'n unol â'r cyfarwyddyd er mwyn cadw'r caiac ar i fyny, a llwyddo am sbel, ond yn y diwedd bu'n rhaid iddo ildio a gadael i'r rhyferthwy ei sgubo i mewn i'r dŵr.

Yn rhy fuan, roedd hi'n amser mynd yn ôl i draeth y pentre a golchi eu *wetsuits*. Teimlai coesau Dadi'n chwithig wrth gerdded ar dir solet eto. Mewn byr amser, daethai ei gorff i arfer â rhythmau'r dŵr yn ei godi a'i daflu ar ben y bad ysgafn, plastig.

Aeth heibio'r hen amseroedd pan yfai'r beirdd fel pysg

EI DRO YNTAU yw aros yn y garafán gyda'r plant nes iddynt gysgu heno. Mae eu sychu ar ôl bàth a rhoi eu pyjamas amdanynt yn fwy o ornest reslo nag arfer ac, wedi iddo'u rhoi yn eu gwlâu bach gwynt, cymer hanner awr iddynt stopio troi, trosi, eistedd ar ei wyneb, aildrefnu eu teganau, crio, mynd i wneud pi-pi arall, ceisio agor y tap, brathu ei gilydd a gwneud tin dros ben. Dydyn nhw ddim fel hyn i Mami, nac i'w neiniau a'u teidiau. Mae Dadi'n teimlo bod pobol eraill yn llwyddo i dawelu'r plant, a bod ei bresenoldeb o fel rhyw fath o fagnet sy'n gyrru'r ddau fach yn benwan.

Cysga'r plant o'r diwedd, ac aiff Dadi allan i'r adlen, lle mae ei wraig yn gwau.

"Dwi angen hwnna rŵan!" dywed, a nodio at y can sy'n chwysu ar y bwrdd.

"Alc," medd Mami.

Mae yntau'n chwerthin.

Mae Dadi wedi colli ei archwaeth am nosweithiau mawr – ac mae pob noson o yfed trwm a gaiff bellach yn cadarnhau ei anhoffter ohonynt. Priodas un o'i ffrindiau rai wythnosau'n ôl oedd y sesh ddiwethaf iddo'i chael, ac erbyn hyn mae'n daer na fydd byth eto'n yfed mwy na thri pheint ar ôl ei gilydd.

Cenedligrwydd y briodferch oedd ar fai am y gyflafan.

Roedd ei fêt yn priodi â merch o Wlad Pwyl, ac roedd nifer o'r gweithgareddau'n cadarnhau stereoteipiau ynghylch hoffter Pwyliaid o fodca. Rhennid siots i bawb, ac roedd defodau harti i'w cyflawni, y cwbwl yn cynnwys llwncdestun a siots pellach, a nifer yn golygu bod y pâr hapus yn gorfod snogio'i gilydd o flaen y gwahoddedigion, cyn neu ar ôl siot o fodca.

Er mwyn hwyluso'r defodau traddodiadol, gosodwyd potel neu ddwy o fodca ar bob bwrdd.

Roedd blas go gryf ar y fodca (i ddechrau, beth bynnag – deuai i flasu'n gynyddol debycach i ddŵr wrth i'r noson ddatblygu) ac roedd y rhan fwyaf o'r gwesteion wedi mynd rhagddynt at win a pheintiau ar ôl ychydig o siots cwrtais. Golygai hynny fod digonedd o boteli sbâr ar y byrddau, ac fel cybydd barus doedd Dadi ddim yn mynd i dalu prisiau priodas am gwrw, yn nac oedd? O'r herwydd, treuliodd Dadi'r noson â gwydraid hael o fodca yn ei law, gan ddrachtio ohono'n fynych i dorri ei syched, ac ail-lenwi ei wydr o'r poteli ar y byrddau.

Cafodd noson ardderchog – un lawen a chymdeithasol – nes iddi ddod yn amser gadael. Wnaeth o ddim sylweddoli pa mor gryf oedd y fodca nes iddo fynd allan i'r awyr iach, a theimlo'n bur ansad wrth ymlwybro drwy'r pentref Eidalaidd lliwgar tua'r tacsi. Gwell ganddo beidio â meddwl am yr hyn a ddigwyddai bob tro y byddai'n rhaid iddo ddweud wrth yrrwr y tacsi am stopio. Cafodd gysgu ar lawr y bathrwm, yn ei siwt, yn cofleidio powlen golchi llestri.

Felly mae un can mewn adlen yn ei siwtio'n iawn heno – ac unrhyw noson arall, a dweud y gwir.

O, ia! Ia! Ia!

MAE'N OER YN yr adlen heno. Penderfyna Dadi a Mami fynd i mewn i'r garafán gyda'u caniau, eu llyfrau, eu stwff gwau a'u clustogau, a gorwedd ar y gwely. Rhaid iddynt fod yn dawel rhag styrbio'r plant, a does dim llawer o le, ond maen nhw'n glyd ac yn gobog.

Doedden nhw ddim wedi sylweddoli mor dawel oedd hi nes iddi ddechrau bwrw glaw, a'r dafnau'n gwneud sŵn dotiau ar y to.

Dringa Dadi dros Mami i gael diod o ddŵr, ac ar ôl cau'r botel cymer eiliad i syllu ar siapiau'r plant yn y gwely. Mae miri'r pwll nofio wedi eu blino'n lân, ac mae'r ddau'n gorwedd a'u cegau'n agored a'u dwylo uwch eu pennau, eu hanadlu mor dawel â'r glaw. Yn yr harddwch diniwed hwn, mae'n methu credu bod y ddau bwt heddychlon sy'n chwyrnu'n ysgafn yn abl i'w yrru mor benwan. Mae'n maddau iddynt.

Dringa'n ôl i'w wely dros ei wraig, gan addo iddo'i hun y byddant yn cael gwely ynys yn eu carafán nesaf, yn hytrach nag un lle mae'n cael ei wasgu at y ffenest. Ailgydia'n ei lyfr, a darllen i rythm gweill gwau ei wraig. Ymhen ychydig, edrycha'r ddau ohonynt ar ei gilydd.

Sylweddolant na allant wadu'r peth. Nid echel yn gwichian ydi'r sŵn, na gwylanod yn crio chwaith. Na: mae rhywun yn cael secs mewn carafán gyfagos. Wrth i'r ochneidio a'r gweiddi a'r griddfan a'r ganmoliaeth a'r erfyn ddwysáu a dyrchafu'n gresiendo, ymddengys fod y ddau sydd wrthi'n feistri ar eu crefft: naill ai hynny, neu maen nhw'n garwyr hawdd iawn eu plesio.

Byddai adeg pan fyddai hyn wedi gwneud i Dadi deimlo'n genfigennus a phitïo nad oedden nhw'u dau wrthi hefyd. Nid felly bellach: y mae amser i bob peth, ac amser i bob amcan dan y nefoedd; lle i bopeth, a phopeth yn ei le.

Pan fydd Dadi'n cael twtsh o genfigen am fywyd rhywiol tybiedig pobol eraill, bydd yn meddwl am ei ffrind, a nodiodd i gyfeiriad hogan yng nghantîn y coleg un dydd Llun yn 2007 a bwrw'i fol wrth Dadi dros baned.

"Ti'n gwbod hi? 'Nes i ffingro'i wicénd. Yn Sesiwn Fawr."

"Reit," dywedodd Dadi, heb fod yn siŵr o'r ymateb priodol. "Da. Grêt."

"Oedd o ddim, sti. Oddan ni yn drws y siop 'ma, *twenty past five*, hollol ofiys be oeddan ni'n neud, a bobol yn drws y pyb *opposite* yn chwerthin arnan ni. 'Nes i infeitio hi i tent fi ond nath hi neud rhyw ecsgiwsys. Dyla fi 'di mynd i Wakestock."

Meddyliai Dadi y dylai yntau fod wedi mynd i Sesiwn Fawr. Meddyliai na fyddai byth yn anniolchgar am gael ffingro neb, hyd yn oed yn nrws siop yng ngolau dydd. Casâi ei letchwithdod ei hun, ei swildod swrth, mewn cymhariaeth â hyder swaf ei ffrind – hogyn tal y taflai genod eu hunain ato.

Ar y pryd, ni allai Dadi yn ei fyw ddeall pam fod pen ei ffrind yn ei blu ac yntau wedi cyflawni'r fath orchestion. Ni allai weld sut y gallai ei ffrind gredu mai testun cywilydd, yn hytrach na balchder, oedd bod yn 'man-whore', a defnyddio'i derm o.

"Tisio secs?" gofynna Dadi. (I'w wraig, yn y garafán, rŵan – nid i'w ffrind yn 2007.)

"Diolch am ofyn," ateba Mami, gan roi sws iddo a'i gofleidio'n dynnach.

DYDD GWENER

O! cadw ni rhag dyfod oes heb goron ddrain na chur na chroes

"**D**IL DO!"

"Hmm?" mwmia Dadi.

"Dil do!" gwaedda Cena eto, gan ddringo i ben gwely Mami a Dadi, a waldio Dadi yn ei wyneb â rhywbeth plastig.

"Dil be?"

"Mae o'n deud bod y dril yn dod, Dadi," esbonia Fflei wrth iddi hithau ddringo rhwng ei thad a'i mam. Yn wir, sylweddola Dadi wrth geisio agor ei lygaid trymion, dril plastig yw'r tegan sy'n taro'i wyneb.

"Yyy... Reit 'ta, chi'ch dau. Mae hi'n ganol nos. 'Nôl i'ch gwlâu a dim smic tan y bora."

"Ma hi'n han'di chwech, sti," mwmia'i wraig. "Ân nhw ddim 'nôl i gysgu."

"Dydi ddim yn ganol nos, Dadi," mynna Fflei wedyn. "Sbia, ma'r cymyla du wedi mynd a ma'r cymyla glas a gwyn yn ôl yn yr awyr."

"Dil do!"

Derbynia Dadi nad yw'n debygol o gael cymaint â phum munud yn rhagor o gwsg. Tynna grys ddoe amdano ac ymlusgo i gyfeiriad y sinc i lenwi'r tegell. Mae arno angen coffi.

Mae carafán yn ofod bychan iawn ar gyfer pedwar o bobol â dymuniadau gwahanol i'w gilydd. Hoffai Dadi, jyst am unwaith, gael deffro yn ei amser ei hun. Nid yw'n gofyn am ddiwrnod cyfan iddo'i hun. Ond byddai'n braf cael deffro'n naturiol, cael cawod ymlaciedig, a chael bwyta'i greision ŷd

– a *croissant* fach, efallai – mewn mymryn o heddwch cyn gorfod dechrau dehongli dymuniadau'i blant a thendio i'w hanghenion.

Wedi dweud hynny, ni fyddai'n meindio diwrnod o unigrwydd – neu wythnos, hyd yn oed. Mae ffrind iddo'n treulio wythnos o wyliau mewn bwthyn (un gwyngalchog, tybia Dadi, er nad oes ganddo brawf o hynny) yn Connemara.

Dychmyga Dadi gael wythnos ar ei ben ei hun yng ngwacter y corsydd, neu ar ymyl y dibyn, heb ddim ond ambell ynys a'r Iwerydd rhyngddo ac America. Dychmyga ddiwrnod ar ôl diwrnod o ddim byd i'w wneud ond swatio ar soffa gyda llyfr, neu dynnu sgidiau cerdded am ei draed, neu wrando ar y môr yn taro'r creigiau gyda wisgi'n swilio o gylch ei geg. Dim signal ffôn; dim cwmni heblaw gwylanod.

Mae'n gwybod yn ei galon y byddai ei gwmni ei hun wedi gwneud iddo ddigalonni cyn pen y trydydd diwrnod, ac y byddai'n gyrru i'r ddinas agosaf am rywfaint o gyffro a chwrw ac oglau egsôst.

Un o ffantasïau ennill-y-loteri Dadi yw prynu un o'r tai pysgotwyr hynny sydd ym mhen draw traeth Nefyn – y traeth lle'r âi ei nain ag o a'i frawd a'i chwaer erstalwm. Byddai'n cael saer i osod drysau a ffenestri di-ddrafft, yn cael dyn i lanhau'r simdde, ac yn llenwi'r lle â meinciau clustogol, dodrefn pren chwaethus, soffas meddal, lluniau i syllu arnynt am oriau, bwrdd gwirodydd, a silffoedd heb ddim byd arnynt ond y llyfrau hynny y mae Dadi wedi ymdynghedu i'w darllen cyn marw. Byddai'r ffrij yn llawn o gawsiau a chigoedd.

Pwrpas y tŷ fyddai rhoi gofod i Dadi fod yn unig – prynu oriau bwygilydd iddo segura, a hynny yn un o'r llefydd tlysaf, a mwyaf annwyl ganddo, ar wyneb daear. Gallai sgwennu, a bwyta, a cherdded, a synfyfyrio, a'i lapio'i hun mewn blancedi. Yr amser hwn fyddai'r moethusrwydd pennaf a brynai iddo'i hun gyda'i ffortiwn newydd.

Nid yw'n siŵr pam, ond wrth feddwl o ddifri am y bwthyn ffantasi hwn, mae Dadi'n dod yn reit siŵr na fyddai'n treulio llawer o amser ynddo. Efallai, wedi'r cwbwl, er holl straen a blinder ei ddyddiau, ei fod yn mwynhau'r ffysian prysur – y tendio a'r swnian a'r ffraeo a'r ffaffian – sy'n dod o orfod treulio amser gyda'r bobol eraill sy'n llenwi'r garafán hon.

Cymudo

Am foi anghymdeithasol, mae Dadi'n hoff o drafnidiaeth gyhoeddus: does dim yn well ganddo na thaith i Gaerdydd neu Lundain ar y trên, ac mae'n dal y bws i'r gwaith bob dydd. Ac yntau'n poeni am ddiddymdra'i ddyddiau, mae'n hoffi gallu defnyddio amser yn effeithlon – heb orfod cadw'i lygaid ar y lôn a'i ddwylo ar y llyw, gall wneud pethau cynhyrchiol fel darllen, cysgu, neu deipio nofel, a'i fysedd yn dobio'r iPad yn ddidrugaredd yn ei awydd i droi ei brofiad yn bicsel. Mae'r cybydd ynddo'n hoffi arbed pres petrol a thraul teiars hefyd.

Rheswm arall y mae'n hoffi'r bws yw ei fod yn cadw'i draed ar y ddaear. Mae'n gweld pobol. Nid yw'n ei gloi ei hun mewn bybl o gar ar ei ben ei hun – yn hytrach, mae ganddo un sedd o ddeugain ymhlith cyd-gymudwyr. Hoffa weld pobol yn eu holl amrywiaeth a'u holl wendidau. Gydag ambell eithriad, nid yw gweithwyr swyddfa dosbarth canol fel Dadi'n tueddu i fynd i'r gwaith ar y bws. Pobol sydd dan ryw anfantais sydd yno – myfyrwyr chweched dosbarth sydd heb basio'u test; hen bobol, llwyth o hen bobol, sy'n cael y bws am ddim; pobol sy'n rhy anabl i yrru; pobol na allant fforddio prynu car. Nid yw Dadi'n siarad â'i gyd-deithwyr, wrth gwrs – nid yw'n dda yn y bore, a byddai cleber wast yn amharu ar ei awydd i fod yn gynhyrchiol – ond mae'n hoffi bod yn eu canol.

Heddiw, maen nhw'n dewis dal y bws i mewn i Blackpool – mae stop cyfleus y tu allan i giât eu maes carafannau ar y cyrion. Mwynha'r plant yr antur a'r achlysur, er nad yw bws hanner mor gyffrous â thrên, a brysiant i eistedd yn ddigon del yn un o'r seddi blaen, a'u bagiau ar eu cefnau.

Am gyfnod cyfyngedig y mae'r gêm sbotio'r tŵr yn eu cadw'n ddiddig. Nid ydynt ar y bws ers munud pan fo Cena'n penderfynu newid sedd. Yna symud i un arall eto. Ac un arall, a'i goesau stwclyd yn gwegian odano wrth i'r bws arafu, cyflymu a throi. Ceisia Dadi ei ddilyn, gan wenu ymddiheuriadau ar eu cyd-deithwyr, a cheisio tynnu cyn lleied â phosib o sylw ato'i hun.

Sbia Dadi drwy'r ffenest wrth iddynt deithio drwy strydoedd a stadau'r maestrefi. Does dim graen ar y lle. Er gwaetha brics coch y tai, tref lwydaidd ydi hi, a'i thlodi i'w deimlo drwy'r ffenest. Er mai diddanu ymwelwyr, a rhoi dihangfa iddynt, yw prif bwrpas Blackpool yn y byd, mae Dadi'n amau y gallai trigolion y lle wneud â dihangfa a diddanwch eu hunain.

"Helô!" dywed Cena'n llawen wrth bobol surbwch y penderfyna barcio'i ben ôl yn eu hymyl. "Hi mai? Ti'n iawn?"

Yn nhu blaen y bws, mae Mami'n ceisio rhwystro Fflei rhag pwyso'r botwm mawr coch eto. Ac eto. Ac eto. Nid yw hynny'n hawdd pan fo'r botwm yn gymaint o sbort – mae'n gwneud i glychau doniol ganu, ac i'r gair 'STOP' fflachio mewn llythrennau breision, coch ar sgrin. Nid yw Fflei'n hidio dim am wg cynyddol y gyrrwr.

Gan lapio'i freichiau am Cena, ceisia Dadi gael cyfle i chwarae gêm y mae'n hoff o'i chwarae mewn llefydd cyhoeddus. Y gêm yw sbio ar bawb yn ei dro, a dyfalu a fotion nhw Brexit ai peidio.

Dwy hen ddynes a'u cyrls dan sgarffiau: Brexit, yn bendant, er mwyn achub gogoniant y gorffennol. Dyn mewn dybl-denim efo gwallt seimllyd a thatŵs: Brexit, achos mae o'n beio'r UE am y ffaith i'w stondin hufen iâ fynd i'r wal yn 1993.

Dyn canol oed du mewn ofarôls peintio: mae Dadi'n simsanu, ond mae am ddweud Brexit, oherwydd bydd y dyn eisiau gallu profi i'w gyd-weithwyr ar y seit ei fod wedi cymhathu, yn Brydeiniwr mor falch â nhw, ac yn rhannu eu barn ynghylch mewnfudo. Dyn pen sgleiniog mewn siwt, sy'n edrych fel gwerthwr tai: un anodd – ond fyddai Dadi ddim yn synnu pe bai llewys ei siwt yn cuddio tatŵs Britain First. Dynes mewn *niqab* a chanddi dri o blant mân o'i chylch: aros, siawns, os pleidleisiodd hi. Glanhawraig ganol oed: Brexit ar ei phen.

Daw cwpwl canol oed, go barchus eu byd, ar y bws – popeth amdanynt yn dwt: mae Dadi'n ffyddiog eu bod y teip fyddai'n gwylio *News at Ten* ac yn cymryd rhybuddion y Prif Weinidog a Llywodraethwr Banc Lloegr o ddifri. Nyrs glên: un anodd – dibynnu ar farn ei gŵr; mae gan Dadi deimlad bod ei gŵr yn *ex-army*, felly mae am ei rhoi i lawr fel Brexit.

Ac yn y cefn, yr anoddaf o'r cwbwl: cwpwl o goths mewn dillad du, gyda chlustdlysau ac aeldlysau a thrwyndlysau a gwalltiau glas a du, a minlliw tywyll ar groen gwelw. Maen nhw'n bobol addfwyn, sy'n teimlo wedi eu neilltuo oddi wrth brif lif cymdeithas: aros, felly? Ar y llaw arall, mae'n debyg y bydd y ddau goth yn gweithio mewn swyddi diddim am gyflogau pitw, yn teimlo'n styc yn y fan hyn ond yn methu fforddio symud i Fanceinion heb sôn am Lundain.

Mae Dadi'n ei chael yn anodd peidio â rhoi pobol yn y golofn Brexit. Oherwydd pwy fyddai'n gallu dweud, a'i law ar ei galon, fod y drefn sydd ohoni'n gweithio? Pwy fyddai'n teimlo bod eu lefel bresennol o gyfoeth yn ddigon da? Pwy fyddai'n dweud, "Na, dim diolch, dydw i ddim isio mwy o reolaeth ar fy nhynged"? Pwy fyddai'n well ganddynt ymddiried eu dyfodol i gabál o dramorwyr sy'n siarad ieithoedd anghyfarwydd mewn llefydd mor estron â Brwsel a Strasbwrg?

Pwy na fyddai eisiau credu bod modd datrys ei holl broblemau drwy roi'r bai ar Joni Tramor, mynnu sofraniaeth yn ôl, a gadael i gomon sens lywodraethu? Pwy fyddai eisiau meddwl bod y prosesau economaidd a gwleidyddol sy'n penderfynu faint o bres sydd ganddo yn ei boced, a phwy sy'n byw yn y tŷ drws nesa, yn rhy gymhleth iddo'u deall? Pwy na fyddai'n dymuno meddwl y gallai pethau fod yn well na hyn – yn haws na hyn, yn llai o hasl na hyn, yn gyfoethocach na hyn, yn fwy fel stalwm na hyn, yn falchach na hyn – pe baen ni'n cael rheoli pethau drosom ein hunain?

Mae Dadi'n falch pan fo'r bws yn stopio nid nepell o'r môr, iddynt gael mynd allan a stopio meddwl am lygredigaeth dynoliaeth.

Yn y tŷ
Diwrnod 5

HEDDIW, MAE SEIRI yno: tri saer, ac un plymar. Ar gefn lorri y tu allan mae unedau cegin Mami – rhai y treuliodd nosweithiau bwygilydd yn penderfynu ar eu lliw, eu gwneuthuriad a'u lleoliad.

Bu gan Mami ddwsinau o ddarnau papur ac arnynt siâp sgwâr y gegin, a lleoliad y drysau a'r ffenestri wedi eu marcio. Y bwriad oedd cael cegin a deimlai'n ysgafnach na'r hen un, drwy gael unedau lliw goleuach, a llai o gypyrddau ar y waliau. Roedden nhw hefyd wedi penderfynu cael gwared ar y lle tân, a'r stof haearn bwrw antîc atyniadol oedd ynddo, er mwyn cael cypyrddau yno.

Dydi hi ddim yn stafell fawr o gwbwl, a châi Mami drafferth cael digon o unedau i mewn i'r gofod heb ei orlenwi. Strwythur siâp L oedd i unedau'r hen gegin – unedau ar hyd dwy wal, yn cyfarfod mewn cornel. Y bwriad wedyn oedd cael un siâp J, gyda bar brecwast yn torri ar draws y stafell. Byddai'r dyluniad hwnnw'n creu lle cyfyng lle byddai plant yn saff o fod dan draed.

Ar ôl hir bendroni a phoeni, a rhwygo sawl diagram manwl, cafodd Mami fflach o ysbrydoliaeth: rhes o unedau ar hyd y wal gefn, ac yna ynys fawr yng nghanol y stafell. Byddai hynny'n rhoi llwyth o gypyrddau heb glytro'r gofod. Campus.

Sawl gwaith gorfu i Dadi sefyll yng nghanol llawr gwag y gegin yn agor cypyrddau a ffrijys dychmygol, ac yn cogio golchi llestri mewn sinc nad oedd yno eto, er mwyn sicrhau bod popeth wedi ei osod mewn siâp synhwyrol, a bod y mesuriadau'n berffaith.

Ar ôl ei bodloni ei hun, aeth Mami â'i diagram at y ddylunwraig ar y stryd fawr (roedden nhw wedi meddwl cael cegin o Ikea, ond ar ôl y fath drafferth wrth benderfynu ar y siâp, fe benderfynson nhw wario mwy i gael un a fyddai'n para hyd dragwyddoldeb) a chynhyrchodd honno ddyluniad manylach fyth, a dwtiai ambell beth a sicrhau bod y gegin yn gweithio – awgrymu ym mha ddrôr i roi'r bin, a pha fath o silffoedd mewnol i'w cael ymhle. Ar ôl hynny, doedd dim i'w wneud heblaw anfon y dyluniad i'r ffatri, a gadael iddynt greu cypyrddau i ateb y gofyn.

Mae Mami'n cael cathod bach heddiw, er ei bod ymhell o'r tŷ. Poena – er bod y dyluniad yn un da – ei bod hi a'r ddylunwraig wedi anghofio am rywbeth, neu fesur rhywbeth yn anghywir, neu y bydd y seiri'n gosod yr unedau yn y lle anghywir. Does dim byd y gall hi ei wneud bellach. Yn y gegin wag, mae'r seiri wrthi'n troi'r plan papur yn wirionedd.

Mae Dadi'n reit genfigennus. Mae o'n rhoi llawer o bethau i lawr ar bapur, ond anaml y maen nhw'n cael unrhyw effaith ar y byd go iawn.

Wêl neb mo Enlli o fin y lli

ROEDD DADI'N BENDERFYNOL na fyddai ei ddiwrnod o ddianc o'r swyddfa'n dod i ben wrth i'r caiacio orffen. Aeth am beint sydyn ar falconi'r dafarn uwchben y traeth, a synnu mor ddisylw yr edrychai'r creigiau o bell. Yna aeth i'r becws i nôl sosej rôl, Cherry Bakewell ac ambell ddantaith arall.

Gyrrodd at eglwys Llanfaelrhys, ond doedd dim amser i fynd i edrych y tu mewn i eglwysi. Tynnodd fap o'i fag, rhoi ei ginio yn y bag, a rhoi'r bag ar ei gefn. Cerddodd i gyfeiriad ffarm, gan osgoi ffensys trydan a chachu gwartheg i gyrraedd y buarth gwag. Croesi'r buarth wedyn i gyrraedd llwybr at bentir na chlywodd erioed amdano cyn hyn – Mynydd Penarfynydd. Dilyn y llwybr tua blaen y pentir, a mopio'i ben gyda'r olygfa: bob ychydig funudau, estynnai ei ffôn i gael llun gwell wrth i'r olygfa agor. Ymhen tipyn, gwelai ynys newydd yn ymddangos y tu hwnt i ryw benrhyn.

Cymerodd ychydig o amser iddo sylweddoli mai Enlli oedd hi, o ongl anghyfarwydd. Roedd yn dda ganddo weld gwedd wahanol i'r sancteiddrwydd smyg – ei gweld o le na ddôi'r un ffotograffydd iddo i dynnu ei llun. Ac, o'i chymharu â'r mân ynysoedd eraill yn y bae, roedd hud amdani o hyd. Atgoffwyd Dadi o'r tro cyntaf y gwelodd gefn noeth Mami ynghwsg yn y gwely wrth ei ymyl, ac yntau – tan hynny – wedi canolbwyntio ar harddwch ei thu blaen.

Ymlaen â Dadi, gan ddilyn y llwybr dros Fynydd Penarfynydd nes i ehangder Porth Neigwl fynd â'i wynt, a mynyddoedd Eryri'n glir ar y gorwel. Meddyliodd Dadi eto nad oedd nunlle yn y byd lle byddai'n well ganddo fyw.

Ymhen rhyw awr o gerdded (gan gynnwys dod i gyfarfod y teulu dymunol y bu'n cydgaiacio â nhw, ond na wnaeth ei adnabod yntau heb ei helmed) cyrhaeddodd gopa Mynydd Rhiw, lle gallai weld Pen Llŷn i gyd. Yr hyn a ddygai ei sylw, fodd bynnag, oedd y cymylau inc-ddu a oedd yn llenwi hanner yr awyr. Roedd yr Eifl ynghudd, er bod awyr las dros Bwllheli.

Gwlychodd yr aer. Gwelai Dadi fellt yn sbarcio drwy'r rhan ddu o'r awyr. Gwyddai fod y car ymhell. Dechreuodd gerdded mor sydyn ag y gallai, ond doedd hi ddim yn hir cyn i'r storm ei oddiweddyd. Roedd wedi gwisgo'i gôt, ond doedd dim iws: fe'i pledwyd gan gymysgedd galed, oer o law a chenllysg – cenllysg! Ym mis Awst! – nes roedd o'n socian at y croen, yn wlypach na phan gwympodd i'r môr, a'i fap yn dda i ddim.

Dyfalodd ei ffordd yn ôl at y car, a'i groen yn magu gwawr oren afiach a'i sgidiau'n sgweltsio. Tua hanner ffordd, a hithau'n tynnu at dri, cofiodd am y bwyd yn ei fag. Stopiodd dan goeden a gynigiai rywfaint o gysgod, a thyrchu ymhlith y dillad sbâr, oedd i gyd yn socian. Roedd y sosej rôl yn dal mewn cyflwr gweddol, ac fe'i llowciodd, ond roedd y Cherry Bakewell wedi cael ei gwasgu y tu hwnt i bob adnabyddiaeth. Dim ots. Stwffiodd Dadi hi i'w geg mewn dau gegiad, a chael ei gynhesu gan bleser amheuthun yr eisin a'r almwn a'r jam – y melyster a werthfawrogodd fwyaf ers blynyddoedd. Yna aeth rhaddo am y car, a'r awyr yn glasu eto.

Be weli di, del?

EISTEDDANT AR FAINC i gael diod o lefrith a deijestif bisget.
Mae Fflei'n mynd drwy'i phethau.

"Faint ohonon ni sy yma rŵan, 'ta?" gofynna, yn athrawes
o'i chorun i'w sawdl.

"Be am i ti gyfri?" cymhella Dadi. Mae hithau'n derbyn yr
her.

"Un, dau, tri, pedwar," dywed, gan bwyntio'i bys bychan at
bob un ohonynt yn eu tro.

"Da'r hogan," dywed Mami. Ond nid yw Fflei wedi gorffen.
Aiff o gwmpas pawb eto.

"Pump, chwech, saith, wyth," dywed.

"Oes 'na ddau o bob un ohonon ni?" hola Dadi.

"Na, mwy! Naw, deg, un deg un, un deg dau," a'r bys bychan
yn dal i bwyntio at Dadi, Mami, Cena a hithau ei hun yn eu
tro. "Un deg tli, un deg pedwaf, un deg pump... Be sy'n dod
wedyn?"

Mae Dadi'n meddwl am bwynt dirfodol ei ferch. Go brin ei
bod hi'n gwneud dadl athronyddol, ond penderfyna Dadi ei
chymryd o ddifri. Mae sawl un ohonom ein hunain. Oes 'na?
Efallai ddim. Efallai mai edrych fel pobol wahanol rydan ni,
yn dibynnu o ba gyfeiriad y mae rhywun yn edrych.

Creadigaeth

TRODD EI GYD-WEITHWYR eu trwynau wrth i Dadi sôn yn y swyddfa eu bod yn mynd i Blackpool ar eu gwyliau. Cafodd Dadi'r teimlad nad oedd mo'r lle mwyaf pictiwrésg a chwaethus yn y byd, ond doedd o ddim yn disgwyl cynddrwg â hyn.

Nid yw Dadi wedi bod yn Las Vegas, ond tybia mai fersiwn tlodaidd o'r Gehenna honno yw Blackpool. Y sefydliadau gwely a brecwast gwaethaf yn y byd yw canran uchel o'r adeiladau – strydoedd galôr o'r math o westai nas peintiwyd ers y gwaharddiad smocio, lle clywir tipian tapian traed llygod mawr drwy'r peips.

Mae'r promenâd yn llawn o arwyddion lliwgar, wedi dyddio, yn hysbysebu pob math o sefydliadau a welodd ddyddiau gwell – casinos, arcêds, neuaddau dawns. Mae'r tŵr yn werth ei weld, ond dim ond mewn cymhariaeth â'r stondinau sgrwtsh a'r siopau sothach. Eistedda pobol ar gadeiriau plastig yn yfed lager sâl.

Ceir cabanau sy'n cynnig dweud ffortiwn drwy saith dull gwahanol, a llu o dafarndai sy'n cynnig carpedi gludiog. Ar hyd y prom, trotia ceffylau â phlu lliwgar ar eu hwynebau, gan dynnu coetsys sydd i fod fel rhai'r tylwyth teg. Does dim mul i'w weld yn unlle, ond mae'r tramiau'n awgrym o ogoniant Fictoraidd sydd wedi hen ddiflannu.

Ar ôl gwthio'r pram i fyny ac i lawr y prom unwaith neu ddwy, penderfynant fynd am dro i gyfeiriad y sw. Ar ôl pum munud o gerdded drwy strydoedd sydd hyd yn oed yn fwy digalon na'r ffrynt, mae pethau'n newid. Sylweddolant eu bod mewn cymdogaeth fwy cyfoethog – tai pâr o ddechrau'r ganrif, rhai hanswm heb fod yn anferth. Cenfigenna Mami a Dadi'n arw wrth eu drysau ffrynt pren golygus, gan feddwl y bydd yn rhaid iddynt fuddsoddi mewn drws newydd unwaith y bydd ganddynt arian eto.

Dônt wedyn at y parc, ac ymlaciant wrth gael eu cysgodi gan ei ddeiliach. Rhyddhad anghyffredin yw cael dilyn y llwybrau graslon drwy ei dawelwch gwyrdd. Cynlluniwyd y gerddi hyn pan oedd y ddinas yn ei bri, ac nid ydynt wedi newid llawer ers hynny – dim ond cael eu cynnal yn ofalus. Mae yma lawntiau sgwâr a'u gwellt fel bwrdd snwcer er gwaetha sychder a haul y misoedd blaenorol; ffowntens a'u gwaelodion yn sgleinio â darnau arian. Mae lliwiau'r gerddi Eidalaidd yn werth eu gweld, a'r llyn cychod yn glaear yn y gwres. Llinellau syth; drysfeydd taclus; pob cornel yn datgelu mwy fyth o harddwch.

Nid gormod dweud bod y parc hwn wedi adfer ffydd Dadi mewn dynoliaeth. Ar y ffrynt, credai Dadi y byddai'n well pe na bai pobol erioed wedi cael ymyrryd â'r cread. Tyngai na ddylai'r rhan honno o'r byd fod yn ddim ond twyni tywod a'r gwynt yn dawnsio'n unig drwy'r brwyn. Yn y parc, gwêl Dadi allu dynoliaeth i greu gofodau sy'n rhagori ar yr hyn fyddai natur wedi ei greu yn yr un lle. Wrth gwrs, all dyn ddim creu strwythur sy'n dod yn agos at drechu gogoniant yr Wyddfa a'i chriw o ben Mynydd Mawr, dyweder, ond mae'r gerddi a'r llwybrau a'r blodau a'r llynnoedd hyn – eu trefn, eu tlysni, eu hurddas – yn well o'r hanner na pha bynnag frwgaij fyddai'n drwch ar y llawr pe bai dynoliaeth heb ddofi'r tir.

Yma, yn un o'r trefi mwyaf taci ar wyneb daear, mae'r prawf ein bod ni'n wych, yn wael, yn gymysg oll i gyd. Mae Dadi'n eithaf balch o hynny. Cofia am eu mis mêl: trên o gwmpas yr Eidal, o un ddinas ogoneddus i'r llall. Rhufain, Pisa, Milan, Ferona, Fenis, Fflorens – pob un yn gampwaith, pob un yn dangos y rhyfeddodau y mae pobol yn abl i'w creu. Cerfluniau; temlau; pontydd. Cadeirlannau; tyrau; lawntiau. Toeau teils; carreg felen; ffenestri lliw. Popeth naill ai'n syml-dlws neu'n syfrdanol o ran ei raddfa neu ei gymhlethdod. Ar ôl pythefnos o'r fath orchestion pensaernïol dychmygus, roedd Dadi'n reit falch o gyrraedd yn ôl i'r dref fach lwyd yng ngogledd-orllewin Cymru.

Y neb a garo wledda
a ddaw i dlodi

TYNNA MAMI FLANCED picnic o fasged y pram, a'i thaenu ar y gwellt. Estynna i mewn i'r bag oer a thynnu pedwar lwmpyn mewn ffoil allan ohono. Eistedda Dadi ("Fel teiliwr, Dadi! Sbia. Croesa dy goesa fel hyn.") a difaru eu bod yn ceisio arbed arian drwy wneud eu bwyd eu hunain.

Bapsan wen feddal; menyn taenadwy; caws paced wedi'i gratio; ham tenau. Mi lenwith dwll, ond mae'n blasu braidd yn welw. Mae ganddo botyn o iogwrt fanila'n bwdin, ac mae'r pwdin hwnnw'n gyffrous o'i gymharu â'r prif gwrs. Estynna Mami greision plaen er mwyn iddynt gael ychydig o amrywiaeth.

Mae meddwl Dadi yn Abertawe, ryw bymtheng mlynedd yn ôl, ar derfyn siwrne bws bum awr. Roedd o a'i dad wedi teithio i lawr gyda band y pentre i gystadlu ym mhencampwriaeth seindorfcydd Cymru yn Neuadd Brangwyn. Aeth gweddill y band yn syth am dŷ tafarn i chwilio am frecwast llawn; aeth Dadi gyda'i dad i eistedd ar fainc i fwyta'r brechdanau ham a baratôdd ei dad y noson cynt. (Aethant wedyn i chwilio am siop llyfrau Cymraeg ail-law, a chanfod nad oedd yn siop llyfrau Cymraeg ail-law bellach: "Deud i mi," holodd ei dad Dadi am y *drag queen* a redai'r siop, "ai dyn oedd y ddynas 'na wrth y cowntar?" Diolchodd Dadi fod y ddynes wedi tynnu sylw'i dad oddi wrth y trugareddau arbrofol ac anniwair a werthid yn y siop.)

Byth ers hynny, mae gan Dadi ragfarn yn erbyn bocs bwyd, fel testun embaras – ymneilltuo oddi wrth bawb arall i eistedd mewn lle anghysurus yn bwyta bwyd crap jyst er mwyn arbed cwpwl o bunnoedd. A dyma fo rŵan, yn rhoi ei blant ei hun drwy'r un felin.

Wrth lowcio'r creision a cheisio perswadio Cena fod arno eisiau bwyta mwy na chegiad o'i frechdan, meddylia Dadi am y pryd gorau o fwyd a gafodd yn ystod y misoedd diwethaf (heblaw'r sosej rôl a'r Cherry Bakewell, efallai).

Roedd o a'i wraig wedi dianc i Lundain am ychydig nosweithiau. A chyfleoedd i fynd ar wyliau heb y plant yn brin, roedden nhw'n benderfynol o fanteisio i'r eithaf ar eu hamser, ac wedi penderfynu buddsoddi mewn pryd o fwyd da un noson – cael cawod a gwisgo siaced cyn mynd allan. Gan fod cynifer o fwytai o safon yn Llundain, a'i bod yn dasg amhosib ceisio dewis un o blith y cannoedd, aethant i le y gwyddent fod ei berchennog yn siarad Cymraeg.

Roedd y tyrth bychain a gawsant i gychwyn yn flasus iawn, ond gyda'r cwrs cyntaf, daeth amheuaeth iddynt wneud camgymeriad: cawsant eog ac iddo ansawdd annymunol, a phicl ciwcymbar yr un fath. Gorffenasant y cwrs, o gwrteisi, a nodio a dweud, "Very nice" wrth i'r Ffrancwr o weinydd glirio'u platiau, a phryderu am y pum cwrs a'i dilynai. Ond wrth i gig crensiog pen mochyn, gyda sawsiau anhysbys ond hyfryd a chraclin gwell nag un Nain, lanio ar y lliain gwyn, gwellodd pethau'n arw. Roedd eu tafodau'n barod am y cyferbyniad rhwng gwynder poeth y cegddu a düwch hallt y piwrê olifs, ac erbyn iddynt orffen y darn perffaith o gig carw – a'r gwaed yn llifo o'r canol pinc i feddalu ychydig ar y pwdin gwaed a lliwio'r tatws – roeddent wedi'u bodloni'n llwyr. Cawsiau wedyn: Brie'n eu mwytho wrth orffwys ar fatras o fara brith, glas Swydd Efrog yn eu deffro, Cheddar yn blatfform gwiw i gatwad. Ar ôl soletrwydd synhwyrol y carw a'r caws, roedd angen gwenu, ac wrth i'r llwy dorri drwy gragen fregus o siocled a guddiai gacen a jeli oren a mwy o siocled, ac i'r melystra miniog gyrraedd eu tafodau, adnabu Dadi a Mami'r saig: teyrnged i'r jaffa cêc!

A'r gwinoedd. O! Pob gwydraid yn cyrraedd wrth iddynt orffen yr un blaenorol, a'i flas yn cyfoethogi sawr y cwrs: gwyn ysgafn gyda'r pysgod, coch myglyd gyda'r carw, port urddasol gyda'r cawsiau, a gwydraid o win melyn, ffiaidd-berffaith o felys, i dynnu'r dŵr o'u tafodau i gyd-fynd â blas oren y pwdin olaf.

Popeth wedi ei weini gan ddynion doeth mewn siwtiau, oedd yn gwybod yn iawn pryd i ffysian a phryd i adael llonydd. Popeth fel y dylai fod, dan wal wyngalchog.

Popeth yn well na'r pryd hwn o fapsan a chaws gratio.

All pob pryd ddim bod felly. Fyddai'r swper tri chan punt yn Llundain, na'r tro hamddenol wedyn i weld goleuadau'r ddinas o ben Bryn y Briallu – cerdded heb orfod gafael yn neb ond ei gilydd, na phoeni am neb yn rhedeg i ffwrdd – ddim hanner mor wefreiddiol oni bai am yr holl giniawau crap ar flanced.

Brit

Yn ôl â nhw am y ffrynt, i gael golwg arall ar y lle cyn peidio byth â dychwelyd iddo. Ânt i mewn i siop sy'n gwerthu geriach i ymwelwyr. Mae ar Mami eisiau prynu ambell liain sychu llestri a gwniadur yn anrhegion i wahanol berthnasau. Tasg Dadi, felly, yw atal dau blentyn anrheoladwy rhag malu'r swfenîrs sy'n llenwi'r silffoedd.

Ar wahân i bethau sy'n benodol i Blackpool – modelau o'r tŵr a lluniau o'r promenâd ar wahanol nwyddau cegin, yn bennaf – Prydeindod yw prif thema'r tat a geir yn y siop. Ceir yma fygiau cŵn tarw a delwau o Churchill; baner yr undeb yn lapio popeth dan haul; modelau o Big Ben a bysiau coch Llundain.

Yn reddfol, ffieiddia Dadi – troi ei drwyn, a gwargrymu er mwyn ceisio dianc rhag y gwrthrychau Prydeinllyd hyn. Nid yw'n teimlo fel Prydeiniwr o gwbwl, ac mae'r iwnion jac yn teimlo fel baner sy'n ceisio gwadu ei fodolaeth. Er ei fod yn gybydd o'r radd flaenaf, mae'n fodlon talu hyd at 30c yn fwy am bot o fenyn sydd heb ffedog y cigydd arno. Wrth chwilio drwy luniau tai ar Rightmove, bydd yn diystyru tŷ'n syth os bydd yn gweld gwasgar-glustogau iwnion jac ar y soffa.

Bu bron i Dadi a Mami ffraeo, cyn y daith i Wlad Belg, dros ba sticer i'w roi ar gefn y car. Mae cyfreithiau traffig y cyfandir yn mynnu bod rhaid i bob car nodi ym mha wlad y'i cofrestrwyd – ac at bwrpas yr ymarferiad hwnnw, nid yw Cymru'n wlad. Doedd Dadi ddim yn hoff o gwbwl o'r syniad o roi'r llythrennau GB ar gefn y Passat, ond doedd o ddim yn arbennig o awyddus i gael sgwrs anodd â phlismyn Ffrainc chwaith, gyda'i lygaid yn crwydro'n nerfus at eu trwnsiwns. Ildiodd.

Erbyn meddwl, ni theimlodd Dadi erioed mor Brydeinig ag y gwnaeth yng Ngwlad Belg. Doedd dim modd cael peint call o lefrith yno, fel y canfu ar ôl prynu rhywbeth a edrychai'n debyg iawn i botel laeth, a thywallt peth ohono i baned ffres o de. Edrychai'r te'n ddigon cyffredin, ond o'i yfed roedd yn ffiaidd – llond ceg o flas pydredd surfelys y bu'n rhaid i Dadi ei boeri'n syth i'r sinc.

Roedd wedi dod â'i de a'i greision ŷd ei hun o Gymru, gan ddisgwyl efallai y caent drafferth canfod y rheiny. Ond ni ddychmygodd na fyddai Belgiaid yn yfed llefrith call. Roedd 'na wartheg hollol normal yn pori mewn caeau ger y traffyrdd, er mwyn y mawredd! Ond bu mewn siop ar ôl siop, heb allu ffendio dim byd ond yr erthyl o laeth enwyn prosesedig. Teimlai, wrth geisio mwynhau te du, fod y Sianel yn agendor fil gwaith mwy na Chlawdd Offa. Anwesai ei basbort Prydeinig wrth ysgyrnygu ar lond powlen o Crunchy Nut sych.

Mae'r plant wedi canfod melinau gwynt iwnion jac i'w chwythu, ac mae Dadi'n falch fod hynny'n eu difyrru. Sylwa ar ambell boster o'r Beatles ac Oasis sydd ar werth, ac mae'n ei chael yn anodd gweld y rheiny fel diwylliant estron.

Mae canran uchel iawn o'r tat yn ymwneud â'r teulu brenhinol. Hawdd yw chwerthin am ben y set o lestri te sy'n dangos, ar bob cwpan, wep aelod gwahanol o deulu Windsor. Mae ei lygaid yn cyfarfod â rhai Diana, druan, a'i phrydferthwch enigmatig wedi ei gofnodi am byth ar blât cinio goreuredig. Meddylia Dadi am y bore Sul hwnnw, ac yntau'n saith oed, pan oedd y teledu'n dangos lluniau twnnel ym Mharis yn lle cartŵns. Cofia eistedd i gael cinio dydd

Sul yn nhŷ ei ewythr a'i fodryb, a'i frawd yn gwrando ar adroddiadau am y ddamwain ar y radio drwy glustffonau, ac yntau'n ceisio codi'r clustffonau i gael clywed, ac yn malu'r clustffonau, ac yn teimlo'n llawer tristach am siomi ei ewythr nag am farwolaeth y dywysoges.

Ond dyma'r cwestiwn sy'n poeni Dadi: sut fydd o'n teimlo pan fydd y Cwîn yn marw? Bydd y cyfryngau'n drybola o alar gormodieithol, wrth gwrs – Huw Edwards yn taenu lludw ar ei wyneb cyn cyflwyno'r newyddion, a'r tabloids am y gorau i ymdebygu i ewythr meddw'n torri i lawr mewn sgrechiadau hysterig. Bydd tunelli o flodau'n pydru ger cestyll a phalasau, y Red Arrows yn rhyddhau mwg du, a chynnydd yn y nifer o hen fenywod sy'n marw wrth i lu ohonynt benderfynu na allant barhau heb eu brenhines.

Hoffa Dadi feddwl mai sinigiaeth a hiwmor sych fydd ei unig ymateb i farwolaeth y ddynes. Nid yw'n weriniaethwr (byddai am i'r Gymru rydd gael teulu brenhinol, achos, mewn difri, nid yw'n hoffi dychmygu pa ddrip y byddai'r boblogaeth yn ei ethol yn arlywydd) ond nid yw'n arbennig o hoff, chwaith, o'r syniad fod y fenyw gyffredin hon – drwy ordeiniad Duw – yn fod dynol pwysicach na phawb arall. Mae hi hefyd, wrth reswm, yn symboleiddio goresgyniad cenedl Dadi, ac felly mae'n anodd ganddo gymryd ati er ei bod i'w gweld yn ddynes ddigon neis.

Ofna Dadi, er hynny, y bydd yn colli deigryn wrth wylio'r angladd ar y diwrnod gŵyl banc anochel. Pam? Am fod newid yn anodd, a bod y ddynes gyffredin hon wedi bod yno erioed. Dim ond pobol dros oed yr addewid sy'n cofio cyfnod pan nad oedd hi'n teyrnasu, ac mae'r cysondeb hwnnw'n cyfri am rywbeth, siawns? Am ei bod mor ddiflas, bu'r ddynes hon yn ddigyfnewid drwy lywodraethau pob diawl o Dori a siom o sosialydd. Gall pobol bleidleisio i ymddihatru o drefniadau gwleidyddol ac economaidd hanner canrif a theimlo y bydd popeth yn ocê gan fod gennym hen ddynes dros ei naw deg oed yn mwytho teyrnwialen mewn palas yn Llundain. Mae hi'n ein perswadio fod rhai pethau'n aros yn gyson wrth i derfysgoedd daear, lleisiau'r llawr, trybestod dyn a byd, a threigl a thro a chwyrnellu chwim y pellterau, i gyd wneud eu gorau i ysgwyd y drefn.

Dyna pam y bydd Dadi, mae'n beryg, yn crio: oherwydd y bydd marwolaeth Elizabeth yn rhwygo'r teimlad na all ffwlbri a chreulondeb ei gyd-ddyn darfu gormod ar drefn gyson, gysurus pethau.

Neu efallai ei fod, er gwaetha'i ymdrechion gorau i'w ddisgyblu ei hun i'r gwrthwyneb, jyst yn Brit.

Brown

MAE DADI'N TEIMLO'N anghyfforddus braidd wrth weld cymaint o bobol frown o gwmpas. Na, nid yw wedi troi'n hilgi drwy osmosis – nid mewnfudwyr yw ei broblem, ond Prydeinwyr gwyn sydd wedi treulio gormod o amser yn yr haul nes bod eu crwyn fel lledar, ond yn fwy crychlyd.

Awgryma brownrwydd pobedig eu crwyn nad ydynt yn gwneud fawr ddim â'u hamser heblaw eistedd yn yr haul. Yn un peth, mae Dadi'n reit bryderus nad yw'r bobol hyn yn bod yn ddigon gofalus i'w gwarchod eu hunain rhag canser y croen. Nid consýrn am iechyd y torheulwyr cronig sy'n ei boeni fwyaf, er hynny, ond cenfigen. Y fath hamdden! Y fath gyfle: dychmyga Dadi ei lawenydd pe bai rhywun yn ei orfodi i dreulio misoedd ar fisoedd ar ei din yn sugno pelydrau'r haul – byddai ganddo'r amser i ddarllen y campweithiau sy'n sownd ar ei silffoedd llyfrau. Y fath wastraff: dydi'r rhain yn gwneud dim byd wrth losgi eu croen heblaw pendwmpian a gwneud chwileiriau hawdd.

Roedd gan Dadi liw haul bendigedig pan oedd yn hogyn bach. Treuliai'r hafau y tu allan – ar lan y môr, yn crwydro'r pentref gyda'i ffrindiau, a doedd neb yn ddigon o wimp i roi eli haul. Ni thynnai ei grys, felly roedd y lliw haul yn gyfyngedig i'w war, ei wyneb a bonion ei freichiau – mewn gair, tan ffarmwr o'r iawn ryw.

Stopiodd hynny pan oedd tua deg oed. Dechreuodd Dadi deimlo bod un o'r hogiau oedd flwyddyn yn hŷn nag o yn ei fwlio. Nid yw Dadi'n siŵr, heddiw, a oedd hynny'n wir. Cofia'r hogyn yn ei hambygio'n o hegar sawl gwaith: stwff arferol – sbeitio gwedd a golwg Dadi, ei faglu ar yr iard, ei bryfocio am y ffaith fod ei dad yn bregethwr lleyg, dal ei ben mewn *headlock* a chrafu'i gorun â migyrnau, dwyn ei bêl, dynwared acen ddeheuol ei fam ("MOYN CLATSIEN? W! BACHGEN DRWG! TI MOYN CLATSIEN?")… Dim byd, o edrych yn ôl, sy'n ymddangos fel rhywbeth mawr i boeni amdano.

Ond poeni wnaeth Dadi: poeni nes cilio o fywyd plentyn normal – erfyn am gael peidio â mynd ar drip ysgol i Alton Towers; gofyn am gael mynd i ysgol uwchradd wahanol; a stopio mynd allan o'r tŷ heblaw i'r ysgol. Yr adeg honno treuliai plant eu hamser hamdden y tu allan gyda'i gilydd, nid yn chwarae gêms ar sgrins; dewisodd Dadi ei gau ei hunan dan do. Ciliodd ei liw haul, ac aeth yn welw.

Daeth pethau i benllanw ryw ddau haf yn ddiweddarach pan oedden nhw, fel teulu, i fod i fynd am dro rownd glan y môr. Gwrthododd Dadi'n lân â mynd i lawr i'r traeth, a chafodd ei rieni fo i gyfaddef, ymhen hir a hwyr, mai'r rheswm dros hynny oedd bod y bwli tybiedig ar y traeth, a bod ar Dadi ofn ei weld. Cafodd tad Dadi'r myll: martsio i lawr y trac a mynnu ymateb gan y bwli. Cafodd yr hogyn sioc o gael ei gyhuddo o'r fath beth, gan dyngu na fwliodd o erioed mo Dadi.

Ypsetiwyd Dadi'n lân ar y pryd gan y ffug-syndod a'r gwadu taer – sut allai'r hogyn wrthod cydnabod yr holl loes a'r ofn a achosodd? Sylweddola, erbyn hyn, nad oedd gan y bwli syniad ei fod yn fwli: wnaeth o erioed feddwl bod y pryfocio a'r hambygio'n ddim mwy na sbri'r funud. Tybiasai fod Dadi wedi anghofio'r peth mor sydyn ag y gwnaeth yntau.

Mae'r angen i fynd â'r plant allan o'r tŷ'n golygu bod Dadi, yr haf hwn, yn adennill rhywfaint o hen fri ei dan ffarmwr. Weithiau bydd yn gweld fan o gwmpas y dref ac arni enw'i hen dormentiwr. Bron ugain mlynedd yn ddiweddarach, mae ei lygaid yn dal i ddyfrio – yr hen ofn yn gwrthod cilio'n llwyr; yr embaras am wneud môr a mynydd o chwarae difeddwl yn cronni yn ei ben. Mae'n dymuno troi'r pram a cherdded y ffordd arall er mwyn osgoi'r bwli nad oedd yn fwli.

Mae'n wyth ar hugain oed. Mae'n dal yn hogyn bach ofnus, tew. Mae ei groen yn dal yn fwy gwelw nag y dylai fod.

Garmon! Garmon!

MAE EI WRAIG yn anfon Dadi i daflu'r bag du i'r bin. Mynna Cena a Fflei gydgario'r bag, sy'n golygu ei fod yn cael ei rwygo'n agored ymhen ychydig eiliadau, a sbwriel yn disgyn ohono.

Dylai Dadi fod wedi edrych i weld lle roedd y bin cyn cychwyn. Maen nhw wedi cerdded i gyfeiriad y fynedfa, gan dybio bod y biniau ger y giât, ond nid ydynt i'w gweld yn unlle. Troant yn ôl, felly, a dilyn yr heol sy'n gwyro o gwmpas y safle.

Meddylia Dadi ei fod yn adnabod un o'r ceir a basiant – Skoda estêt. Mae'r garafán wrth ei ymyl yn canu cloch hefyd. Beth oedd enw'r dyn ar ei ben ei hun ar y seit yn Swydd Efrog? Bill? Ronnie? Cliff? Na, Ronnie. Cymer gip drwy ffenest y garafán a gweld amlinell pen moel ar y soffa. Cyd-ddigwyddiad, mae'n rhaid. Beth fyddai'r gŵr gweddw'n ei wneud yn y parc hwn?

Sylweddola Dadi fod y biniau mawr gwyrdd y tu ôl i'r caban cawodydd – ychydig gamau i ffwrdd o'u carafán. Bu cerdded o gwmpas y safle, gyda dau blentyn sy'n ffraeo dros fag sbwriel drylliedig, yn siwrne seithug.

Manteisia Dadi ar y daith er mwyn sylwi ar yr isadeiledd sy'n angenrheidiol mewn maes carafannau. Bu'n hel meddyliau ers tro am y syniad o sefydlu ei faes carafannau ei hun ar yr ychydig gaeau sydd ger tŷ ei dad a'i fam. Mae mewn lleoliad tawel a thlws rhwng môr a mynydd, bum munud o'r traeth, a heb fod ymhell o gwbl o'r lôn bost; mae yno gae fflat a fyddai'n gwneud y tro i'r dim.

Ar wythnosau caled yn y gwaith, mae'n gwneud y syms er mwyn gweld a fyddai'n ddichonadwy gwneud bywoliaeth o faes carafannau – treulio awr neu ddwy yn y pnawn yn llnau'r cawodydd ac yn torri'r gwellt, a threulio gweddill yr amser yn darllen neu'n sgwennu, neu'n gwylio'r teledu pe bai'n dod i hynny.

Un broblem yw y byddai angen buddsoddiad cychwynnol go helaeth i alluogi'r fenter i ddigwydd. Byddai angen lledu ac atgyfnerthu'r bont dros 'rafon bach, a tharmacio lôn o gwmpas y cae; byddai angen gosod ambell bitsh concrid hefyd. Ar gyfer pob llain, byddai angen tyllu ffosydd i gladdu gwasanaethau – cêbls trydan a phibellau dŵr – a byddai angen trefniadau i gael gwared ar ddŵr budur wrth gwrs.

Byddai angen codi caban ar gyfer toiledau, cawodydd a sinciau golchi llestri. Fyddai Dadi ddim yn hapus i ddarparu cyfleusterau na fyddai o'i hun yn fodlon eu defnyddio, gyda chladin pren os yn bosib. Byddai agor siop fechan, ynghlwm wrth y dderbynfa, yn ddymunol. Gan na fyddai Dadi'n ystyried mynd i aros i faes heb gae swings, byddai angen un o'r rheiny hefyd – un deche.

Rhwng popeth, byddai bil o ddegau o filoedd o bunnoedd cyn i'r un garafán ddod drwy'r giât.

Ond nid y costau cychwynnol sy'n poeni Dadi fwyaf. Er mwyn talu cyflog derbyniol iddo'i hun, mae wedi gweithio allan y byddai angen safle go fawr – deugain pitsh neu fwy. Wrth ystyried hynny, mae Dadi'n anesmwytho. Dyma'r caeau y chwaraeai Dadi ynddynt yn blentyn – rhai y bu ei deulu'n berchen arnynt ers degawdau. Chawson nhw erioed eu ffarmio'n arbennig o drwm, dim ond eu pori gan ryw gymaint o anifeiliaid. Dydyn nhw ddim yn gaeau arbennig mewn unrhyw ffordd, ond nid yw Dadi'n siŵr sut mae'n teimlo am darmacio drostynt – dinistrio'r gwyrddni disylw er mwyn gwneud mwy o arian ohonynt.

Byddai'r fenter yn bell o fod yn Benyberth neu'n Dryweryn. Fydden nhw ond yn gwneud yr un fath â hanner ffermwyr Pen Llŷn – pobol sy'n gwneud rhywfaint o incwm i gynnal eu bywydau teuluol Cymraeg mewn cymunedau tlawd. Dydi ychydig o ymwelwyr mewn carafannau ddim yn gyfystyr â moch yn y winllan.

Fel carafaniwr, ydi o'n gwneud unrhyw ddrwg wrth barcio'i garafán mewn gwahanol gorneli hwnt ac yma drwy'r wlad? Siawns ei fod yn rhoi punnoedd ym mhocedi'r perchnogion, ac yn dod i nabod ardaloedd gwahanol, a'u gwerthfawrogi? O ran iaith, dydi carafanwyr – yn amlwg – ddim yn byw lle maen nhw'n ymweld, felly beth yw'r gwahaniaeth?

Mae Dadi'n dal i betruso. Nid yw'n siŵr pa hawl sydd ganddo ar y tir hwn, na newidiodd ers canrifoedd heblaw crebachu ychydig wrth i'r môr fwyta'r tir. Mae darn sentimental ohono sy'n credu bod gadael llonydd i natur yn well na cheisio gwasgu pob ceiniog bosib allan ohoni – er nad oes ganddo ddim gwrthwynebiad i bobol eraill dyllu chwareli a chodi tyrbeini faint fyd fynnant, o fewn rheswm. Y peth saffaf, tybia, yw peidio â styrbio'r tir â dim byd mwy na dannedd a charnau defaid.

Mentro popeth ar siawns

MAE MAMI WEDI gweld yn rhywle fod 'na ddisgo i blant yn cael ei gynnal yn neuadd adloniant y parc gwyliau heno, felly ânt draw am y complecs sydd yng nghanol y parc. Mae'n dipyn o le. Dyma lle mae desg groeso pobol y carafannau statig; mae yma archfarchnad fechan, a siop jips; tafarn-fwyty gweddol groesawgar yr olwg, a'r pwll nofio; Millie's Cookies a Starbucks. Rhwng y teulu a'r neuadd adloniant, mae arcêd.

Byddai Dadi wedi bod yn fodlon gadael i'r plant eistedd ar ambell un o'r reids am ychydig funudau (heb roi arian i mewn, wrth gwrs – byddai hynny'n wastraffus), cyn mynd yn eu blaenau i weld sut beth yw'r disgo. Mae gan Mami syniadau gwahanol.

Mae hi'n cyfnewid punt am hanner cant o ddarnau dwy geiniog, ac yn mynd at un o'r peiriannau hynny lle mae cannoedd o ddarnau dwy geiniog yn eistedd ar ddibyn, a silff yn mynd yn ôl ac ymlaen: y nod i'r chwaraewr yw bwydo'i ddarnau copor i mewn i'r peiriant fel eu bod yn gwthio mwy o ddarnau i lawr dros y dibyn, ac i lawr i'r twll lle gall y chwaraewr eu casglu'n fuddugoliaethus.

Nid yw hon yn taro Dadi fel ffordd arbennig o ddibynadwy na sgilgar o wneud arian. Yn wir, mae'n amlwg iddo nad yw perchnogion yr arcêd yn rhoi'r peiriannau dwy geiniog yno am unrhyw reswm heblaw gwneud elw, ac felly mae'n hynod annhebygol y bydd unrhyw un yn cael mwy o arian allan o'r peiriant nag a roddir i mewn.

Ar ôl i Mami roi gwerth 96c o ddarnau dwy geiniog i mewn

i'r peiriant, mae'r pentwr arian yn dymchwel, a gwerth tua 24c o ddarnau dwy geiniog yn disgyn i'r gwaelod, lle gall Mami eu casglu. Mae hi, am resymau na all Dadi eu deall, yn ystyried hyn yn fuddugoliaeth, ac aiff rhagddi i roi'r 28c sydd ganddi'n weddill i mewn yn y peiriant heb gael dim yn ôl.

Dyna ni, meddylia Dadi: am y disgo â ni. Ond na. Mae Mami'n mynd i nôl gwerth punt arall o ddarnau dwy geiniog.

"Harclwydd mawr!" ochneidia Dadi dan ei wynt. Gan gadw llygad ar y plant (sy'n ddigon bodlon, ar hyn o bryd, yn eistedd mewn seddi car rasio ac yn smalio gyrru), edrycha o'i gwmpas a gweld pobol yn slotio pres i mewn i'r peiriannau fel pethau gwirion, heb sylweddoli eu bod yn colli punnoedd ar bunnoedd.

Mae tipyn go lew o beiriannau'r arcêd yn argraffu tocynnau melyn wrth gael eu chwarae – ychydig os yw'r chwaraewr yn colli'n rhacs, mwy os yw'n gwneud yn weddol, a llwythi os yw'r chwaraewr yn ennill. Mae'n debyg y gellir cyfnewid y tocynnau melyn am ryw geriach o'r siop, gyda rhyw fath o economi answyddogol ar waith – deg tocyn am un darn o fferins, pedair mil am ddedi mawr, a llwyth o nwyddau eraill yn y canol.

Mae'n reit glir i Dadi mai'r cwbwl yw'r tocynnau yw ffordd glyfar o wneud i bobol deimlo'u bod ar eu hennill hyd yn oed os ydyn nhw'n colli arian fel slecs, fel eu bod yn bwydo mwy a mwy o'u pres i mewn i'r peiriannau.

Mae'n gweithio, ac mae'n taro Dadi fod pobol yn mwynhau cynnwrf betio gymaint nes nad ydynt yn meindio ai ennill ynteu colli a wnânt. Hoffant y thril o fentro punt i'r fath raddau nes eu bod yn fodlon talu punt am y pleser.

Cynigia Mami ychydig bunnoedd iddo, ond dywed yn surbwch y byddai'n well ganddo gadw'i arian a chael peint yn y disgo wedyn. Nid yw'n sylweddoli y byddai Mami'n cael rhoi dau gant o ddarnau dwy geiniog mewn peiriant am bris peint, ac y byddai hynny'n rhoi tipyn yn fwy o bleser iddi na'r peint.

Crwydra fel dyn gwyllt o gwmpas yr arcêd, oherwydd mae Cena a Fflei wedi gwahanu a mynd ar wib i wahanol gyfeiriadau. Pan fo'r ddau o fewn ei olwg eto, sylwa Dadi ar beiriant chwarae sy'n gofyn am fwy o fedrusrwydd na'r gweddill. Y gamp yw taro targed â morthwyl – ddim yn rhy galed, ddim yn rhy ysgafn.

Penderfyna Dadi roi tro arni. Mae'n rhoi punt yn y peiriant, ac yn taro'r targed. Coda'r goleuadau i fyny at fwlb y jacpot... a mynd y tu hwnt iddo. Damia! Rhy galed. Ond mae'n argyhoeddedig y gall wneud yn well y tro nesaf. Chwilia yn ei boced am bunt arall, gan addo mai dyma'r tro olaf. Coda'r morthwyl. Mae'n taro'r targed. Coda, coda, coda'r golau... Shit! Ddim yn ddigon caled.

Pe bai ond yn cael un tro arall, mae'n sicr y gall farnu cryfder ei ergyd yn berffaith. Ond addewid yw addewid. Mae wedi cael rhyw bymtheg o docynnau melyn am ei ymdrechion, felly nid yw popeth wedi ei golli. Gwell iddo fynd i chwilio am ei blant...

Be ddiawl? Heb yn wybod iddo'i hun, mae wedi rhoi punt arall yn y peiriant. Ystyria bwyso'r botwm i'w chael yn ôl. Na. Penderfyna godi'r morthwyl unwaith eto. Gŵyr, o'r eiliad y disgynna'r morthwyl, fod yr ergyd yn feistrolgar. Gwylia'r golau'n codi nes i'r bwlb jacpot ddechrau fflachio. Dechreua stribyn hir o docynnau melyn raeadru allan o'r peiriant. Edrycha o'i gwmpas i geisio tynnu sylw'i wraig a'i blant at ei lwyddiant arwrol.

Mae'r llifeiriant yn parhau. Ac yn parhau. Ddau funud wedyn, mae'r llif o docynnau'n dal i arllwys allan o'r peiriant.

Mae gan Dadi lond ei hafflau o'r tocynnau melyn, a rhaid i Mami ddechrau eu plygu'n wad taclus er mwyn gallu eu cario'n hawdd. Erbyn deall, mae Dadi wedi ennill mil o docynnau melyn iddynt.

Golyga hyn y gallant fforddio teganau go dda o'r siop. Dewisa Fflei lyfr lliwio a phinnau ffelt, a Cena degan meddal gwenynen. Mae Dadi'n bur siŵr fod gwerth y gwobrau'n uwch na'r teirpunt a wariodd.

Mae'n llawenhau yn ei fuddugoliaeth felys yn erbyn y tŷ, ac eto'n ffieiddio ato'i hun am gymryd gambl oedd mor annhebygol o lwyddo. Ac mae'n flin na all bellach fforddio peint yn y disgo.

Tŷ Newydd Sarn

PAN OEDDEN NHW yn eu harddegau, roedd cyfoedion Dadi yng ngogledd-orllewin Cymru'n meddwl mai fel hyn roedd bod yn oedolion: mynd, yn lluoedd, i dafarn flêr mewn pentref yng nghrombil Llŷn, a chael y fath sbort nes bod Dadi'n hiraethu amdano hyd y dydd heddiw.

Tyrrai pobol ifanc i'r dafarn o bellafion Môn, Ardudwy a Dyffryn Ogwen, er ei bod mewn lleoliad go anghyfleus; a dweud y gwir, efallai mai dyna oedd yr apêl. Byddai'r tafarnwr yn trefnu gigs ar y penwythnosau, a'r rheiny'n gigs da – bandiau Cymraeg hen ac ifanc, a deimlai fel y miwsig gorau yn y byd. Âi Dadi a'i ffrindiau yno bob tro y ceid gìg, ac i'r cwis ar nos Iau hefyd pan allent.

Yn ddiweddar, canfu Dadi gerdd a ysgrifennodd am y dafarn. Wrth ei hailddarllen fwy na degawd ar ôl y cyfnod pan oedd yn un o'r selogion, yr hyn sy'n taro Dadi yw'r ffaith fod y lle'n fwy o feddylfryd nag o adeilad.

Mae 'na hogiau'n ymladd efo ciwiau pŵl
a'r tafarnwr yn cychwyn colli'i gŵl,
mae 'na bobol yn gwylltio, ambell un yn gweld bai –
gân nhw ddiawlio'i gilydd achos fel'ma ma'i.

Rhai wedi bodio ar draws y wlad
am y gerddoriaeth a'r cwrw rhad.
Mae oglau'r lôn ar gotiau rhai –
mi ddaethon ni trwyddi, ac fel'ma ma'i.

Ymhen rhai blynyddoedd, a ienctid 'di mynd,
chofiwn ni ddim pam ein bod ni'n fan hyn.
Ond fama 'di heno – dim mwy a dim llai.
Mae pawb ti isio yma. Ac fel'ma ma'i.

Mi gymysgwn ni win a chwrw a jin,
mi gusanwn ddieithriaid heb ddifaru dim,
mi ddringwn, a gweiddi o bennau'r tai:
rhai fel hyn ydan ni, ac fel'ma ma'i.

Sonia mam Dadi o hyd am grysau-T a wnaeth cyd-fyfyrwyr
iddi yn Aberystwyth, gyda slogan ar sail enw'r tŷ lle roeddent
yn byw: 'Nid tŷ yw'r Gelli Aur ond ffordd o fyw'. Felly y
teimlai Dadi a'i fêts am Tŷ Newydd Sarn.

Fe deimlen nhw fod mynd yno i yfed yn weithred
arwyddocaol. Roedd yn teimlo fel mwy na jyst sesh. Teimlai fel
pererindod, fel prawf, fel pencampwriaeth: pwy allai deimlo'r
llawenydd mwyaf heb basio allan? Teimlai'r nosweithiau fel
rhai a ddigwyddai mewn chwedlau, gydag arlliw o hudoliaeth
i'r potio a'r dawnsio a'r snogio a'r cwffio a'r tynnu coes.

Delfryd oedd y dafarn. Doedd yr adeilad ddim yn esbonio
hyn: lle go gyffredin oedd o, heb ei addurno i ddenu twristiaid,
er ei fod yn hen adeilad ac iddo rywfaint o gymeriad. Doedd
o ddim yn gweini bwyd, heblaw brechdanau crefftus o denau
gan fam y tafarnwr yn y cwis nos Iau, a darparu tegell pe bai
rhywun yn mentro i lawr i'r garej i nôl Pot Noodle.

Doedd y cwmni ddim yn esbonio'r hud yn llawn chwaith.
Gan eu bod yn y coleg chweched dosbarth gyda'i gilydd,
treuliai Dadi ddyddiau'r wythnos yng nghwmni nifer helaeth
o'r bobol y treuliai nosweithiau Gwener a Sadwrn yn eu
cwmni. Yn y dafarn, trawsffurfid myfyrwyr diwyd, bôrd

yn bobol harddach, ddoniolach – cymeriadau yn nofel eu hieuenctid eu hunain, a phob un ohonyn nhw'n credu mai'r prolog oedd hwn, nid pennod fwyaf cyffrous eu bywydau.

Ddigwyddai'r trawsffurfio hwn ddim i'r un graddau pan aen nhw ar nosweithiau allan i'r dre yn hytrach nag i Sarn. Felly nid yr alcohol a wnâi'r gwahaniaeth chwaith.

Roedd yno wastad fygythiad o drais: mynychid y lle gan josgins Pen Llŷn yn ogystal â phlant dosbarth canol Cymraeg Gwynedd gyfan, ac arweiniai'r deufor-gyfarfod at dwtsh o densiwn a wnâi i'r cwbwl deimlo fymryn yn beryg, ac felly'n gyffrous.

Credai Dadi a'i gyd-fyfyrwyr, ar y pryd, mai dynwared oedolion oedden nhw wrth feddiannu tafarn fel hyn, ac mai fel hyn y bydden nhw'n treulio pob nos Wener a nos Sadwrn nes eu bod nhw'n hen. Roedden nhw'n anghywir.

Dydi oedolion ddim yn gallu snogio rhywun gwahanol bob wythnos. Dydi oedolion ddim yn trafod Duw a chariad a llyfrau a Stalin a darlithwyr gyda'r un gobaith ac angerdd a dicter didwyll. Dydi oedolion ddim yn gorfoleddu yn y ffaith eu bod yn cael bod mewn pyb, nac yn teimlo'n fentrus wrth wfftio gofidiau eu rhieni i fod allan tan berfeddion.

Mae oedolion yn fodlon treulio nos Wener dan flanced ar gadeiriau gwersylla, y gŵr yn ceisio perswadio'r wraig i fynd i nôl can o gwrw iddo o'r ffrij a hithau'n dweud ei bod yn ocê, diolch, ac yntau felly'n gorfod diosg y flanced a chropian i mewn i'r garafán i nôl ei ddiod heb ddeffro'r plant. Mae oedolion yn gwybod bod eu dyddiau gorau wedi bod; mae oedolion lwcus yn ocê efo'r ffaith honno.

Y diwedd

FFLACH O OLAU glas y tu ôl i'r bleinds: dim byd mawr – ffeit oriau mân y bore yn nhafarn y safle, mae'n debyg – ond mae'n ddigon i ddeffro Dadi. Diflanna'r golau mor sydyn ag y daeth, ond mae Dadi wedi dadebru ac yn ei chael yn anodd ymollwng yn ôl i gysgu. Mae ei draed yn oer. Nid yw'n siŵr a oes arno angen piso.

Mae'r golau glas wedi ei atgoffa o'r bore hwnnw, ar safle yng Nghaernarfon, pan ddeffron nhw, tua saith, i weld ambiwlans yn brysio i mewn i'r seit ac yn parcio ger un o'r carafannau. Doedd dim llawer o frys ar y parafeddygon, a wnaethon nhw ddim cario llawer o offer i mewn i'r garafán.

Gallai Mami a Dadi weld carafanwyr eraill yn sbecian drwy'u ffenestri i geisio gweld beth oedd yn digwydd. Roedd ar Cena a Fflei eisiau mynd allan i chwarae, ond cadwodd Mami a Dadi nhw i mewn, rhag ofn. Cyn hir, cariodd y ddau barafeddyg gorff allan ar stretsiar, gyda blanced drosto. Fe gawson nhw, yn amlwg, beth trafferth cael y stretsiar allan drwy ddrws cyfyng y garafán, ond wnaeth y corff ddim edrych fel petai'n mynd i gwympo o gwbwl: roedd yn hollol lonydd. Ar ôl y stresiar, daeth y wraig allan, a'i chardigan lwyd dros ei hysgwyddau, a'i hwyneb yn welw. Safai'r warden yn lletchwith o flaen y drws; ysgydwodd law'r wraig a dweud ychydig eiriau wrthi. Ar ôl i'r ambiwlans fynd, heb olau glas, edrychai'r warden ar y garafán gan bendroni be ddiawl roedd o i fod i'w wneud rŵan.

O giwbicl y toiled, wedyn, clywodd Dadi ddynion yn trafod

y farwolaeth wrth eillio. Hartan gafodd o, medden nhw, ychydig ar ôl codi i biso am hanner awr wedi chwech.

Yn anesmwyth y daeth pawb allan o'u carafannau, ond dod wnaethon nhw. Roedd lleisiau'r byrddau brecwast ychydig yn dawelach nag arfer, ond doedd neb yn teimlo bod fawr o bwynt atal y plant rhag rhedeg o gwmpas a chwarae ar eu beics fel arfer. Doedd hi ddim fel petai'r wraig yn eistedd yn ei galar yn y garafán.

Mae rhywun yn gwybod beth i'w wneud pan fo cymdogion go iawn yn cael profedigaeth: cerdyn bach, gafael llaw, mynd draw gyda lwmpyn o ham neu dorth frith. Ar safle fel hyn, lle mae cymdogion yn cyd-fyw am ychydig nosweithiau'n unig cyn anghofio'i gilydd am byth, go brin fod disgwyl i neb bicio i'r siop i nôl cerdyn cydymdeimlo a'i roi dan stepen y garafán: doedd neb yn gwybod enw'r ymadawedig na'i briod, petai'n dod i hynny.

Ymhen ychydig ddyddiau, neu ar ôl yr angladd efallai, byddai mab y dyn a fu farw'n cael lifft gan ei wraig o Fanceinion, neu ble bynnag mae'n byw, ac yna'n defnyddio car ei dad i dynnu'r garafán yn ôl adre. Byddai hynny'n brofiad dwysach na chario'r arch. Ac wedyn, byddai popeth yr un fath ag o'r blaen ar y maes carafannau: byddai pawb yn symud ymlaen, a neb o wersyllwyr yr wythnos nesa'n gwybod bod angau wedi taro heibio.

DYDD SADWRN

Titrwm tatrwm

MEWN CARAFÁN, DOES dim modd osgoi'r ffaith ei bod yn bwrw. Tenau yw'r to, ac mae'r dafnau'n ei daro mewn modd sy'n rhoi syniad pa mor drwm yw'r gawod. Mae rhywbeth cysurlon am guro'r glaw – hyd at y pwynt pan fo rhywun yn cofio na all swatio dan y cwrlid gyda phaneidiau drwy'r dydd. Ryw ben, bydd yn rhaid agor y drws a chrychu trwyn cyn rhoi gwib am y car neu'r bloc toiledau.

Mae'r sŵn ar do'r garafán wastad yn gwneud i'r glaw swnio'n waeth nag y mae go iawn; er hynny, nid yw'r dwndwr sy'n deffro Dadi'n gawod ysgafn, o bell ffordd. Mae'n ei thywallt i lawr. Mae'r plant yn stwyrian hefyd. Hanner awr wedi chwech. Bydd yn ddiwrnod hir.

Hoffa Dadi gwestiynu ystrydebau a chwalu rhagdybiaethau fel arfer, ond mae rhai ohonyn nhw'n ddiamheuol. Er enghraifft: mae glaw'n difetha popeth. Oherwydd hynny, ei air cyntaf am y dydd yw "Ffycsêcs".

"Be sy?" mwmia'i wraig o hanner cwsg.

"Glaw 'de. Ffocing thing," dywed gan rwbio'i lygaid.

"Ti'm yn gwbod, ella mai cawod ydi hi."

"Na. Fedra i ddeud. Ma hwn yma i aros."

Agora Mami'r ap tywydd ar ei ffôn.

"Glaw mawr tan ddeg. Tawelu wedyn. Braf pnawn 'ma."

"Dwi'm yn gwbod pam ti'n dal i goelio'r BBC ar ôl sut roedden nhw'n deud clwydda adeg refferendwm yr Alban."

"Tywydd 'di hwn, ddim blydi politics."

"Ar ôl Aberaeron, 'ta."

"Hm, ia."

Dechrau haf y llynedd oedd hi, a nhwthau newydd gael y garafán: dyna'u taith bell gyntaf ynddi. Bu'n braf ers wythnosau, a'r rhagolygon ar gyfer wythnos y gwyliau'n rhagorol. Dychmygodd Dadi fwyta sglodion wrth wylio'r llamhidyddion yn Aber-porth, a chael cyfle efallai i glecian hanner yng ngolau'r machlud yn Llangrannog. Gyda golwg ar dreulio pnawniau heulog ar draethau, gyda phwced a rhaw a pharaffernalia traddodiadol cyffelyb, bu Dadi wrthi'n ddiwyd am wythnosau'n ceisio dysgu Fflei i adrodd 'Traeth y Pigyn' ar ei chof (roedd Cena'n rhy ifanc i siarad bryd hynny).

Y syniad oedd y bydden nhw'n ei chael i ddweud y gerdd ben bore, ac yna y bydden nhw'n cyhoeddi eu bod am dreulio'r diwrnod ar ei hyd ar Draeth y Pigyn. Wrth gwrs, gan nad yw Traeth y Pigyn yn bodoli byddai'n rhaid i Mwnt neu Gwmtudu wneud y tro, ond dim ots am hynny – byddai'r oriau'n chwarae yn y tywod a'r tonnau'n mwy na gwneud cyfiawnder â'r glan môr dychmygol, llawn addewid yn y gerdd.

Roedd Fflei wedi dod yn ei blaen yn dda iawn, chwarae teg, er bod arni angen ambell giw o hyd.

"Ddoi di…"

"Geni-daeff-y Pidyn."

"Lle mae'r…"

"Mô-ym-bwfw iewyn!"

"Ddoi di…"

"Geni!"

"Ddoi di…"

"Geni ddoi di ddim!"

Fel y digwyddodd pethau, byddai'n rhaid i rywun fod yn wallgof i awgrymu mynd i unrhyw draeth yr wythnos honno.

Roedd y tywydd yn ardderchog tan iddyn nhw gyrraedd Aberystwyth. Fe gawson nhw ginio ym McDonald's, a thra oedden nhw yn y bwyty fe lwydodd yr awyr las. Wrth i'r dafnau nobl lanio ar winsgrin y car, edrychai Mami ar yr ap tywydd mewn anghrediniaeth.

"Mae'r BBC'n dweud bod hi'n braf," dywedodd.

"Dydi hi ddim," atebodd Dadi.

"Wel… Nac'di."

Buan y newidiodd y rhagolygon i adlewyrchu realiti: glaw drwy'r wythnos, a haul eto'r wythnos wedyn.

Pe baen nhw'n carafanio fel cwpwl, mae'n debyg na fyddai problem. Byddai'n rhaid iddynt dderbyn nad oeddent am weld yr holl lefydd a gynlluniwyd, ac yna estyn blancedi, llyfrau, gwlân a gweill, a llenwi'r tegell. Caent ddiwrnodau bendigedig o ddiogi, a'r gragen blastig yn eu cadw'n sych. Ond gyda phlant, roedd yn amhosib meddwl am aros yn y garafán drwy'r dydd. Roedd yn rhaid eu diddanu. Roedd yn rhaid gwneud pethau.

Daeth yn amlwg fod rhan helaeth o'r diddanwch sydd ar gael yng Ngheredigion yn ymwneud â bod y tu allan, sydd ddim mor ddiddan â hynny yn y glaw. Aethant i fwy o lefydd chwarae meddal nag sy'n iach. Aethant i Langrannog i geisio golygfeydd, ond roedd gormod o niwl i weld Carreg Bica hyd yn oed, a'r glaw'n eu chwipio wrth iddynt fynd i chwilio am ginio. Aethant i barc ffarm, ond roedd sbio ar y defaid gwlyb yn gwneud i Dadi deimlo'n anwydog. Buddsoddwyd mewn ymbarél, ac mewn tywel er mwyn cael y rhan fwyaf o'r diferion dŵr oddi ar lithrenni a siglennydd. Aethant i gael hufen iâ a'i fwyta mewn safle bws.

Cawsant ddiwrnod tamp yn Aberystwyth wrth i'r mecanics geisio canfod pam fod goleuadau bygythiol wedi dod ar y dash wrth iddyn nhw yrru i lawr (y deiagnosis terfynol: doedd Dadi ddim yn gwybod sut i halio carafán i fyny elltydd heb ddifrodi'r injan).

Aethant i le od, a redid gan wirfoddolwyr (a ymdebygai i ecstras o'r Gwyll), lle roedd dyn (y tybiai Dadi ei fod ar ryw fath o gofrestr troseddwyr rhyw) yn mynd â nhw ar ddwy reilffordd fechan y gosodwyd corachod gardd o boptu iddynt. Aethant i amgueddfa cynhyrchu gwlân, nad oedd hanner mor ddiflas ag y mae'n swnio.

Aethant am sawl tro hir yn y car, gan ddilyn eu trwynau a cheisio mynd ar goll er mwyn ceisio ffendio rhywle diddorol. Uchafbwynt y mentro hwnnw oedd eu cael eu hunain yn Llanilar (welson nhw mo Dai) a phasio rhyw fath o gapel Undodaidd yr oedd Dadi'n eithaf siŵr fod hanes diddorol yn ei gylch (allai o ddim cofio beth, ac allai Mami mo'i helpu).

Ar ddiwedd wythnos ddiffaith, a wnaed yn waeth gan y ffaith fod y diflastod yn cymell y plant i'w difyrru eu hunain drwy drais a dinistr, dychwelodd yr haul wrth iddynt gychwyn yn ôl am y gogledd – mewn pryd i'w hatgoffa am yr wythnos braf y gallent fod wedi ei chael heblaw am y glaw.

Weithiau, does dim pwynt ymwrthod â'r doethineb cyffredin. Mae glaw'n crap.

Ardal y Llynnoedd

Beth bynnag y gellir ei ddweud am Blackpool, o leiaf mae'n nes nag adref at bethau diddorol. Penderfyna Dadi a Mami y byddant yn mynd am dro i Ardal y Llynnoedd.

A dweud y gwir, penderfyna Dadi y byddant yn mynd am dro i Ardal y Llynnoedd – yr hyn y mae'n ei ddweud wrth Mami yw bod atyniad ryw awr i'r gogledd o'r enw Beatrix Potter World, lle mae modd i'r plant gyfarfod cymeriadau cartŵn Guto Gwningen, a mynd o gwmpas yr ardd lle mae'r anifeiliaid amrywiol hynny'n byw.

"Ydi o dan do?" yw unig gwestiwn Mami.

Gan ei fod, i ffwrdd â nhw. Ond mae gan Dadi gynllun llechwraidd i fynd â'r teulu i gerdded ar lan Llyn Windermere. Ei obaith yw y bydd y plant yn weindio digon nes na fydd dewis ond rhoi eu siwtiau glaw amdanynt a'u gollwng yn rhydd mewn coedwig, ac y bydd y glaw'n gostegu digon iddynt allu dilyn llwybr dymunol heb wlychu at eu crwyn.

Ar ôl awr o yrru, a'r plant yn addawol o anniddig, cyrhaeddant dref fach sy'n ddigon tebyg i'r un lle maen nhw'n byw – lle bychan ar lan y dŵr, sydd heb gael ei gynllunio ar gyfer yr holl draffig sy'n ei lenwi yn yr haf. Cânt drafferth canfod lle parcio, cyn gwasgu i lain gyfyng rhwng Range Rover a sbortscar.

Cerddant i fyny'r stryd i weld Guto Gwningen a'i gyfeillion. Pe bai Dadi'n dod o'r dref hon, mae'n debyg y byddai'n ei gweld yn hollol wahanol – yn gweld y tafarndai a'r siopau cornel a'r becws nad yw twristiaid yn sylwi arnynt. Fel y mae, y cwbwl a wêl Dadi yw pobol mewn cotiau drud a sgidiau cerdded glân yn edrych ar siopau mewn modd sy'n awgrymu eu bod yn eu beirniadu yn hytrach nag yn ystyried mynd i mewn iddynt i brynu unrhyw beth. Cysgodi dan y canopis yw hanes pawb, ac mae'r caffis yn llawn, a'u ffenestri'n stemio, gan nad oes dim byd gwell i'w wneud ar ddiwrnod fel heddiw.

Nid yw Byd Beatrix yn cyfiawnhau'r siwrnai ar ei ben ei hun, o bell ffordd, felly gobeithia Dadi y bydd y tywydd yn gwella digon erbyn y bydd yn amser iddo awgrymu picio draw i barc Fell Foot, lle mae gan yr Ymddiriedolaeth Genedlaethol lwybrau pwrpasol a llefydd chwarae.

Mae Byd Beatrix yn lle bach digon dymunol. Caiff y plant foddhad o ddilyn y llwybr o gwmpas yr adeilad, a dod wyneb yn wyneb â modelau anthropomorffig cyfeillgar – gwyddau, llwynogod, moch – a'r cwbwl wedi eu dyneiddio'n gymeriadau smala. Nid yw'r plant yn sylwi bod gwneuthuriad y modelau dwtsh yn sâl. Tybia Dadi fod plant yn gweld popeth drwy sbectol hudol dychymyg, sy'n gwneud i bopeth, dim ots pa mor gyffredin, droi naill ai'n rhyfeddod neu'n ddiwedd y byd.

"Hello, love," dywed merch ysgol, sy'n gweithio yn y ganolfan, wrth Fflei, gan gnoi gwm. "D'you wanna say hello to Peter Rabbit?"

"Guto Gwninen!" ebycha Fflei, gan redeg i'w gofleidio.

"Ooh, careful. Do you like Peter?"

Try Fflei i edrych yn stowt ar y ferch.

"Guto," dywed yn bendant.

"Yes, it's Peter."

"Na. Guto!"

"Yeees! Peter! Oh, we like Peter Rabbit, don't we? Do you want to have your picture taken with Peter?"

"Dim Piii-ty ydi o, hogan. Dwi'n deud a deud! Gu-to! Dadi, be wnawn ni efo hi?"

Llusga Mami hi i'r siop, gan adael y ferch ysgol i gnoi'n flin ar ei gwm. Mae Cena'n ceisio bwyta moron ffug o ardd y garddwr cas.

Ânt i'r siop, lle mynna Fflei gael ffedog; gwrthoda Cena adael cyn cael prynu cerdyn pen-blwydd ac arno'r enw Amelia. Pan awgryma Mami a Dadi gael cerdyn heb enw arno, sgrechia.

"Be rŵan, 'ta?" hola Mami pan maen nhw'n ôl yn y car, a chlust Dadi'n goch wedi i Cena ddefnyddio'i ddannedd i fynegi ei wrthwynebiad i gael ei gario allan o'r atyniad. "Mae hi braidd yn fuan i gael cinio."

"O, dwn i'm," dywed Dadi. "Cofia, mae gan yr Ymddiriedolaeth Genedlaethol le o'r enw Fell Foot. Mae 'na gaffi bach yno, a lle i fynd am dro, a lle chwarae. Rhyw 16 munud ar hyd ochor y llyn yn ôl Google Maps."

"Sut ti'n gwbod hynna?"

"Wnes i sbio ar fy ffôn wrth biso, yn do?"

"Reit. Pa mor hir ydi'r dro 'ma?"

"Dau gilometr a hanner?"

"Ti 'di gweld y glaw 'ma? Fyddwn ni'n socian."

"Hmm."

Mae'n anodd i Dadi anghytuno, ac mae ei jîns dwtsh yn damp yn barod. Penderfyna gynnig cyfaddawd – tŷ canoloesol hanner ffordd yn ôl i'r garafán.

"Oes 'na do arno fo?" hola Mami.

"Oes."

Mae Dadi'n rhoi'r cyfeiriad i mewn yn Google Maps, ac i ffwrdd â nhw, yn ôl drwy ddyffrynnoedd sy'n edrych ychydig yn rhy damp i fod yn ffrwythlon. Maen nhw'n pasio ffarm ar ôl ffarm sydd wedi agor maes carafannau yn un o'u caeau, ond nunlle y maen nhw'n ysu i ddod i aros ynddo.

"Ti'n gwbod be na welson ni yn fan'na?" gofynna Mami ar y daith i lawr.

"Dwn i'm," ateba Dadi. "Dyn du?"

"Tria eto."

"Be wn i? Brothel?"

"Llyn."

Mae distawrwydd yn y car. Sylweddola Dadi ei bod hi'n iawn: gwelsant rywfaint o hwyliau cychod a oedd mewn marina ar lyn, a llethrau mynyddoedd a oedd yn bownd o fod yn disgyn i mewn i lyn, ond welson nhw ddim dŵr heblaw hwnnw y mae'r weipars yn cael trafferth ei sgubo oddi ar y winsgrin.

Distawrwydd llethol. Gwneir Dadi dwtsh yn ddagreuol gan fethiant ei gynllun i smyglo pnawn o gerdded yn Ardal y Llynnoedd i mewn i'r gwyliau. Meddylia amdanynt yn sblasio o gwmpas y llwybrau gerllaw'r llyn, a'r coed yn eu cysgodi ond ddim yn eu rhwystro rhag cael lluniau Instagramadwy o'r dŵr a'r mynyddoedd y tu hwnt iddo.

Penderfyna nad oes ganddo ddewis ond chwerthin.

"Ti'n meddwl bod hyn yn well 'ta'n waeth na'r adeg pan aethon ni i'r Peak District heb weld mynydd call?"

"Oedd hynny'n waeth, doedd? Achos roeddan ni'n gwbod ein bod ni'n mynd i fan'no. Jyst digwydd bod yn y Lake District oeddan ni heddiw, 'de? Doeddan ni ddim wedi bwriadu mynd i gerdded wrth y llynnoedd na dim byd."

"Ia," dywed Dadi'n dawel. "Ti'n iawn."

Pob gorchest gain
ac anodd ddarllenais

Mae plasty Sizergh yn werth ei weld o'r tu allan, ond mae diferion dŵr ar sbectol Dadi, ac maen nhw'n treulio cyn lleied â phosib o amser y tu allan cyn gwibio i mewn i'r tŷ. Mae'n fwy o gastell na thŷ, a dweud y gwir: mae'r rhannau cynharaf yn ganoloesol, ac mae iddo waliau llwyd, oeraidd, bygythiol, gyda mân dyrau ac addurniadau castellog hwnt ac yma.

Wrth ymweld â rhai plastai, bydd rhywun yn dychmygu uchelwyr llawen yn byw yno erstalwm – pobol oedd, er gwaetha'r ffaith eu bod yn ysbeilio'r werin a'r tir am eu cyfoeth, yn gwerthfawrogi pethau da bywyd, ac yn gwmni diddan. Ni all Dadi ddychmygu bod dim un o'r llinach hir o berchnogion y tŷ hwn yn ddyn cynnes, agos atoch, y byddai ei ruddiau'n cochi'n sgleiniog ar ôl gwydraid neu ddau o bort. Dychmyga Dadi'r etifeddion i gyd yn craffu ar eu cyfrifon a'u siart achau yn hytrach nag yn mwynhau buddion yr arian a'r etifeddiaeth.

Tŷ oer, digysur ydi o. Ânt i mewn drwy borth enfawr yng nghrombil yr adeilad, ar y lefel isaf – nid mynedfa gain, gyfleus sydd yma, ond giât y gellid dod â cherbyd drwyddi. Mae'r llawr gwaelod hwn yn llawn o siambrau hynafol, a gerfiwyd i'r graig – llefydd i gadw bwyd yn oer, a chapel i gadw Catholigion yn gudd mewn canrifoedd a fu.

I fyny â nhw, ac nid yw'r lloriau eraill yn fwy cysurlon:

mae rhai stafelloedd yn dal mor blaen ag yr oedden nhw yn y canol oesoedd, ac eraill yn dangos nodweddion cyfnodau diweddarach. Mae'r paneli pren tywyll yn y stafell fwyta i fod yn enghraifft bwysig o addurno Elisabethaidd, ond pethau hyll ydyn nhw, a fyddai'n elwa o gôt o baent. Mae ambell barlwr wedi ei addurno'n llawer hwyrach, ac yn ddigon di-chwaeth, ond ddim yn eithafol felly: pobol ddiflas, tybia Dadi, oedd yn byw yma.

Er bod y lle cyfan yn enfawr, teimla pob stafell yn fychan.

Yn un o'r ceginau, mae aderyn wedi ei stwffio'n gorwedd ar blât, gan roi'r argraff ei fod yn barod i gael ei bluo, ei baratoi, ei stwffio a'i rostio i'r bonheddwr ei fwynhau.

"Sbia, Fflei," dywed Dadi. "Amryliw blu fel hydref ar y fynwes lefn."

"Be?" medd hithau, a giglo.

"Pob goludog liw a fu yn mynd a dyfod hyd ei gefn."

"Be ti'n ddeud, Dadi?"

"Dim byd o bwys, sosej. Ti 'di clywed am R Williams Parry?"

"Ymmm... Naddo."

"Bardd oedd o. Nath o neud cerdd i'r deryn yna."

"I hwnna'n fan'na?"

"Ella. Ti'n gwbod pa fath o dderyn ydi o?"

"Ymmm... Gwylan?"

"Naci. Ceiliog ffesant. Ac yn y gerdd mi oedd R Williams Parry'n deud y basa fo'n lecio cael bwyta'r deryn yma."

"Byta fo? Pam? Mae o'n ddel."

"Oherwydd clochdar balch ei big a'i drem drahaus ar dir y lord, 'de?"

"Ooo ia."

"Be ti'n feddwl ma hynna'n feddwl? Wyt ti'n meddwl ei

fod o'n edmygu'r deryn am ei fod o'n sbio lawr ar y lord, 'ta be?"

"Dwi ddim yn gwbod be i feddwl, Dadi."

"Ac mae o'n deud wedyn, dydi, ei fod o isio byw yn fras am hynny o dro ar un a besgodd braster bro. Mae hynna'n awgrymu i fi ei fod o isio'i siâr deg o gyfoeth ei fro ei hun – bod y lord ddim yn haeddu cael hawlio ffrwyth y tir i gyd iddo fo'i hun. Ti'n gweld?"

"Dadi, dwi isio mynd i parc rŵan. Oes 'na gae swings yma, oes?"

Mae Dadi ar fin esbonio iddi fod y gerdd yn un o'r rhesymau y mae'n ffafrio RWP yn fwy na THP-W ar hyn o bryd – gan ei bod yn amlygu ymwybyddiaeth gymdeithasol ragorach Williams Parry: mae RWP yn abl i ganu i'r werin am deimladau'r werin, a gwneud hynny mewn ffordd sy'n driw ond yn orwych yr un pryd; canai THP-W yn ddiaddurn i'r dosbarth canol. Erbyn meddwl, mae'n ysu i ddweud wrth ei ferch, mae dyn cyffredin yn bwyta ffesant yn ddelwedd berffaith am farddoniaeth RWP: fo yw'r *foie gras* i'r gwerinwr, y cafiâr i'r cyffredin, wystrys i'r werin. Beth yw TH? Lobsgóws o M&S. Ond mae'r fechan wedi dechrau erfyn arno i fynd â hi at ei mam, ac mae Dadi'n ofni y bydd yn dechrau sgrechian os yw'n ceisio siarad lot mwy am farddoniaeth efo hi.

Ânt i chwilio am Mami a Cena. Does dim signal yn y tŷ. Digwydda Dadi sbio drwy'r ffenest a gweld patshyn o awyr las, a Mami'n ceisio dal i fyny efo Cena wrth iddo redeg reiat ymhlith blodau'r ardd gerrig.

Allan â nhw, er mawr ryddhad i Fflei. Teimla Dadi'r haul ar ei drowsus tamp, ac wrth i'r llwydni ddiflannu mae wynebau'r pedwar ohonynt yn harddu. Caiff y plant fodd i fyw wrth redeg o gwmpas y llyn, a gweld lliw oren llachar pysgod y pyllau pan fo'r rheiny'n gadael cuddfannau'r dail gwastad. Sniffiant y perlysiau a chwarae cuddio gyda'r coed. Y funud honno, sylwa Dadi mor dlws yw'r ddau ohonynt: wyneb meddylgar, deallus ei ferch, ac un agored, hawddgar ei fab.

Ceisia Dadi estyn ei ffôn i ddal prydferthwch yr eiliadau hynny pan fo'r haul yn bywiogi'r ardd ac yn rhyddhau'r plant. Nid yw'n llwyddo. Maen nhw'n rhy gyflym i'r camera, a'u tlysni'n stremp o symud ar y sgrin. Ar ôl ambell ymdrech aflwyddiannus i'w cael i wenu'n ddel i lygad y camera, gydag un o'r ddau'n edrych yn gam neu'n tynnu wyneb gwirion bob tro, rhydd Dadi ei ffôn yn ôl yn ei boced a cheisio sbio arnynt yn chwarae mewn ffordd sy'n peri i'r ddelwedd gael ei hargraffu ar ei ymennydd am byth.

Yn y tŷ
Diwrnod 6

GAN EI BOD yn ddydd Sadwrn, mae ysbryd ychydig yn fwy anffurfiol yn y tŷ heddiw. Hogiau ifanc sydd yno – rhai heb blant, ac sydd felly'n rhydd i weithio'r goramser a gynigiwyd iddynt fel bod y cwmni'n gallu gorffen y joban hon o fewn wythnos.

Gan y byddan nhw'n cael paced pae ychydig yn fwy yr wythnos hon, maen nhw wedi picio i Costa cyn dod draw i'r tŷ, ac mae eu cwpanau coffi'n diferu dros y gegin newydd. Cadach gwlyb a fydd neb ddim callach.

Diwrnod twtio yw hi heddiw: rhoi'r cofin rhwng y wal a'r nenfwd, a'r sgertin rhwng y wal a'r llawr – y pethau y mae rhywun yn eu cymryd yn ganiataol. Mae un yn cymysgu ychydig o blastar ar hebog er mwyn tacluso'r tyllau a wnaeth y trydanwr wedi i'r plastrwr orffen. Rhuthra dŵr o'r tap i'r bwced, a'r trochion yn chwyddo'n wyn, er mwyn i un gychwyn ar y gwaith o gael gwared ar yr haenen o lwch sydd wedi hel ar y llawr.

Erbyn iddyn nhw orffen, mae'r lle bron yn orffenedig, yn galw am gôt o baent.

Y border bach

MAEN NHW'N TAFLU eu cybydd-dod i'r gwynt gan mai dyma'r diwrnod olaf cyn iddynt fynd adref, ac oherwydd bod yr haul yn gwenu. Penderfynant y gall y baps ham a chaws yn eu bocsys bwyd fynd yn fwyd i'r hwyaid yn nes ymlaen. Wrth adael Sizergh, teipia Dadi "awesome pub lunch with kids" i flwch chwilio Google Maps, a gofyn i'r ap ei gyfeirio at y dafarn fwyaf addawol.

Y Moon Under Water yw ei henw, a hynny – os cofia Dadi'n iawn – yn adleisio darn George Orwell am y dafarn ddelfrydol. Disgrifiai Orwell bensaernïaeth Fictoraidd, digon o dawelwch i allu siarad, barmeds clên, argaeledd asbirin a stamps a bwyd, stowt hufennog mewn potiau piwtar, a gardd fel bod y teulu cyfan yn gallu ymuno â'r tad yn y dafarn.

Mae tafarn ddelfrydol Dadi wedi newid gydag amser. Ddegawd yn ôl, byddai wedi dewis lle di-raen, gwledig, ychydig yn wyllt – Tŷ Newydd Sarn, mewn gair, neu'r dafarn yn Nolrhedyn yng nghân Mim Twm Llai: "Sa'r lle 'ma'n gwneud prydau, sa'r lle 'ma'n gwneud tân, hen toi yn y gornel yn canu rhyw gân... Ac wedi 'ti fachu, ti'n gwrthod loc-in: ma'r lle 'ma'n rhy boeth – awn ni i nofio yn noeth."

Dair blynedd yn ôl, byddai wedi dewis bar cwrw mewn dinas, lle mae'r peintiau'n bumpunt, y staff yn hir-locsynnog, a'r decor yn ôl-ddiwydiannol (lledr tywyll, shîtiau sinc, pren a adferwyd o hen adeiladau).

Erbyn hyn, mae'r Moon Under Water hwn yn ymylu ar berffeithrwydd. Digon o olau drwy ffenestri mawr, a lliwiau tawel, chwaethus, gan gynnwys siêd hyfryd o lwyd ar y trawstiau sy'n ymestyn ymhell at y nenfwd uchder dwbwl. Dodrefn pren wedi'u peintio, a digon o le rhyngddynt i wthio pram ac estyn cadeiriau uchel. Bwyd sydd siedan yn well na phyb-gryb cyffredin, ond sydd ddim yn rhy soffistigedig chwaith. Lle tân a dwy gadair o'i boptu, yn addo noson o ymlacio clyd, meddw (ryw dro, pe baent yn gallu dychwelyd heb y plant). Ac yn fwy na dim, yn bwysicach na dim, yn fwy o achubiaeth na dim: cae swings, a hwnnw'n un helaeth a heriol – rhaffau dringo, llithrenni, ceir i'w reidio, rowndabowt, siglennydd mawr.

Mae popeth yma'n lân, yn daclus, yn chwaethus. Mae'n ormodol felly, a dweud y gwir – adeilad newydd ydi o, sy'n gwneud ei orau i ddynwared tafarn go iawn, ac mae, o'r herwydd, dwtsh yn ddigymeriad a ffals. Nid yw Dadi'n meindio. Mae rhes o bympiau cwrw casgen yn ei wynebu, a'r peth anoddaf y mae'n dymuno gorfod ei wneud y funud hon yw dewis pa un o'r rheiny i gael peint ohono.

Gan fod y plant yn ysu am gael mynd i'r lle chwarae, gofynna Dadi am gael menthyg rholyn o bapur cegin. Aiff, yn gyntaf, i sychu'r offer chwarae, ac yna i sychu'r dodrefn patio: golyga hynny y gall o a Mami eistedd y tu allan yn gwerthfawrogi'r haul, yn malu awyr dros eu peint a'u G&T, ac yn cadw hanner llygad ar y plant.

"Mae hyn yn neis, dydi?" dywed Dadi.

"Bron iawn fel yr Hen Ddyddia."

"Am be oeddan ni'n siarad, d'wa'? Doedd ganddon ni'm plant i gwyno amdanyn."

"Gwylia? Wicénds i ffwrdd? Nosweithia allan?"

"Roeddan ni'n siarad eitha tipyn am faint roeddan ni'n edrych ymlaen at gael plant, erbyn meddwl."

"Hmm."

Distawrwydd, ond nid un anghyfforddus.

Sylwa Dadi fod hanner dwsin neu fwy o wenyn yn mynd yn brysur drwy'r blodau a blannwyd mewn bocs gerllaw eu bwrdd. Does dim byd yn rhyfedd am hynny, meddylia, nes iddo sylwi mai blodau ffug ydyn nhw – yn llachar eu lliw a heb wyro ar ôl y glaw. Pam ddiawl mae'r gwenyn yn mynd ati mor benderfynol i sugno'r blodau hyn, na fyddant byth yn cynhyrchu neithdar? Oes arnyn nhw ofn cyfaddef wrth y naill a'r llall nad ydyn nhw'n cael fawr o hwyl arni? Ydyn nhw'n deall, hyd yn oed, eu bod nhw'n sugno'n seithug?

Ar ôl siarad mymryn â Mami am hynny, digwydda ddweud wrthi fod yr olygfa'n ei atgoffa o'r 'Border Bach'.

"E?" gofynna hithau.

"Ti'n gwbod, y gerdd. Dwi'n gallu gweld be ti'n gwrando arno fo ar Spotify. A ti'n gwbod yn iawn 'mod i'n gwbod yn iawn fod gen ti grysh ar Rhys Meirion. Mae o'n canu'r 'Border Bach'. Cerdd Crwys."

"Deuawd efo Bryn Terfel, ia?"

"Dyna chdi. Nath y gwenyn i fi feddwl am y rhei yn y border bach yng ngofal rhyw hen ŵr."

"Reit."

"Diddorol 'di'r gerdd yna."

"Ia?" hola Mami, gan estyn ei ffôn o'i phoced a dechrau edrych arno.

"Wel, mae gen ti'r naratif amlwg, sef y boi 'ma'n sbio ar flodau tlws ei fam ac yn gweld hen estron gwyllt o ddant y llew a dirmyg lond ei wên yn eu canol nhw, ac mae hynny'n ei wneud o'n drist fod ei fam o'n hen neu wedi marw neu beth bynnag, ac o'r herwydd ddim yn chwynnu."

"Yn amlwg."

Amheua Dadi nad yw Mami'n gwrando, ond mae'n ei ddifyrru ei hun beth bynnag.

"Ond mae gen ti is-naratif hefyd, sy'n ymwneud â dosbarth. Mae o'n eu galw nhw'n 'flodau syml pobol dlawd', dydi – stwff cyffredin y mae gwragedd tŷ'n ei rannu efo'i gilydd. Stwff sy'n dda i chdi, ddim stwff sy'n dda i edrych arno fo. Ond mae o'n rhoi balchder i'r blodau – er eu bod nhw'n 'werinaidd lu' does 'na ddim 'un yn gwadu'i ach'; hynny ydi, dydyn nhw ddim yn trio smalio bo' nhw'n flodau posh, ecsotig."

"Hmm, ia."

"A be 'di'r clinshar? 'Gwelais wenyn gerddi'r plas ym mlodau'r border bach.' Mewn difri! Pa mor pathetig ydi hynna fel rhywbeth i ymfalchïo ynddo fo? Ia, ella bo' ni'n dlawd, ond o leia dydi gwenyn crand y plas ddim yn meindio sugno neithdar ein blodau bach distadl ni? Iesu mawr, does 'na ddim rhyfedd bod y Cymry heb wrthryfela. Ymgreinwyr."

"Dwi'n meddwl sa well i fi fynd i wneud yn siŵr bod y plant yn iawn."

"San nhw'n sgrechian tasan nhw ddim."

"Jyst rhag ofn."

Cwji cw ci

ROEDD DADI WEDI disgwyl i'r plant fopio'u pennau efo'r anifeiliaid, ond caiff ei siomi, braidd. Chwarae teg i'r plant, dydi'r anifeiliaid ddim yn arbennig o falch o'u gweld nhwthau chwaith. Mae walabi ger y fynedfa'n swatio yn ei gwt, gyda golwg ar ei wep sy'n awgrymu ei fod yn melltithio'r diwrnod y dygwyd ei hynafiaid o Awstralia.

Costiodd bumpunt ar hugain iddynt ddod i mewn i'r parc ffarm, felly mae Dadi'n mynd i wneud ei orau i gymell pawb i'w mwynhau eu hunain doed a ddelo. Ceisia godi'r ddau blentyn yn ei hafflau i edrych drwy'r hafn i dwlc y moch, lle mae dwy hwch fras yn cysgu a rhechan ar y gwellt. Prin yw brwdfrydedd y plant.

Wrth i Mami geisio llusgo'r ddau i weld mân anifeiliaid fflwfflyd – moch cwta, cwningod ac ati – aiff Dadi i geisio tynnu selffi gyda gafr sy'n ymddangos yn hoff o wneud wynebau gwirion mewn lluniau gyda phobol eraill. Nid yw'r afr yn cymryd at Dadi, ac mae hi'n dangos ei dannedd iddo cyn ei grafu'n gas ar ei fraich â'i chyrn. Ystyria Dadi ganfod aelod o'r staff er mwyn eu rhybuddio fod yr anifail yn beryglus, gan ddangos y gwrym coch ar ei fraich fel tystiolaeth, ond erbyn hyn mae'r afr yn gwenu fel giât yn llun rhywun arall. Ofna Dadi y byddai cwyno am yr afr yn datgelu mwy am ei ffaeleddau yntau na rhai'r afr.

Aiff i ymuno â gweddill y teulu yn y cwt fflwff, lle mae'r ddau blentyn yn edrych yn ddrwgdybus ar hamster a jerbil a osodwyd ar eu gliniau. Mae aelod o'r staff yn ddigon cyflym i gipio'r jerbil oddi ar lin Cena pan fo'n codi ei fraich yn barod i'w daro.

"Mwyffa!" bloeddia mewn protest.

Ânt allan. Cenfydd Cena gaead bin i'w daro â brigyn, ac mae Fflei'n cael cyfle i ddefnyddio hen gwpan coffi i dywallt dŵr o bwced aflan yr olwg ar lawr. Dylai Dadi ymyrryd, ond dyma'r gweithgareddau sydd wedi plesio'r plant fwyaf yn ystod yr ymweliad cyfan.

Pan ddaw'n amser bwydo un o'r ŵyn bach, er iddi ddweud ymlaen llaw yr hoffai gael rhoi potel iddo, rhed Fflei i ffwrdd o freichiau Dadi mewn dychryn, gan ei adael mewn penbleth ynghylch pwy y mae i fod i'w adael ar ei ben ei hun – ei ferch, ynteu'r oen sy'n sugno'r botel yn ei law?

Ar ôl sicrhau bod yr oen yn saff, rhed ar ôl ei ferch, sydd bellach yn cael sgwrs gyfeillgar â'r afr a ymosododd ar Dadi. Penderfyna Dadi gamblo: talu dwybunt ychwanegol i Fflei gael reidio ceffyl. Dydi'r gambl ddim yn llwyddiannus: sgrechia Fflei gan fod arni ofn mynd ar y ceffyl, a sgrechia Cena gan ei fod yn rhy ifanc i gael mynd ar y ceffyl.

Ar ôl pum munud o sgrechian a bwyta potyn o syltanas yr un, mae'n bryd iddyn nhw fynd i gwt y cŵn. Mae cwyno'r plant yn parhau, ond nid yw Dadi'n clywed dim ohono o'r eiliad y gosodir y ci defaid bach du a gwyn yn ei gôl. Sylla i mewn i'r llygaid dwfn, lliw siocled, a rhedeg ei fysedd drwy feddalwch ifanc ei gôt. Chwe wythnos oed yw hwn, a'r blew gwyn heb golli eu purdeb, a'r tafod pinc yn llyfu Dadi'n eiddgar.

"O cwji cwji ci da 'ngwash aur del i o bwj bwj cwji aaa gi da o ci da ci del ooo siwgwr candi cwji cw," dywed Dadi, gan fwytho clustiau'r cenau cynnes.

"Dwi'm yn cofio chdi'n bod fel hyn efo dy blant," noda Mami.

"Nac efo chdi, tasa hi'n dod i hynny," ychwanega yntau. "Sbia del 'di o. Sbia'r clustia bach meddal 'ma. A'r tafod fel sleisan o fêcyn."

"Na chawn," ateba hithau'r cwestiwn cyn iddo'i ofyn.

"Mae gynnon ni ddau anifail dwl yn y tŷ'n barod. Faint o wahaniaeth wneith un arall?"

"Dwi'm yn llnau ei gachu fo o'r carped. A dwi'm isio blew yn fy mhanad."

"Sa fo'n llai o waith na'r plant. Angen llai o sylw. Sbia fo. Sa fo'm yn drafferth. Ac ooo, mae o'n hogyn clyfar."

"Ia, mi fysa fo'n llai o waith rŵan. Ond mae'r plant yn mynd i aeddfedu, dydyn? Mynd yn fwy annibynnol. Sgrechian llai. Malu llai. Bod angen llai o sylw."

Edrycha'r ddau ohonynt ar y plant, sydd wedi mynd i gornel i fwyta gwellt.

"Ti'n meddwl?" gofynna Dadi.

Yr hyn sy'n ei daro yw ei bod yn anos cael ci na chael plentyn. Er mwyn prynu'r ci yma gan y ffarm, byddai'n rhaid iddo'u bodloni fod ganddynt gartref addas ar ei gyfer – digon o le iddo fyw a chysgu, digon o amser i ofalu amdano, a digon o amynedd i roi cartref da iddo. Mae lefel o ddilysu ar gyfer cael ci sy'n hollol absennol ar gyfer cenhedlu plentyn. Mae Dadi'n amau weithiau na fyddai'n haeddu pasio'r prawf pe bai'n bodoli.

Bynsan

PRYNSANT AMBELL GACEN o gaffi'r ffarm. Roedden nhw'n edrych yn hyfryd ar y cowntar, ond o'u profi, daw'n amlwg eu bod wedi sychu a chaledu.

Mae gan Dadi, er enghraifft, fynsan Felgaidd o'i flaen ar y bwrdd yn yr adlen. Er mor apelgar yw gwynder yr eisin tew, a'r geiriosen yn sgleinio yn y canol, ac ambell syltana'n dweud helô drwy'r eisin, mae'n canfod wrth gymryd cegiad fod y toes fel haearn Sbaen, ac yn sychu ei geg wrth iddo geisio cnoi.

Does dim amdani, felly, ond ei tharo yn y meicro am ychydig eiliadau. Effaith hudol y tonfeddi yw adfywio'r fynsan – mae'r eisin yn dechrau toddi, y geiriosen yn magu gwrid ffres, a'r toes mor gynnes a meddal â'r diwrnod y'i pobwyd. Gwnaiff Dadi synau gwerthfawrogol wrth ei llowcio.

Rhaid yw ei bwyta bob tamaid, rŵan. Oherwydd, er bod y meicrodon yn rhoi bywyd newydd i fyns a chêcs sy'n rhodio glyn cysgod angau, ni ellir gadael iddynt oeri wedyn. Wrth galedu a sychu'r eildro, ânt yn derfynol drwy borth marwolaeth. Ni all yr un meicrodon eu hachub wedyn.

Wrth eu harbed dros dro – eu gwneud, er eu henaint, yn feddal a melys unwaith eto – mae'r tonfeddi'n prysuro'r diwedd. Mae'r hyn sy'n eu gwella dros dro'n eu dinistrio'n derfynol.

Er ei maintioli a'i melyster, dydi Dadi ddim yn meindio bwyta'i fynsan Felgaidd ar un eisteddiad.

Mwyara

MAE GWARCHODFA NATUR ynghlwm wrth y maes carafannau. A dweud y gwir, mae canolfan natur nid nepell o'u carafán, ac mae Dadi'n amau bod perchnogion y parc gwyliau'n talu am gynnal y ganolfan honno er mwyn gwneud iawn am adeiladu eu parc mewn lle sy'n creu risg o ddifrod i gynefinoedd naturiol. Penderfyna Dadi fod ganddo ddigon i deimlo'n euog amdano heb fynd i boeni ei fod yn hwyluso dinistrio cartrefi llygod dŵr a mathau prin o frwyn.

Tra mae Mami'n paratoi swper, aiff Dadi â'r plant am dro ar hyd y llwybr pren sy'n mynd drwy ganol y gors. O boptu i'r llwybr, mae brwyn tal yn cael eu sgubo i'r naill ochr a'r llall gan yr awel. O gwmpas math o lwyfan sy'n rhan o'r llwybr, mae bwlch yn y brwyn – lle i amryw adar ymgasglu.

"Helô!" gwaedda Cena ar ŵydd Canada. "Ti'n iawn?"

Bacha'r plant ddail drwy'r ffens bren, a cheisio'u taflu i'r dŵr i'r hwyaid eu bwyta. Mae'r ddau'n hen law ar fwydo hwyaid – torri darnau o dorth a'u lluchio i'r dŵr am yn ail â stwffio'r bara i'w cegau eu hunain. Does ganddyn nhw ddim torth heddiw, a dydi'r hwyaid ddim yn ffansïo bwyta'r dail. Daw ambell wylan heibio i weld beth sydd ar gael i'w fwyta, ond cânt hwythau eu siomi.

Ymlaen â nhw drwy'r warchodfa, a meddylia Dadi eto: beth petai pobol heb gyffwrdd y tir hwn? Beth petai'r llwybr pren ddim yn bodoli, a'r corstir hwn yn amhosib i neb ond hwyaid a phryfed a mân famaliaid dŵr ei dramwyo? Beth pe na bai dim byd yma ond y brwyn, y brwgaij, a'r planhigion dail mawr hynny sy'n edrych fel rhiwbob a aeth allan o reolaeth?

Mae Dadi'n rhyfeddu at y prosesau a arweiniodd at sefydlu cymdeithas fel y mae. Yn ystod y gwyliau, mae wedi bod yn darllen llyfr sy'n disgrifio'r chwyldro amaethyddol – yr adeg pan stopiodd pobol gael eu gwala o fwyd o'r hyn y gallen nhw'i hela a'i gasglu o'r tir.

Yn ôl rhai pobol, yr hyn ddigwyddodd, ryw ddeuddeg mil o flynyddoedd yn ôl, oedd bod pobol wedi cael digon ar grwydro hwnt ac yma, ac wedi dechrau ymgasglu mewn pentrefi cynnar, gan eu cymell i arbrofi gyda dulliau o reoli cnydau. Damcaniaeth arall yw bod pobol wedi sylwi bod modd rheoli cnydau, a bod hynny wedi gwneud iddyn nhw benderfynu sefydlu aneddiadau yn ymyl lle roedden nhw'n tyfu'r bwyd. Y naill ffordd neu'r llall, roedd cymdeithas wedi newid am byth.

Wrth iddynt fynd oddi ar y llwybr pren a chyrraedd lôn ddeiliog a gwrychoedd o boptu iddi, mae Dadi'n meddwl am y bobol gyn-amaethyddol a oroesai ar yr hyn a ddarparai'r ddaear, heb geisio cyflyru'r ddaear i gynnig mwy na hynny. Mae Dadi'n sylwi bod y cloddiau'n drymlwythog o fwyar duon.

Yn wahanol i adref – lle mae casglwyr eiddgar gyda photiau plastig yn rheibio'r mwyar o'r llwyni'r eiliad maen nhw'n barod – mae'n amlwg nad oes fawr neb wedi bod yn mwyara yma. Maen nhw yno ar yr union ddiwrnod cywir: mae ambell swp wedi dechrau pydru, ond y rhan fwya'n sgleinio'n dywyll, yn dyheu am gael eu casglu.

Ers cael plant, mae'n gas gan Dadi basio swp aeddfed o fwyar duon heb eu hel – nid yw'n hoffi'r teimlad gwastraffus o'u gadael i bydru ar y brigyn. Tybia fod greddf gyntefig wedi cael ei deffro ynddo: yn ôl llyfr Dadi, byddai'r bobol erstalwm yn stwffio'u boliau pan ddoent ar draws llwyn o fwyar aeddfed, oherwydd doedd dim ffordd o'u cadw rhag pydru, a doedd dim dal pryd y byddai aderyn yn dod i'w bwyta. Dyna sydd, mae'n debyg, i gyfrif am y ffaith na all Dadi fod yn yr un stafell â bwffe heb golli rheolaeth arno'i hun yn llwyr.

Doedd Dadi'n hitio dim am fwyar duon cyn cael plant. Fyddai o ddim yn eu bwyta'n syth o'r gangen achos dydi o ddim yn arbennig o hoff o'u blas, oni bai eu bod wedi cael eu pobi mewn crymbl gyda llawer o siwgwr, falau, menyn a blawd, ac ychydig o siwgwr ar y top. Hyd yn oed wedyn, dydi o ddim yn hoffi teimlad yr hadau rhwng ei ddannedd. Efallai mai'r hyn sydd wedi newid yw ei fod yn llawer mwy tueddol o fynd am dro rŵan – gwthio'r pram neu lusgo'r plant ar hyd strydoedd a llwybrau'r dref. O'r herwydd, mae o'n cael amser i sylwi ar y llwyni, ac i bitïo am eu gadael yn drymlwythog.

Does ganddyn nhw ddim potyn plastig efo nhw, na dim byd arall amlwg fyddai'n gwneud fel daliwr mwyar duon. Gan ei weld ei hun yn dipyn o Gerallt Pennant, tynna Dadi ei siwmper a'i gosod ar y llwybr. Cyfarwydda'r plant i dynnu'r mwyar oddi ar y gwrychoedd a'u rhoi'n bentwr ar ganol y siwmper. Bwriada gydio, wedyn, yn y corncli, a chario'r mwyar adref i'r garafán yn fuddugoliaethus o fewn y siwmper.

Rhyfedda Dadi sut y mae'n gwybod yn reddfol, wrth deimlo cnawd mwyaren rhwng ei fysedd, a thynnu'n ysgafn arni, a yw'n aeddfed ai peidio. Os yw dwtsh yn galed, neu'n gwrthsefyll cael ei halio i ffwrdd, nid yw'n barod. Yn yr un modd, os yw braidd yn feddal, a'r sudd yn baeddu ei fysedd, mae wedi mynd yn rhy hen.

Dydi'r plant ddim cweit mor byticlar â Dadi: tynnant hwy'n galed, heb boeni a yw'r awr a'r dydd wedi cyrraedd ar gyfer y fwyaren honno. Does fawr o ots, oherwydd mae'r ddau ohonyn nhw'n rhoi mwy o fwyar yn eu cegau nag ar y siwmper, a llifa sudd y mwyar i lawr eu hwynebau gan wneud iddynt edrych fel y draciwlas mwyaf selog a welwyd erioed.

Wrth fwyara, teimla Dadi'n rhan o ddefod diwedd haf: rhwygo maeth o'r coed cyn i'r oerfel oresgyn y wlad. Nid yw'n cofio hel mwyar duon pan oedd yn blentyn, ond rhaid bod ei nain wedi mynd ag o erstalwm. Tybia fod mwyar yn fwy melys pan oedd yn blentyn, cyn iddo ddarganfod Fanta a Hobnobs.

Wrth fwyara, mae'n deall sut y teimlai awdur Genesis wrth iddo ddychmygu dechrau'r byd, a sgwennu bod Duw wedi dweud wrth Adda, "Wele, mi a roddais i chwi bob llysieuyn yn hadu had, yr hwn sydd ar wyneb yr holl ddaear, a phob pren yr hwn y mae ynddo ffrwyth pren yn hadu had, i fod yn fwyd i chwi". Hoffa Dadi feddwl am fodlonrwydd yr awdur anhysbys, ac mor ddiolchgar a balch oedd o o gael byw mewn byd a ddarparai foddion ar gyfer holl anghenion dyn.

Nid yw Dadi'n siŵr a yw'n byw yn y byd hwnnw.

Cogydd

"BE DDIAWL DWI i fod i'w wneud efo'r rhain i gyd?" hola Mami mewn arswyd wrth i Dadi ddatgelu'r bryncyn bychan o fwyar duon sydd wedi dechrau staenio'i siwmper.

Doedd o ddim wedi meddwl mor bell â hynny.

"Doeddat ti ddim yn disgwl i mi eu gadael nhw yno i bydru, y petha bach del?" gofynna er mwyn prynu amser.

"Maen nhw'n mynd i fynd yn wast beth bynnag, dydyn? Dydan ni ddim yn mynd i fwyta cymaint â hynna mewn noson."

"Mi ffendia i ffordd," dywed Dadi, gan ddechrau poeni ac estyn ei ffôn. Chwilia am ryseitiau y mae mwyar duon yn gynhwysion ynddynt.

"Oi!" medd Mami. "Paid â sbio ar dy ffôn pan 'dan ni'n siarad am ba mor wirion wyt ti."

"Swfflê!" cyhoedda Dadi mewn panig, oherwydd dyna un o'r ryseitiau cyntaf ar y rhestr.

"A sut ddiawl wyt ti'n mynd i wneud petha felly?"

"Dilyn y cyfarwyddiadau'n fanwl, 'de, fel dwi i fod i'w wneud."

"Ti'n gwbod dy fod di angen stof? Ac nad ydan ni erioed wedi defnyddio stof y garafán i wneud unrhyw beth ond cadw bara?"

"Tydda i rêl boi. Reit 'ta, ydi swper yn barod? Gei di bicio â'r plant i'r parc tra 'mod i'n coginio pwdin."

Dyna sy'n digwydd. Llowciant eu hot dogs a'u creision, ac i ffwrdd â Mami, Fflei a Cena i'r cae swings.

Aiff cam cynta'r broses yn ardderchog, yn nhyb Dadi. Does ganddo ddim ramecins, ond duwcs, fe wnaiff mygiau paned y tro. Taena fenyn y tu mewn iddynt, a rhoi côt o siwgwr i lynu wrth y menyn. Sniffia'r aer: mae'r oglau nwy'n dweud wrtho fod y stof yn cynhesu.

Berwa'r mwyar gyda siwgwr mewn sosban nes bod y gymysgedd yn byblo'n braf. Damia! Does ganddo ddim blendar. Dim ots – defnyddia lwy blastig i wasgu'r mwyar yn fwsh. Mae'r cyfarwyddiadau'n dweud wrtho am hidlo cynnwys y sosban er mwyn cael gwared ar yr hadau.

Coc y gath! Dim hidlan. Melltithia'r ffaith fod Mami wedi darparu detholiad mor gyfyng o offer cegin, a dechreua ar broses o geisio gwasgu'r sudd drwy bapur cegin i mewn i bowlen. Nid yw hynny'n gweithio'n arbennig o dda. Daw i'r farn y byddai'n well cael hadau yn y swfflês na darnau o bapur cegin, ac aiff ymlaen at gam nesa'r broses.

Shit! Rhin fanila a sudd lemwn? Ffyc sêcs. Geith fanila fynd i'r diawl. Sudd lemwn? Cofia fod Cena wedi gadael tanjarîn ar ei hanner. Aiff i'w nôl, a'i wasgu yn ei ddwrn nes i ychydig ddiferion ddisgyn i'r bowlen.

Be sy nesa? Blawd corn. Dim problem, siawns y bydd potyn ohono... Er mwyn y ffocing mawredd! Nac oes. Mae'n ddigon o gogydd i sylweddoli na all hepgor y cynhwysyn hwnnw, felly rhed i'r siop.

Mae'r siop yn bellach nag y meddyliodd. Bum munud chwyslyd yn ddiweddarach, mae'n edrych ar y silff o nwyddau yn y siop am yn ail â'i oriawr, gan sylweddoli ei fod wrthi'n coginio'r swfflês ers hanner awr. Rhed yn ôl gyda'r potyn blawd corn, gwneud past, a'i gymysgu i mewn i'r piwrê mwyar.

Wrth iddo wisgio'r gwynnwy'n gandryll gyda fforc (does

ganddyn nhw ddim cymysgydd trydan yn y garafán), mae ffôn Dadi'n canu. Mami sydd yno.

"Wyt ti wedi llosgi'r garafán i lawr?"

"Ddim yn hir rŵan," dywed yntau'n swta, gan daflu'i ffôn ar y soffa, yn ddig fod pobol yn ceisio rhwystro meistr wrth ei waith. Ychwanega siwgwr at yr wyau, a pharhau i'w curo â fforc. Maen nhw'n newid lliw'n araf bach, ond gŵyr Dadi nad oes ganddo mo'r egni i'w trawsffurfio'n gopaon sgleiniog, hufennog.

Cymysga'r wy a'r piwrê, a rhannu'r gymysgedd rhwng y pedwar mŵg. Mae'n eu gosod yn garcus ar silff y ffwrn, yn gosod amserydd i ganu ymhen deng munud, ac yn estyn papur cegin i sychu'r chwys oddi ar ei ben.

Edrycha ar ei oriawr: mae hi chwarter awr ar ôl amser gwely'r plant yn barod. Dydi'r soffas ddim wedi cael eu troi'n wely i'r plant eto, ac mae llanast dybryd yn y darn o'r garafán a elwir yn gegin. Aiff ati i geisio clirio a gwneud y gwely orau y gall, ond job Mami yw hynny fel arfer – caiff Dadi ei alltudio i'r cae swings – felly does ganddo ddim syniad beth y mae'n ei wneud. Mae ei ddwylo'n ludiog, sblotshys mawr o sudd porffor ar y wyrctop, blawd wedi setlo ar y carped...

Ar ôl deng munud o geisio clirio, dringa'i ffôn. Cyrcyda i gael golwg ar y swfflês. Does dim argoel eu bod am godi. Clyw sŵn y plant wrth y drws.

"'Dan ni wedi bod yn chwarae ers jyst i awr rŵan. 'Dan ni'n oer, ac yn bôrd, ac mae'r rhain yn hwyr i'w gwely. Sgen ti bwdin i ni?"

"Oes tad!" ffugia Dadi falchder. "Ewch at y bwrdd."

Penderfyna na fydd y swfflês yn codi; bydd yn rhaid iddo'u gweini fel y maent. Agora ddrws y stof a defnyddio lliain i'w hestyn allan.

"Dyma ni! Gwatsiwch fod y mygiau'n boeth."

"Www! Pwdin pinc!" cyffry Fflei wrth edrych i waelod ei chwpan.

"I ca'l wia dio i wdin pi Dadi?" gofynna Cena.

"Ma'r mwyar duon yn y pwdin yma, oréit?" esbonia Dadi.

Nid yw'r pwdin yn creu argraff ar Mami.

"Ydyn nhw ddim wedi codi?"

"Dwi'm yn siŵr os oedd y rysáit ar gyfer rhai sy'n codi, sti," ceisia Dadi ddweud.

Eistedda gerbron ei swfflê. Rhaid iddo gyfaddef wrtho'i hunan – os nad neb arall – ei fod braidd yn siomedig. Mae'r gymysgedd wedi caledu a chrebachu yn hytrach na chodi'n ysgafn a delicet. Dim ots: rhydd ei lwy i mewn.

Nid yw'n siŵr sut y mae swfflê mwyar i fod i flasu, ond mae'n eithaf siŵr nad fel hyn. Piga dagrau ei lygaid, fel y gwnânt bob tro y bydd Dadi'n sylweddoli nad yw cynnyrch ei ymdrechion cweit cystal ag y credai y byddent wrth fwrw'n eiddgar i'r dasg.

Eto i gyd, mae'r plant wedi mwynhau'r pwdin.

"Mwy! Mwy! Mwy!" gwaeddant.

Mae Mami'n dal i fwyta, gyda golwg ansicr ar ei hwyneb.

"Dwi'n eitha licio'r blas oren," cynigia Mami. Nodia Dadi'n foddhaus.

Nid yw yntau'n drwglecio'r swfflê, os gellir defnyddio'r term am yr hyn y mae'n ei fwyta. Go brin y dylai fod mor ddwys a chnoadwy â hyn, ond nid yw'r ansawdd yn afiach o bell ffordd. Ac mae'r blas yn burion. Mae ei fwyta'n brofiad rhyfedd, ond nid annymunol.

"Hm," dywed Mami ar ôl gorffen. "Ddylwn i ddim 'di licio hwnna, ond mi wnes i. Dydi o ddim y peth gwaetha ti wedi trio'i wneud yn y gegin. O bell ffordd."

Mae Dadi'n fodlon ar hynny o ganmoliaeth.

Y gair a wnaethpwyd yn gnawd

CYSGA'R PLANT YN syth heno, wedi eu blino gan antics y dydd a'r ffaith fod y swfflês wedi gohirio amser gwely. Mae Mami hithau'n bur flinedig, ac o fewn rhyw ddeng munud i eistedd ar y gwely, mae hithau'n chwyrnu. Does ar Dadi ddim eisiau ei styrbio drwy gynnau'r golau, felly eistedda yn y tywyllwch yn hel meddyliau.

Mae'n dal i feddwl am y llyfr a ddarllenodd yn ddiweddar – hwnnw a ddisgrifiai'r chwyldro amaethyddol. Disgrifio hanes dynoliaeth o'i gwr oedd bwriad y llyfr, a rhyfeddwyd Dadi gan y disgrifiad yn rhan gynta'r llyfr o sut mae'n hymddygiad wedi ffurfio'n cyrff, a'r ffordd arall hefyd.

Er enghraifft, o dop ei ben, cofia Dadi ddarllen bod pelfis pobol wedi mynd yn fwy cyfyng wrth i ni esblygu o gerdded ar bedair coes i gerdded ar ddwy. Wrth i ni ddatblygu pennau mwy, a'r ymennydd yn gallu prosesu gwybodaeth fwy helaeth a chymhleth, roedd yn rhaid i ni gael ein geni'n gynt o lawer – yn fabis, cyn ein bod yn abl i edrych ar ôl ein hunain yn iawn – er mwyn i'r pen ffitio drwy'r pelfis. Dydyn ni ddim fel anifeiliaid eraill – ebolion bychain del, ac ati – sy'n gallu cerdded a bwyta'n annibynnol yn syth o'r groth. Golygai hynny, yn ei dro, fod mamau'n gorfod treulio llawer mwy o'u hamser yn edrych ar ôl eu plant yn hytrach nag yn hela ac yn gwneud pethau difyr felly.

Dydi Dadi ddim yn teimlo'i fod yn gwneud llawer i gyfrannu at esblygiad yr hil. Nid yw ei gorff yn rhagori o gwbwl ar yr hyn a fu o'r blaen; yn wir, mewn gormod o ffyrdd, mae'n enghraifft

sâl o'r corff dynol. Ni fydd Dadi'n gwneud fawr ddim i fynd
â phobol i diriogaethau newydd, na'u galluogi i ddefnyddio
technoleg mewn ffyrdd arloesol, ac ni fydd yn cyfrannu'r un
briwsionyn newydd at wybodaeth dynolryw.

Eto i gyd, drwy fodoli a thrwy genhedlu plant, mae'n rhan
o luosogi'r hil fwyaf rhyfeddol a welodd y byd erioed – hil yr
oedd gan awdur Genesis (hwnnw eto) reswm dilys i honni
bod Duw wedi dweud amdani, "Gwnawn ddyn ar ein delw ni,
wrth ein llun ein hunain: ac arglwyddiaethant ar bysg y môr,
ac ar ehediad y nefoedd, ac ar yr anifail, ac ar yr holl ddaear, ac
ar bob ymlusgiad a ymlusgo ar y ddaear."

Mae arferion mwyaf diddim Dadi – a'r biliynau o bobol
eraill ar y blaned – yn rhan o'r rheswm fod pobol yn dal i
ffynnu. Pwynt arall a wnâi llyfr Dadi oedd mai hel clecs a
alluogodd ddynoliaeth i oresgyn y byd. Doedd cyfathrebu
gwybodaeth sych ddim yn ddigon – sut i dyfu gwenith, ble
roedd llewod yn prowla. Er mwyn ffurfio cymdeithas roedd
yn rhaid i bobol ddeall pwy yn y criw oedd yn casáu pwy, yn
ffansïo pwy, yn shagio pwy; pwy oedd yn garedig a phwy oedd
yn filain; pwy oedd yn grwc, a phwy oedd yn dryst. Wrth hel
clecs am ei gilydd y daeth pobol i ddeall natur ei gilydd, ac i
ffurfio trefniadau i reoli natur pawb. Roedd hel clecs hefyd yn
gyfle i eistedd wrth y tân, gyda'r clecs yn troi'n chwedlau ac yn
ddefodau, a chyfeillgarwch yn ffurfio wrth i'r naill ymddiried
gwybodaeth yn y llall.

Dydi Dadi ddim yn arbennig o dda am sgwrsio chwaith,
erbyn meddwl. Mae'n mynd yn swil iawn pan gaiff ei wynebu
â phobol ddiarth, neu rai y mae'n eu hanner adnabod: mae'n
ei chael yn hawdd dweud helô, ond wedyn mae ei dafod yn
sychu.

Ceisia gysgu. Metha. Mae adrenalin coginio'r swfflês (a'r

siwgwr o'u bwyta) yn dal i redeg drwy'i wythiennau. Chwyrna Mami wrth ei ymyl.

Penderfyna'i fod am geisio bod yn aelod gwell o ddynoliaeth. Mae am drio codi sgwrs â rhywun – gwneud cyfaill newydd.

Mae'n rhoi hergwd feddal i'w wraig.

"Hei. Paid â deffro. Dwi'n mynd i'r pyb."

Ehedeg? Anweledig?

M AE DADI'N FALCH o gael pasio'r arcêd a'r pwll nofio y tro hwn, a mynd yn syth i mewn i'r bwyty-dafarn sy'n rhan o'r clwstwr o adeiladau yng nghanol y parc. Stemia'i sbectol. Mae dagrau'n pigo'i lygaid.

Mae llond y bwyty o deuluoedd a chyfeillion yn chwerthin a sgwrsio am y gorau nes gwneud sŵn byddarol sy'n gwneud iddo deimlo'n annioddefol o unig: fel ei fêt Bob, clyw "orfoledd yfwyr uwch eu bir fel llanw môr tymhestlog". Mae'n difaru dod yma. Sylweddola na fydd yn magu'r plwc i siarad â neb, yn enwedig gan ei bod yn edrych fel petai pawb yma fesul cwpwl neu deulu. Ar y llaw arall, mae arno ffansi peint, felly aiff am y bar.

Teimla ryddhad wrth sylweddoli bod yma, ar res o stolion wrth y bar, lond dwrn o ddynion sydd yn yr un sefyllfa'n union ag o – wedi dianc o'r garafán ar gownt yr egwyddor ei bod hi'n nos Sadwrn. Maen nhw'n budr-sbio ar bapur newydd, neu ar ffôn; un llygad ar Sky News, ac un arall ar dinau'r gwragedd a'r mamau a'r merched ysgol sydd wedi eu dolio'u hunain am noson allan.

Pryna Dadi beint o smwdd, ac eistedd ar y stôl wag yng nghanol y rhes. Mae'n edrych fel petai pawb yr un mor fodlon â Dadi i eistedd yno'n dawel. Gwena Dadi gyfarchiad, a chael ambell "Oréit?" a "Iawn?" yn ôl.

Sgrolia drwy'i ffôn. Dim byd o bwys. Coda gopi o'r *Daily Mail* – mae'n bwysig nabod dy elyn – a bodio drwyddo'n sydyn. Mae'n anniddig, ac yn siomedig ynddo'i hun am golli'r plwc i gychwyn sgwrs. Casâ sŵn pob brawddeg y mae'n ystyried ei dweud i dorri'r iâ, gan ddamio'r ffaith ei fod yn ei chael mor anodd toddi'n rhan naturiol o unrhyw griw: fo yw'r gwehilyn mewn cwmni gwâr, a'r di-niw ymhlith wariars.

Aiff ar Google, a chwilio am "good conversation starters for pub".

Ar ôl canfod un da, mae'n gofyn y cwestiwn heb ragymadrodd.

"Iawn. Mae gynnoch chi ddewis rhwng dau bŵer hudol. Pa bynnag un rydach chi'n ddewis, dim ond gynnoch chi fydd y pŵer hwnnw, ac mi fydd o'n gyfrinach."

Edrycha pawb o'r dynion i fyny o'u ffôns a'u papurau'n syn. Mae ambell un yn rhoi ei ben yn syth yn ôl i lawr, gan ysgwyd eu pennau ac ystyried galw'r bownsars draw. Mae dau neu dri'n gwrando ar Dadi.

"Gewch chi naill ai'r pŵer i droi'n anweledig, neu fe gewch chi'r gallu i hedfan i unrhyw le yn y byd ar uffar o sbid."

"Hm," dywed un tad ifanc mewn trowsus jogio.

"Reit," yw ateb dyn moel â man geni ar ei drwyn.

"Rhaid i mi gael smôc i feddwl am honna," medd dyn a allai fod yn 35 neu'n 70 oed.

"Os wyt ti'n anweledig," dechreua'r dyn moel, "fedri di fynd i rwla. Fedri di fynd i siop a dwyn dy wala o fwyd a bŵs. Fedri di dorri mewn i'r banc. Fedri di smalio mynd i dy waith, ond aros yn y tŷ i weld ydi dy wraig yn cael affêr. Fedri di fynd i dy waith a gweld be mae dy gyd-weithwyr di'n ddeud amdanat ti, neu mi fedri di sleifio at gyfrifiadur y boi syms a rhoi miliwn o bunnoedd yn fwy o gyflog i chdi dy hun am y mis. Anweledig i mi."

"Ia, ia, ia," dadleua'r boi ifanc. "Ond os ti'n gallu fflio, fedri di fod yn dy dŷ pan mae hi'n amser swper dy blant, ond yn y

Nou Camp erbyn cicoff. Fedri di fynd i Vegas am y pnawn. Ia, ella fedri di ddwyn pres os ti'n anweledig, ond os ti byth yn goro dreifio na chael awyren i nunlla, ti'n arbed pres ac yn cael gweld y byd yr un ffordd. Wicénds yn Paris a sat ti'm hydnoed yn gorfod dringo grisiau Tŵr Eiffel. Hedfan i'r top, 'de?"

Gwena Dadi, a nodio'n ddoeth. Wrth i'r ddau ddechrau ffraeo am eu dewisiadau, meddylia beth, os unrhyw beth, mae'r dewis yn ei ddweud am rywun. Caiff ei demtio i ystyried y diflanwyr yn bobol slei, lechwraidd, dwyllodrus eu natur – neu'n rhai y mae mor fain arnynt, naill ai o ran golud neu wybodaeth, nes eu bod yn cael eu tynnu at ffyrdd tywyll o hawlio cyfoeth a chyfrinachau sydd ddim yn eiddo iddynt. Beth yw'r ehedwyr, wedyn? Ai pobol sy'n hoffi mentro, ac yn prisio gweld y byd yn uwch na chasglu pethau i'w meddiant – pobol profiadau yn hytrach nag eiddo? Ynteu ydi'r bobol sy'n dewis hedfan mor freintiedig nes gallu dewis y pleser o hedfan yn hytrach na'r cyfle i wella'u byd trwy fod yn anweledig?

Mae'n ofni y byddai'r drafodaeth siêp-athronyddol yn ei ben yn dychryn ei ddau gydymaith. Mae'r ddau ohonynt bellach yn ffraeo ynghylch sut i ymateb os wyt yn ddyn anweledig mewn stafell wely lle mae dy wraig yn sugno pidlan trydanwr mawr du, o gymharu â stafell lle mae dy wraig yn cael ei llyfu allan gan y ddynes drws nesa. Mae'r sgwrs yn gwneud Dadi fymryn yn sâl, felly mae'n hapus i sgwrsio efo fo'i hun, ac edrych yn gyfriniol ar y dynion eraill, heb gynnig ei gnegwerth.

Daw'r boi arall yn ôl.

"Oedd rhaid 'mi gael dwy smôc," cyhoedda, "ond dwi wedi penderfynu. Gei di gadw dy bwerau. Sa 'na'm byd ond hasl. Damio colli cyfle tasat ti ddim yn dwyn a busnesu; teimlo'n euog tasat ti'n gwneud. Pobol yn ffendio allan ac yn gofyn ffafra rownd ril. Rhwystredigaeth dy fod di'n gallu gwneud y peth anhygoel 'ma ond yn methu gwneud petha sylfaenol fatha newid teiar car neu gadw min."

Mae Dadi wedi cael llond bol erbyn hyn. Gan gofio nad yw byth yn mynd i weld y dynion hyn eto – maen nhw'n gadael ben bore fory, ac yn annhebygol o ddod yn ôl yma ar eu gwyliau – penderfyna nad oes ots sut argraff y mae'n ei gwneud arnynt.

Coda, a mynd i ysgwyd llaw'r smociwr. Mae'n rhoi ei law ar ei ysgwydd.

"Rydach chi'n ddyn doeth iawn. Fe roesoch chi'r ateb cywir. Gan hynny, fe fyddwch chi'n derbyn pwerau y tu hwnt i'ch dychymyg. Rhai heb anfanteision. Mae blynyddoedd dedwydd o'ch blaen."

Gyda hynny, try ar ei sawdl a cherdded allan. Aiff y dynion wrth y bar yn ôl i ddistawrwydd papur, teledu a ffôn, gan anghofio'r boi rhyfedd yn y sbectol yn reit handi.

Heblaw'r smociwr a allai fod yn 35 neu'n 70. Mae ei fywyd o wedi newid mymryn. Teimla'n fwy byw, fel petai egni diarth yn adnewyddu ei gorff.

DYDD SUL

Arth

Nid yw Dadi'n debyg i arth mewn llawer o ffyrdd. Nid yw'n fawr, yn gryf, nac yn arbennig o flewog. Nid yw Dadi'n debygol o ddod yn derm am fath penodol o ddyn hoyw. Mae, serch hynny, yn hoff iawn o'i gwsg. Druan â Mami pan fydd hi'n gorfod ei ddeffro cyn ei fod yn barod: yr unig ddau ymateb posib yw cael ei hanwybyddu, neu gael ei dychryn gan sŵn sy'n amrywio rhwng grwgnach a rhuo. Nid yw Dadi'n hoffi deffro'n gynnar, oherwydd mae'n eithriadol o barsial i gwsg.

Ar y llaw arall, nid yw chwaith yn hoffi deffro'n hwyr, oherwydd mae'n boenus o ymwybodol mor fyr yw ei einioes, a chyn lleied y mae wedi ei gyflawni a'i brofi, felly nid yw am wastraffu gormod o'i oriau gwerthfawr yn y gwely.

Ar ôl deffro ac ymolchi, mae Dadi'n parhau'n debyg i arth yn yr ystyr ei fod yn flin fel tincar nes cael tipyn o gnau a mêl. Mae ei dymer yn oréit os nad yw'n cael ei styrbio. Dim ond i neb darfu ar ei rwtîn foreol, does dim rhaid i neb ofni. Os caiff bisiad, brwsio'i ddannedd, cawod, gwisgo, gwneud diod o lefrith i'r plant a chynnau Cyw iddynt, ac yna bwyta'i greision ŷd cnau a mêl a sbio ar Twitter heb i neb ymyrryd ag o, mae popeth yn iawn. Gall wedyn ddechrau meddwl am yr ymdrech wallgo o geisio stwffio brwsh dannedd i mewn i gegau plant nad oes ganddynt ddiddordeb mewn agor eu cegau, wedyn chwarae rhywfaint, cusanu ei wraig a mynd i'w waith.

Nid yw'r plant wedi deall yr angen i adael llonydd i'w tad yn ystod y cyfnod sensitif hwn. Bydd Cena'n tueddu i ddwyn sanau Dadi cyn iddo gael eu gwisgo, yna cael sterics ynghylch y drefn y mae Dadi'n llenwi'r cwpanau llefrith, yna dringo i ben y bwrdd er mwyn ceisio bwyta grawnfwyd Dadi a rhoi fideos trêns, yn hytrach na Twitter, ar yr iPad. Bydd ymateb Dadi'n amrywio rhwng grwgnach a rhuo. Bydd gweiddi a bytheirio Dadi fel arfer yn ei ddychryn o ei hun, yn ei gyflwr hanner effro, yn waeth na'i blant.

Ond, o leiaf, y rhan fwyaf o ddyddiau gall gadw rhywfaint o'i rwtîn, a bydd y plant yn aros yn eu stafell chwarae'n gwylio Cyw. Yn y garafán, fodd bynnag, does dim llonydd na rwtîn i'w cael. Neidia'r plant yn effro ar ryw awr annaearol bob bore, a dringo wedyn i ben gwely eu mam a'u tad. Does dim modd cael llonydd i fynd i'r toiled na'r gawod, na cheisio mynd i fwyta brecwast mewn ystafell ar wahân. Rhaid i bawb wneud popeth gyda'i gilydd, a does dim amser i Dadi ddadebru. Oherwydd hynny, ei weithred gyntaf pan fo'r plant yn deffro yw ymlusgo at y tegell i wneud coffi.

Y bore 'ma, mae Dadi'n deffro'n naturiol. Caiff agor ei lygaid yn raddol bach, ac ymgyfarwyddo â'r golau a sŵn yr adar yn ei amser ei hun. Edrycha ar ei oriawr. 07:46! Shit! Heddiw, o bob diwrnod – pan mae angen codi'n gynnar i glirio a phacio'r garafán cyn mynd adref – mae'r ffycars anystyriol wedi cysgu tan amser call.

Dechreua Dadi wylltio, ond yna penderfyna geisio mynd yn ôl i gysgu.

Wastad ar y tu fas

DAU FUNUD WEDYN, stwyria'r plant. Aiff Mami i banig am eu bod mor hwyr yn codi, a nhwthau heb gael trefn ar bethau ddoe, a bod rhaid iddynt fod oddi ar y safle cyn deg. Caiff Dadi a'r plant eu halltudio'r munud y gorffennant frwsio'u dannedd, gyda dau fîcer o lefrith a phecyn o *croissants* yn lle brecwast call.

Mae gan Dadi ddau ddewis, hyd y gwêl: gall fynd â nhw i Tesco i'w powlio o gwmpas yn bwyta ffrwyth (nid yw hynny'n apelio ar ôl y debâcl yn Swydd Efrog – a beth bynnag, cofia wedyn nad yw Tesco'n agor tan ddeg ar y Sul). Neu gall fynd â nhw i gae chwarae. Yr ail ddewis sy'n ennill, yn amlwg. Roedd Dadi wedi gweld cae swings addawol tu hwnt pan oedden nhw yn y parc hardd a gwâr yn Blackpool, ond wedi powlio'r pram y ffordd arall oherwydd ei fod yn edrych yn llawn o bobol ac yn llawn o hwyl, ac felly y byddai'r plant naill ai wedi mynd ar goll neu gael sterics wrth orfod gadael, neu'r ddau.

Mae'n wag yno am hanner awr wedi wyth y bore, ac mae'r cae swings yn mynd ymhell y tu hwnt i ddisgwyliadau uchel Dadi. Mae mor fawr nes ei fod wedi ei rannu'n amryw barthau. Gwibia Cena a Fflei heibio i'r parthau ar gyfer plant eu hoed eu hunain, ac yn syth at ffrâm ddringo o uchder sy'n codi ofn ar Dadi, hyd yn oed.

Wrth ddringo'n sigledig i ben y rhwyd, a Cena'n gafael yn ei law gan nad yw ei goesau'n ddigon hir na chryf i'r dasg, rhyfedda Dadi at yr amrywiaeth o gyfleusterau yno. Byddai cae swings eu tref nhw'n cymryd un gornel bathetig pe bai yma. Mae yma offer chwarae ar ffurf llongau a thrêns, bysys a rocedi. Gall y plant lithro i lawr tua deuddeg llithren wahanol os dymunant, ac archwilio ogofâu a thwneli metal.

Cânt y parc iddynt eu hunain nes i ddyn tenau ddod â'i fab tenau drwy'r giât bellaf. Mae golwg ddi-raen ar y tad – ei ddillad i gyd yn ddu, yn rhad, yn llac, ac wedi gweld dyddiau gwell. Am ei draed mae Crocs smalio a sanau. Dan ei lygaid mae bagiau duon; dydi o ddim yn edrych fel un sy'n golchi ei wallt nac yn cael llawer o gwsg. Edrycha'n iau na Dadi.

Clyw Dadi'r dyn yn siarad â'i fab. Mae'n siarad Pwyleg – neu iaith arall o'r un cyff. Dyfala Dadi y byddai Saeson yn y parc yn debygol o feddwl mai dyna y mae Dadi'n ei siarad â'i blant yntau. O'r herwydd, teimla Dadi fod ganddynt iaith gyffredin er nad yw'r naill deulu yn y cae swings yn deall beth y mae'r llall yn ei ddweud.

Caiff Dadi ei demtio i uniaethu â'r tad ifanc, di-raen o Wlad Pwyl. Onid ydyn nhw ill dau'n allanolion yma, yn lleiafrif ar dir estron? Onid ydyn nhw ill dau'n magu plant i siarad iaith wahanol yn wyneb y bygythiad o'u cymhathu?

Eto, gŵyr Dadi mai ffansïol yw ei weld ei hun yr un mor ddifreintiedig â'r dyn hwn sy'n eistedd ar y siglen yn sbio ar ei ffôn. Tybia Dadi ei fod wedi bod yn gweithio tan berfeddion mewn cegin chwyslyd am gyflog cachu, cyn mynd adref i fflat un llofft y mae ei waliau'n ddu gyda thamprwydd, a gwrando ar ysgyfaint asthma'i fab yn gwichian yn ei gwsg. A bod hynny'n fywyd gwell nag aros yn ei famwlad.

Rhyfedda Dadi at fenter y cenedlaethau blaenorol o fewnfudwyr i Gymru – o Tsieina, o'r Eidal. Nid yn unig eu bod wedi gadael eu cynefin, ond eu bod yn hyderus y gallent berswadio pobol geidwadol Prydain i fwyta *bolognese* a *chow mein* a carbonara a nŵdls *szechuan*.

Meddylia weithiau: sut cyrhaeddodd y bwyty Chinese cyntaf y dref ble mae'n byw? Oedd yna foi yn Tsieina'n rhoi pinnau lliw mewn map o Gymru, ac yn trefnu bod teulu'n hedfan draw i agor bwyty ym mhob tref yn ei thro? Ynteu wnaeth 'na filoedd o bobol symud o Tsieina i Lundain, ac yna ymledu'n araf drwy'r wlad wrth weld bylchau yn y farchnad? Un peth sy'n sicr: cafodd perchnogion tecawês fwy o lwyddiant wrth wneud i Brydeinwyr hoffi cyrri nag a gafodd cenhadon Cristnogol wrth geisio gwneud i bobol y Dwyrain Pell droi at Grist.

Tra'i fod o'n meddwl am hynny, mae Fflei wedi gweld cyfle i gael rhywun llai penstiff na Cena i chwarae ag o, neu i'w orchymyn o gwmpas beth bynnag.

"Pawb mewn rhes! Un ar ôl y llall! Cerdded fel sowldiwrs!"

Ac i ffwrdd â'r hogyn bach tenau ar ei hôl, pengliniau'n codi, breichiau'n swingio'n syth wrth eu hochrau. All Dadi ddim dioddef edrych arni, er ei bod ar ei mwyaf selog, yn troi'n athrawes hoffus o flaen ei lygaid: mae'n anodd gweld ei fabi'n bihafio mor debyg i oedolyn.

"Da iawn bawb! Arbennig! I ffwrdd â ni at y peth troi a throi!"

Mae gwên ar wyneb y bachgen, fel pe bai'n deall pob gair y mae Fflei'n ei ddweud.

Aiff Dadi i geisio atal Cena rhag bwyta tywod.

Draenogu

CAIFF DECST GAN Mami pan fo hi bron â gorffen hynny o dwtio y gall ei wneud heb y car, ac felly rhaid iddo lusgo'i blant sgrechlyd i ffwrdd o'r Afallon o barc chwarae na welsant erioed mo'i debyg yn eu dydd. Ceisia'u cysuro drwy addo y cânt ei helpu i bacio a pharatoi'r garafán i ymadael.

Mae'n difaru hynny'n syth, mwy neu lai, ar ôl cychwyn ar ei dasgau. Rhaid datgysylltu'r cêbl letrig, i ddechrau, a rhaid iddo ddewis pa blentyn i geisio achub ei fywyd gyntaf: Fflei (sy'n stwffio'i bysedd i mewn i socet y cyflenwad trydan) ynteu Cena (sy'n ei droi ei hun yn biws drwy lapio'r cêbl am ei wddw).

Dywed wrthynt am fynd i wneud rhywbeth arall; ufuddhânt, a chaiff Dadi lonydd i dynnu'r pwmp dŵr allan. Aiff yn ddrwgdybus o'r heddwch, a mynd o gwmpas y garafán i ganfod ei blant yn taflu cerrig bach ati. Fe'u llusga i ochr arall y garafán, a dweud wrthynt am ei wylio'n tollti dŵr i'r draen. Aiff pethau'n iawn wrth iddynt gael ei helpu i rowlio'r gasgen dŵr ffres at y twll, ond wrth iddo wagio'r Wastemaster – dŵr llwyd, gyda chryn dipyn o swigod – yn rhy gyflym i'r draen allu dygymod, penderfyna'r plant ddefnyddio'r pwll budur fel lle i sblasio. Dydyn nhw ddim yn gwisgo welis, na fyddai'n drychineb eu gwlychu, na sandals chwaith: maen nhw'n gwisgo trenyrs, gyda sanau. Gŵyr Dadi yn nwfn ei galon y bydd Mami wedi pacio'r sanau sych yn ddwfn yn y bŵt.

Rhed Cena i rywle gyda'r bibell a ddefnyddia Dadi i lenwi'r gasgen ddŵr. Penderfyna adael iddo fynd nes iddo sylweddoli, oherwydd y sŵn chwerthin manig a sŵn dŵr yn tasgu ar y llawr, fod Cena wedi agor y tap.

Mae arno eisiau crio. Mae arno eisiau waldio'i fab.

Penderfyna anadlu. Penderfyna edrych ar yr awyr, a sylwa'i bod yn las. Mae'r llwydni mwll wedi cilio.

Meddylia Dadi am y bore rhewllyd hwnnw ym mis Mawrth. Roedd Mami ac yntau wedi mynd â'r giari ar ei thrip cyntaf o'r flwyddyn, er bod Eryri'n dal yn wyn ar draws y dŵr. Digwyddai fod yn benwythnos anarferol o wyntog yn ogystal â bod yn ddiawchedig o oer. Ar ôl noson o wrando ar y gwynt yn chwipio'r garafán, a cheisio dyfalu pa rannau ohoni hi neu'r aparatws cysylltiedig a glywent yn drybowndian i ffwrdd i ebargofiant, penderfynodd y ddau na fyddent yn aros noson arall.

Wnaiff Dadi byth anghofio oerfel y pacio hwnnw. Teimlai ei fysedd fel rhai Ranulph Fiennes. Roedd cyffwrdd y gasgen ddŵr fel tynnu ei fysedd ar hyd y rhew yng nghefn y rhewgell. Ar ddamwain, tywalltodd ddŵr oer o'r gasgen dros ei law wrth ei gwagio, ond teimlai'r llif fel dŵr cynnes braf o dap.

Ddechrau'r flwyddyn oedd hynny. Doedd yr oerfel ddim yn ei boeni oherwydd gwyddai y byddai'r hin yn cynhesu. Gwyddai y byddai'r giari'n cael sefyll yn eofn ar leiniau lle na fyddai ond awel ysgafn yn ei hanwesu. Gwyddai y byddent yn mwynhau cwmni'r plant, ac na fyddai'r plant yn gadael iddynt bacio a gadael ddiwrnod yn gynnar. Gwyddai fod haf o anturiaethau ganddynt i'w cynllunio a'u cael a'u cofio.

Mae hi bellach yn tynnu at ddiwedd yr haf, ac mae yntau – fel y garafán – yn teimlo'n barod i gael ei lapio a'i adael yn segur am chwe mis. Mwynha'r ias o oerfel sydd yng ngwynt y bore hwn o ddiwedd Awst. Mae Dadi'n barod am y gaeaf – cotiau llaes, menyg; swatio yn y tŷ, a throi'r gwres dwtsh yn uwch.

Meddylia'n eiddgar am y boreau pan fydd yn rhaid iddo eistedd yn y car, a'r gwres yn chwythu ffwl pelt er mwyn ceisio dadmer y ffenest. Edrycha ymlaen at y dyddiau Sadwrn hirfaith hynny o law, pan fydd yn rhaid iddo fod yn sownd mewn stafell gyda dau blentyn yn gwneud jig-so'n ddel, yna'n brathu'r naill a'r llall, yna'n lliwio rêl bois, yna'n sgrechian ar ei gilydd.

Mae wedi cael digon o blastai a mynyddoedd a golygfeydd ac awyr iach. Cyn pen dim, bydd yn dymor clawstroffilia.

80/20

A R ÔL NEWID dillad y plant, maen nhw'n eu strapio i'w seti yn y car, ac yn tywallt ugeiniau o deganau o'u cwmpas – digon i'w cadw'n ddiddig am hanner awr, efallai. Aiff Dadi i weindio coesau'r garafán i fyny, ac i droi'r joci-whîl i godi'r hitsh. Yna mae'n bryd bacio'r car fel bod y towbar dan yr hitsh. Mae'n fater o falchder i Dadi geisio cael y towbar yn union dan yr hitsh ar y cynnig cyntaf, heb unrhyw gyfarwyddyd. Ochneidia wrth glywed yr hitsh yn taro'r bympar, ac yntau wedi mynd yn rhy agos a thwtsh yn gam. Eto.

Mae'n falch o gael teimlo trymder y garafán yn arafu'r car wrth iddynt yrru drwy'r parc gwyliau am y tro olaf: er nad yw'n deisyfu'r tair awr o halio sydd o'i flaen, mae'n barod i fynd adref.

Dyna ni Blackpool wedi'i dicio oddi ar y rhestr o lefydd i'w gweld cyn marw – a Swydd Efrog, o ran hynny. Dim ots am ansawdd y profiad, efallai mai'r peth pwysicaf i Dadi yw cael teimlo, bellach, nad yw'n cael ei amddifadu o'r profiad: "Gydag Eryri, fe fyddi di bellach yn un o'm mynyddoedd i."

Fel popeth, bu'r gwyliau'n gymysg oll i gyd. Bu'n olygfeydd syfrdanol ac yn newid clwt ar lawr teils tamp toiled tafarn. Bu'n gicio ac yn frathu, ac yn gariad yn magu. Bu'n eiliadau o dangnefedd ac yn oriau o ddiflastod.

Meddylia Dadi am gyfradd y dysgodd amdani ar gwrs rheoli flynyddoedd yn ôl: y Rheol 80/20. (Mae'n bryd dychwelyd i'r gwaith fory, felly mae ei feddwl yn troi'n ôl yn araf at fiwrocratiaeth.) Gellir cymhwyso'r rheol i bob math o bethau. Mae 80% o goliau tîm pêl-droed yn cael eu sgorio gan 20% o'r chwaraewyr. Yn yr Eidal ar ddiwedd y bedwaredd ganrif ar bymtheg, roedd 20% o'r bobol bia 80% o'r tir. Mae 80% o werthiant cwmnïau'n mynd i 20% o gwsmeriaid. Mae 20% o gleifion yn gyfrifol am 80% o'r adegau y caiff haint ei throsglwyddo. Mae 80% o olew'n dod o 20% o feysydd olew.

Mae Dadi wedi sylwi ar y rheol hon ar waith yn ei fywyd bob dydd hefyd: yn ystod unrhyw ddiwrnod neu wyliau gyda'r plant, bydd 20% o'i deimladau'n rhai o bleser a mwynhad, ac 80% yn arswyd a dicter a rhwystredigaeth a straen oherwydd y ffordd y maen nhw'n bihafio. Ond ar ôl i rywfaint o amser fynd heibio, bydd y canrannau wedi ffeirio: pleser a rhyfeddod fydd 80% o'i atgofion, a dim ond 20% o'r hyn y bydd yn ei gofio am y gwyliau fydd yn gysylltiedig â'r ffaith fod y plant yn ei yrru'n benwan.

Felly er ei fod yn falch o adael Blackpool rŵan, gŵyr yn iawn y bydd – ymhen ychydig wythnosau – yn hiraethu am y lle, ac yn meddwl tybed allen nhw ddod yn ôl yma ryw ben.

Bydd ganddyn nhw'r rhyddid i wneud hynny. Yr unig beth fydd yn eu rhwystro yw'r teimlad fod ganddyn nhw gymaint o lefydd nad ydynt wedi eu gweld, ac felly na ddylent wastraffu gwyliau'n gwneud pethau a wnaethant yn barod.

Does fawr neb yn gwneud pen Dadi i mewn yn fwy na'r rheiny sy'n gosod carafannau teithiol ar safle am y tymor cyfan, neu am dymhorau cyfan ar ôl ei gilydd, heb eu symud byth oddi ar y llain benodol honno ar y safle penodol hwnnw. Gellir nabod y carafannau hyn yn rhwydd: mae'r gwellt wedi tyfu'n dal o'u cwmpas a gwywo odanynt, ac mae'r perchnogion yn ddigon hirsefydledig i fod wedi gosod potiau blodau a modelau o bilipalod a phob math o drincets eraill o gwmpas y garafán i'w gwneud yn fwy cartrefol; mae ganddynt adlen o safon, wedi ei sefydlogi'n dda, ond mae wedi colli ei lliw drwy fod allan yn yr haul a'r glaw'n dragwyddol. Treuliant fwy o amser yn eu carafán nag yn eu tŷ.

Gall Dadi ddeall apêl carafán statig, ond mae caethiwo carafán deithiol ar un safle drwy'r flwyddyn yn gwneud i Dadi deimlo piti aruthrol dros y garafán, na chaiff gyfle i wireddu ei photensial a bod yn gartref i'w pherchnogion mewn amrywiaeth o lefydd diddorol. (Penbleth arall i Dadi yw'r bobol sy'n gallu fforddio cael carafán yn unswydd i'w defnyddio yn y Steddfod, ond mae'r rheiny'n gweld o leiaf un lle gwahanol bob blwyddyn.)

Ta waeth am hynny. Maen nhw ar y draffordd.

Yn y tŷ
Diwrnod 7

MAE'R GEGIN WEDI ei gorffen, heblaw am un peth: wyrctop. Mae topiau'r cypyrddau'n agored nes bod lorri'n parcio y tu allan i'r tŷ, ac arni dair shît o farmor gwyn cymylog.

Bu'r cwmni cerrig yno bnawn ddoe'n gwneud templedi pren i ffitio'n union ble bydd y marmor yn mynd: ar yr ynys yn y canol, gyda thwll ar gyfer hob; silff gyfleus ar gyfer yr hen le tân; ac o gwmpas y sinc, ac o dan y ffenest. Os oedd y templedi'n gywir, bydd y marmor yn ffitio i'w le'n berffaith ac yn setlo'n sownd ar y glud; os ddim, maen nhw mewn trwbwl.

Mae ar y dynion angen cyfuniad prin o gryfder a sensitifrwydd i gludo'r marmor i mewn: mae'n ddiawl o beth trwm, ond gellir ei falu'n hawdd.

Roedd Dadi wedi meddwl y byddai'n neis cael wyrctops ithfaen, er parch i'w orhendaid a fu farw yn y chwarel. Ond roedd ithfaen yn ddrutach, a'r lliwiau'n fwy cymhleth – naill ai'n rhy ddiflas o lwydlas, neu â gormod o gochni (a gydweddai'n wael â theils y llawr). Beth bynnag am deyrngarwch sentimental Dadi i ithfaen, roedd yntau a Mami'n cytuno mai carreg olau – un blaen ond chwaethus – oedd orau i'r stafell.

Fel cyfaddawd, cytunodd y ddau ar wyrctop o farmor a charreg fedd o ithfaen.

Teg edrych

MAE'R SIWRNE HON yn esmwyth, hyd yma: awr o draffordd dan eu belt, a'r plant yn cysgu. Mae'r lôn yn dawel, a'r awyr yn glir.

Mae'n bur wahanol i'w siwrne'n ôl o Fflandrys. Cychwynnodd honno'n ddigon hwylus, gyda thraffyrdd Ffrainc yn ddigon hawdd i'w tramwyo – wnaeth dim un plismon trwnsiwnfawr sylwi bod y bathodyn GB wedi disgyn o'r ffenest yn ddamweiniol ar bwrpas. Ychydig o giw i fynd ar y trên, ond dim byd mawr, a doedd hi ddim yn hir nes roedden nhw'n un o res yng nghrombil y trên, a'r aer ail-law yn boeth o'u cwmpas. Chwaraeai'r plant â phob nobyn a switsh y gallent ei gyffwrdd yn seddi blaen y car, ond dim ond iddynt beidio â byddaru pawb gyda'r corn, na gwastraffu batri drwy gynnau'r golau, roedd Dadi'n ddigon ymlaciedig.

Yn Folkestone y dechreuodd y gofidiau. Roedden nhw wedi cael eu gwahanu oddi wrth geir eu cyfeillion ar y trên, ac felly fe arhoson nhw mewn Gwasanaethau i gael cinio bach olaf gyda'i gilydd cyn i bawb ddilyn eu gwahanol ffyrdd am adref. Bwytaodd pawb eu byrgyrs yn flinedig ond yn llawen, cyn ffarwelio. Roedden nhw ar ôl pawb arall yn gadael gan fod ar Cena angen cael newid ei glwt.

Fe aethon nhw'n ôl i'r car, strapio pawb i mewn, a chychwyn yr injan heb drafferth. Pwysodd Dadi'r botwm i ollwng yr hambrec, ond pan geisiodd rifyrsio o'i le parcio, roedd yn amlwg fod rhywbeth yn ei atal. Rhoddodd fwy a mwy o bwys ar y sbardun, ond roedd y car yn styfnig.

Doedd dim amdani ond talu canpunt neu ddau i'r AA ddod i gael golwg. Ymhen awr, cyrhaeddodd Charlie, a oedd wedi gweld pobol mewn gwaeth panig na hyn, mewn fan felen. Cymerodd bum munud iddo gasglu bod y caliper wedi cloi. Treuliodd Charlie ugain munud arall yn ceisio datgloi'r caliper drwy ddulliau confensiynol. Nid oedd hynny'n llwyddiant. Nid yw Dadi'n cofio'n iawn beth ddigwyddodd wedyn, ond cofia iddynt gyrraedd Plan D erbyn y diwedd. Fe ddiystyron nhw'r posibilrwydd o gael eu cludo'r holl ffordd adref mewn lorri, gyda'r car ar ei chefn, gan y byddai hynny'n costio tua mil o bunnoedd. Fe ddechreuodd Mami grio pan soniodd Charlie am y posibilrwydd o ffendio gwesty, yn y gobaith y gallai garej leol ddatrys y broblem y bore wedyn.

Yn y diwedd, cynigiodd Charlie opsiwn a allai golli ei waith iddo. Cynigiodd waldio'r caliper gyda morthwyl nes ei fod yn dod yn rhydd, rhoi clamp i atal yr hylif brêcs rhag llifo, ac yna'u bod nhw'n gyrru adref heb frêcs cefn. (Esboniodd Charlie fod 80% o'r pŵer brecio yn y brêcs blaen beth bynnag.) Byddai'n rhaid iddynt arwyddo ffurflen yn dweud bod Charlie wedi eu cynghori i beidio â gyrru'r car, ac anfon y clamp yn ôl ato drwy'r post.

Cytunodd Mami a Dadi. Aethant i mewn i'r Gwasanaethau am awr a hanner arall tra bod Charlie'n waldio'r caliper. Yn ara bach, aeth y plant yn honco bonco, a'u rhieni i'w canlyn. Âi Dadi allan bob hyn a hyn i weld a oedd cynllun anghyfrifol Charlie'n debygol o weithio. Erbyn iddo ryddhau'r caliper a rhoi popeth arall yn ôl yn ei briod le, roedd yn tynnu am bedwar.

Rhoddodd Mami goflaid i Charlie cyn iddynt, yn nerfus, gychwyn. Dywedai Google Maps y byddent adref toc cyn hanner awr wedi deg. Ymhen dwyawr o draffordd, roedd yr amcangyfrif wedi newid i hanner awr wedi un ar ddeg, oherwydd roedd traffig gwallgo yng nghyffiniau Llundain, a nhwthau wedi bod yn llonydd ers tri chwarter awr.

Unwaith iddynt ddod allan o'r dagfa, roedd ganddynt bedair awr o yrru ar ôl, a hithau'n tywyllu. Wrth i gymdeithion Dadi stopio sgrechian a disgyn i gysgu fesul un, teimlodd Dadi unigrwydd a chyfrifoldeb arswydus yn disgyn drosto – a blinder hefyd. Gwnâi diflastod traffyrdd Lloegr i'w amrannau deimlo'n drymach. Blinciai'n galed weithiau, a sylweddoli nad oedd yn cofio'r ugain eiliad diwethaf.

Ar ôl gadael y draffordd yn ardal Amwythig, bu'n rhaid iddo frecio'n galed wrth sylweddoli bod croesffordd ar y lôn nad oedd wedi ei nodi ar fap y ffôn. Nid yw'n siŵr a oedd yn gwbwl effro wrth sylweddoli hynny, ond gwnaeth rhyw reddf iddo bwyso'r pedal. Yn ffodus, doedd y diffyg brêc ddim yn ormod o broblem.

Gwnâi dringo'r bwlch wrth groesi'r Berwyn iddo feddwl am y daith y mae Llywelyn Fawr, yn *Siwan*, yn ei disgrifio fel "y siwrnai hunllefus honno" – yr un o'r de ar ôl i rywun ddweud wrtho y byddai'n canfod Gwilym Brewys yn ei wely'n rhoi'r length i Arglwyddes Aberffraw.

Cofiai Dadi wrando ar y recordiad o drydedd act *Siwan* wrth geisio cysgu yn y coleg, ac yntau wedi cael gormod o goffi a golau sgrin i allu cysgu, a lleisiau John a Maureen yn ymbil ar ei gilydd yn ei gysuro ar y gobennydd. Y noson honno nid methu â chysgu oedd y broblem, ond y ffaith ei fod yn rhy flinedig i allu canolbwyntio'n iawn.

Roedd y llinell yn troi a throi o gwmpas ei ben – "y siwrnai hunllefus honno… y siwrnai hunllefus honno… y siwrnai hunllefus honno" – a'r sôn am hunllef a'r ffaith ei fod yn hanner cysgu'n gwneud iddo dybio efallai mai hunllef oedd hyn ond nage: roedd y cwsg yn braf, yn felys, yn ysgafn – yr hunllef oedd bod yn effro a gorfod gyrru adref ar lonydd gwledig am ddeg y...

Dafad! Ffocing hel! Dafad! Nid oedd Dadi'n gwybod pam y breciodd i'w hosgoi, oherwydd doedd o ddim yn cofio'i gweld. Ffocing dafad! Rhedodd i'r clawdd, ac aeth Dadi yn ei flaen at jerian y grid gwartheg.

Yn y Bala, penderfynodd Dadi na allai wneud mwy o yrru yn ei gyflwr o. Rhoddodd hergwd feddal i Mami a gofyn iddi fyddai hi'n meindio gyrru'r awr oedd ar ôl.

"Shit, 'dan ni'n Bala? Ond... Dwi'm yn cofio Birmingham..."

Nid yw'r siwrne hon fel honno.

Fy henoed i

GAN GOFIO'R SIWRNAI hunllefus honno, nid yw Dadi'n arbennig o awyddus i stopio mewn Gwasanaethau; cydnebydd, er hynny, na allan nhw ddim llwgu. Caiff barcio'r garafán yn ymyl lorris artíc trymion, gan deimlo fel hogyn mawr.

O'r holl ddewis sydd yma, Maccie's sy'n apelio fwyaf, ond gŵyr Dadi na fydd McDonald's mewn gwasanaethau traffordd cystal ag un arferol. Ac mae'n teimlo, ar ôl wythnos o fwyd go *beige* ar y cyfan, y gallai wneud ag ychydig o fitaminau lliwgar. Aiff i Waitrose i nôl powlen o salad, a Cena dan ei fraich – ond nid cyn gofyn i Mami archebu pawiad o jips iddo o McDonald's, i fynd gyda'r salad. Nid yw am wastraffu'r ymweliad yn llwyr.

Cyn gadael rhaid iddyn nhw ymweld â'r tŷ bach. Gwahanant er mwyn goroesi: Fflei gyda Mami, Cena gyda Dadi. Mae'r ciwbicls i gyd yn llawn, felly rhaid i Dadi ddefnyddio'i goes i gaethiwo Cena'n erbyn y wal wrth bi-pi'n yr iwreinal. Ar ôl hynny, aiff i'r stafell newid clytiau i roi napi glân i'w fab ar gyfer gweddill y siwrne.

Yr eiliad y mae ei glwt gwlyb oddi amdano, dechreua Cena gicio'r awyr er mwyn rhwystro Dadi rhag rhoi clwt glân iddo.

"Naaa! Na! Na! Naaa!" protestia.

"Ty'd, rŵan," anoga Dadi, gan geisio dal y coesau'n llonydd heb gael torri ei fawd na'i drwyn. "Paid â bod yn wancar, 'nghariad del i."

"Naaa! I bwpw doile!"

"Y? Stopia gicio ne mi gicia i chdi'n ôl."

"I bwpw doile!"

"Be?"

"I! Bwpw! Doooil eee!" bloeddia Cena, a'i fys bach yn pwyntio at ei dwll tin.

"Tisio pw-pw yn toilet?" gofynna Dadi.

"Oe wi!" ateba Cena, yn falch fod ei gais yn cael parch o'r diwedd.

"Does 'na'm toilets rhydd, Cena. A ti'n hanner noeth!"

"Im ot! I bwpw doile!"

Ymdrecha Dadi eto i reoli'r coesau ond mae eu cryfder a'u cyflymder yn golygu na all fynd yn agos at waelodion ei fab heb frifo. Does dim amdani ond codi trowsus Cena a'i gario'n ôl am y tai bach, gan weddïo nad yw'n piso'n drowsus yn ystod y cyfnod di-glwt hwn.

Drwy drugaredd, mae rhywun wedi gadael ciwbicl erbyn hyn. Mae'n ddrewllyd, ond o leiaf gall dynnu trowsus Cena i lawr a gadael iddo gael ei ddymuniad.

Dyma ni, felly: mae ei gyw melyn ola'n barod i adael ei glytiau. Unwaith y bydd y broses o fynd o napis i dronsiau drosodd, fydd dim byd i atal Cena rhag mynd i'r ysgol feithrin pan ddaw ei ben-blwydd yn ddwyflwydd a hanner; yn fuan wedyn, bydd yn dechrau'r ysgol. Aiff blynyddoedd ysgol gynradd heibio'n chwim; mewn chwinciad, bydd ei fab bach yn dysgu dreifio ac yn mynd i ffwrdd i'r coleg.

Wrth gyrcydu o flaen ei fab, a gafael yn ei law i'w gefnogi drwy'r gwasgu, caiff Dadi gyfle i graffu ar ei wyneb (sy'n gwrido dan y straen ar hyn o bryd). Wrth weld yr ing, sylweddola Dadi fod gwasgu'r twrdyn hwn allan ymysg yr heriau gwaethaf a wynebodd Cena yn ystod ei oes fer.

Yn ddwyflwydd oed, mae ei blant eisoes wedi profi'r mwyafrif o emosiynau dyfnaf dynolryw – galar, hiraeth, cariad, brad, anobaith, dicter. Y gwahaniaeth yw bod y plant yn profi'r teimladau hyn mewn perthynas â gwrthrychau dibwys – tedis, dail, cerrig, tyrdiau.

Plop!

"W! Pw dod, Dadi!"

"Da'r hogyn."

Cilia'r gwrid o wyneb Cena. Buan, ar ôl i Dadi sychu ei ben ôl a rhoi clwt newydd amdano, y bydd yn anghofio'r ing. Ond bydd rhywbeth am y pum munud hwn mewn toiled annymunol yn aros gyda Dadi – y sylweddoliad fod ei fab, fel ei ferch o'i flaen, yn gwibio tuag at aeddfedrwydd ar gyflymder sy'n gadael Dadi'n gegrwth.

Wrth edrych ar wyneb ei fab ar y toiled, yn gwneud ei gachiad di-glwt cyntaf (heblaw'r un hwnnw a wnaeth yn y bàth rai misoedd yn ôl), mae Dadi'n gweld yr wyneb yn trawsffurfio o'i flaen: stybl yn tyfu, rhychau'n datblygu, plorod yr arddegau'n mynd ac yn dod, y gwallt yn tywyllu, trwyndlws yn ymddangos ac yn diflannu, yr aeliau'n mynd yn fwy, a'r gwallt yn edwino a diflannu'n greulon o ifanc... Daw tristwch rhonc dros Dadi.

Wrth gwrs, mae arno eisiau i'w epil dyfu'n oedolion iach a hapus, ond mae arno hefyd eisiau iddyn nhw fod yn fabis iddo am byth. Mae am iddynt aros fel hyn am byth, ond eto mae eisiau iddynt blydi callio hefyd. Mae am iddynt ddysgu nabod pobol yn eu holl wendidau a'u pechodau, ond parhau i edmygu Dadi ac ymddiried ynddo am byth. Mae am iddynt fod yn rhydd ac yn annibynnol, ond gwrando ar ei lais a dilyn ei gyngor am byth. Mae am iddynt fod yn cŵl, ond bod yn hapus i gael eu gweld yn ei gwmni o am byth. Mae am iddynt gael eu diddordebau eu hunain, ond bod yn hapus i ddod gydag o i'r pyb i falu awyr, neu i ben mynydd am dro, am byth.

Mae'n dymuno dylanwadu arnynt, ond nid yw am iddynt efelychu dim un o'i fil o arferion gwael. Mae am iddynt edrych fel fo, ond nid yw am iddynt fod cweit mor hyll. Mae am iddynt roi wyrion iddo, ond nid yw'n dymuno arnynt hwy'r straen a'r gofid o fagu plant.

Gŵyr mai ofer yw dymuno iddynt beidio â newid. Mae o ei hun yn berson cwbwl wahanol i'r dyn oedd yn y stafell yn gwylio'i blant yn cael eu geni. Mae'n synnu, wrth weld lluniau ohono'n dal ei fabis ffres, pa mor ifanc yr edrychai. Cofia feddwl pethau ar y pryd sy'n gwneud iddo chwerthin neu ffieiddio rŵan. Os ydi o, fel oedolyn gweddol gyfrifol, mor gyfnewidiol â hynny, pa obaith sydd i hogan deirblwydd a hogyn dwyflwydd fod yn ddigyfnewid tra byddant?

Gŵyr fod ei blant, er eu hymddygiad erchyll, yn ddilychwin eu henaid ac yn bur eu calonnau. Ei ddymuniad yw i fudreddi bywyd beidio â'u baeddu. Ond eto, gŵyr Dadi mai pobol boring yw'r rheiny na chânt eu llygru gan y byd.

Strategaeth Carafanio 2023

YN ÔL AR y lôn, ceisia Dadi dynnu ei sylw'i hun oddi ar sŵn y caneuon plant sy'n llenwi'r car. Mae mewn lle rhyfedd – wedi laru ar garafanio, a ddim eisiau noson arall mewn carafán am amser hir, ond eto'n dyheu am dripiau eraill.

Nid yw'n siŵr pam y mae'n mwynhau carafanio, a dweud y gwir. Ai dyma'r agwedd ar ei fywyd lle daw ei dueddiadau sadofasocistaidd i'r golwg? Ai hunanartaith yw'r pwynt? Ei ddwyn ei hun i brofedigaeth?

Carafanio yw derbyn nad yw bywyd mor gyffrous â'r disgwyl. Carafanio yw mynd o ehangder solet tŷ i swatio mewn clydwch bregus. Carafanio yw trio peidio â gwneud potsh o fagu plant. Carafanio yw sylweddoli bod marwolaeth yn dod – myfyrio "myfyrdodau henaint llesg cyn dyfod dyddiau blin ei hydref oer". Carafanio yw cogio perthyn yn rhywle lle nad oes gwreiddiau. Carafanio yw nesáu at bobol eraill, nes dysgu a yw'n eu caru ynteu'n eu casáu. Carafanio yw gweld ieuenctid yn dynwared cwmwl o fwg o sigaréts y gorffennol. Carafanio yw cael cip ar y cyntefig drwy aberthu cyfleustra.

Nid carafanio yw bywyd. Holl bwynt carafanio yw ymneilltuo oddi wrth fywyd. Ond drwy wneud hynny, mae rhywun yn deall ei fywyd yn well.

Felly ymlaen yr ânt. Mae gan Dadi strategaeth bum mlynedd ar waith er mwyn datblygu eu credensials carafanio. Ochr yn ochr â'r mân dripiau nawr ac yn y man dros fisoedd yr haf, i lefydd sydd o fewn awr neu ddwy i adref, mae'n fwriad ganddo fynd ar deithiau mwy estynedig – o ran pellter a hyd – gan gynyddu'r fenter bob blwyddyn.

Mae'n cyfri eu taith wythnos i ddau safle yng ngogledd Lloegr fel blwyddyn gyntaf, anuchelgeisiol y cynllun. Bu'n llwyddiant, er nad yw Dadi'n teimlo felly'r funud hon: chwe noson, ryw bedair awr o adref, a nhwthau'n teimlo erbyn hyn eu bod yn nabod ardal newydd sbon o'r wlad.

Yn ystod ail flwyddyn y strategaeth, byddant yn mynd i'r Alban ac yn cael pythefnos o glens, cestyll, lochs, a meysydd brwydrau. Diwrnod caled i ddechrau: gyrru'r holl ffordd i Glasgow – pum awr a hanner – a threulio tair noson yno'n gweld y ddinas a'r ardal gyfagos (gan gynnwys taith ar y cwch i Ynys Arran os bydd y plant wedi callio digon i'w trystio ar y dŵr). Gyrru i fyny wedyn am ddwy noson ger Glencoe i gael blas ar gerdded yn yr ucheldir. (O'r fan honno, nid yw'n siŵr a fyddant yn mynd i fyny i ochrau Inverness, ac i Aberdeen, am ddwy noson yr un – efallai y byddai'r pedair noson hynny, a'r oriau ychwanegol o deithio, yn gwneud y gwyliau'n rhy gormod.) Dwy noson yn Dundee wedyn, sut bynnag, gyda gwibdeithiau i St Andrews, Perth ac Arbroath, cyn mynd i Gaeredin am dair noson i orffen y gwyliau'n fuddugoliaethus gyda Mars bar *deep-fried*.

Y flwyddyn ganlynol, noda'r strategaeth (gyfrinachol, anysgrifenedig) y byddant yn gwneud rhywbeth tebyg, ond gyda thrip ar y fferi yn hytrach na phum awr o yrru i gyrraedd gwlad y gwyliau: Iwerddon. Guinness, gwrthryfeloedd, gwyrddni, mawn, a gweld yr Iwerydd o ben clogwyni trawiadol. Croesi o Gaergybi; tair noson ger Dulyn, yna mynd am Galway fel troedle i weld yr ynysoedd; dwy noson yr un yn Limerick a Chorc, a noson fach yn Waterford cyn dal fferi'n ôl i Abergwaun. Bwriada Dadi dorri'r siwrne gyda noson yn Sir

Benfro er mwyn eu hatgoffa'u hunain fod y trip wedi bod yn seithug gan fod Cymru'n wlad yr un mor hardd bob blewyn ag Iwerddon.

Ym mhedwaredd flwyddyn y cynllun gogoneddus, byddant yn ailadrodd patrwm Iwerddon ond mewn gwlad bellach, ac ynddi fwy o gaws, haul a gwin: Ffrainc. Noson yng ngwaelodion Lloegr cyn croesi; noson yn Lille, a dwy noson neu dair yr un wedyn gerllaw ambell ddinas yn Normandi a Llydaw – Amiens, Rouen, Rennes, Nantes, Lorient, St Malo, picio i Jersey neu Guernsey efallai, yna'n ôl drwy Le Havre.

Erbyn blwyddyn pump, disgwyliad Dadi yw y byddant yn gymaint o giamstars ar garafanio nes y bydd modd iddynt gyflawni taith arwrol, aml-wlad, boncyrs o uchelgeisiol. Gyrru i Hull. Dal y fferi dros nos i Amsterdam am dair noson. Yna wythnos mewn cyfres o ddinasoedd ochr orllewinol yr Almaen: Düsseldorf neu Cologne, yna Frankfurt a Stuttgart. Croesi'r ffin i'r Swistir gan aros ger Zürich; ambell noson ym Milano neu ger Llyn Como jyst er mwyn cael mynd i'r Eidal eto; yna gweithio'u ffordd yn ôl am y gogledd drwy Ffrainc, gan oedi am ychydig nosweithiau yma ac acw – Genefa, Dijon, Paris, dyweder. Croesi o Calais yn ôl i Loegr.

Gŵyr Dadi yn ei galon na fydd hyn yn digwydd: byddai'n ddigon am ei briodas, ei iechyd meddwl, a'i garafán. Dydi hynny ddim yn ei atal rhag cyffroi'n bot am y syniad, yn enwedig y potensial i dicio llwyth o ddinasoedd oddi ar y rhestr o fewn un trip marathonaidd.

"Pam wyt ti'n gwenu?" gofynna Mami iddo.

"Dim byd. Ddeuda i wrthat ti tua 2023. Os byw ac iach."

Dyma yw y lle a ddewisom ni er mwyn plannu gwreiddiau dwfn

"Hei," DYWED DADI wrth Mami ar ôl sylwi ei bod yn effro. "Ti'n gwbod be sy'n digwydd heddiw?"

"Dwi'n gorfod golchi ffyclods o ddillad?"

"Ti'n cael gweld dy gegin newydd. Ar ôl y misoedd o blanio."

"Paid â sôn am hynna. Dwi'n swp sâl."

"Pam?"

"Be os ydi hi'n shit? Ar ôl yr holl blanio, ar ôl yr holl wario, ar ôl symud allan am wsos... Be os 'di'r gegin newydd dwtsh yn crap?"

"Fydd hi ddim. Ti'n gwbod yn iawn. 'Dan ni'n hapus efo'r cynllun, ac mae'r bildars yn dallt y job i'r dim. Mi fydd hi'n fendigedig."

"Hmff," yw unig ymateb Mami.

Erbyn hyn, maen nhw'n ôl yng Nghymru, ac yn sylweddoli mor faith yw'r A55 – fyddan nhw ddim adref am bron i ddwyawr arall. Doent y ffordd hyn dipyn yn amlach erstalwm. Cyn cael plant, roedden nhw'n dod am benwythnos i Gaer, Lerpwl neu Fanceinion bob ychydig fisoedd, oherwydd doedd dim byd yn eu stopio nhw, a doedd ganddyn nhw ddim byd gwell i'w wneud.

Bryd hynny, gresynai Dadi weithiau eu bod yn byw mor bell o wareiddiad. Doedd dim Nando's na Primark na Côte na Miller & Carter nac Apple Store na Brewdog na Schuh na Patisserie Valerie na Selfridges na John Lewis nac Ikea o fewn dwyawr i'w cartref. Hyd yn oed ar ôl gadael yr A55 ym Mangor, roedden nhw'n dal dri chwarter awr o adref. Cwestiynai Dadi bryd hynny pam na symudent yn nes at y draffordd, os nad i ogledd-ddwyrain Cymru, os nad i ddinas fywiog yng ngogledd-orllewin Lloegr.

Gwyddai'n iawn ar y pryd na ddigwyddai hynny ddim. Roedd y ddau ohonyn nhw'n gwybod yn reddfol eu bod am fwrw gwreiddiau yn y gornel anghysbell hon o Gymru, hanner ffordd rhwng cartrefi'r ddau ohonynt.

Rhaid bod rhan o'r rheswm yn ymwneud â'r awydd i fyw yn rhywle lle gallant siarad Cymraeg heb i hynny fod yn weithred eithriadol, er nad ydyn nhw erioed wedi trafod hynny. Mae bod yn Gymraeg yn anodd ond yno, o leiaf, does dim rhaid iddyn nhw'u cyfiawnhau eu hunain yn dragwyddol, na gwneud safiad wrth siarad. Dim ond ynfytyn fyddai'n dadlau bod bodolaeth geriach digyffwrdd fel y cyfryngau cymdeithasol yn dileu'r manteision o fod â thraed a brics a mortar ar dir a daear y fro lle mae'r Gymraeg yn dal bron â bod yn normal.

Mae pobol yn honni bod yr ardal lle mae Dadi a Mami'n byw yn un ddifreintiedig. Ac mae hi. Mae'n wir fod y cyfleoedd cyflogaeth yn brinnach, a'r cyflogau'n is, nag y dylent fod. Pe bai'n colli ei swydd, byddai Dadi dros ei ben a'i glustiau yn y cachu. Ond wedyn, mae prisiau'r tai'n isel hefyd. Er bod Dadi a Mami'n weddol gyfforddus eu byd maen nhw ymhell bell o fod y bobol gyfoethocaf yn y fro. Mae pobol dlota'r ardal yn byw dan amodau gwell na thlodion y dinasoedd: pan fo Dadi'n digwydd gorfod mynd i Gaerdydd, ceisia wneud amser i fynd am dro drwy Sblot neu Adamsdown, i'w atgoffa'i hun beth yw amddifadedd go iawn.

Darllena Dadi weithiau ddisgrifiadau o'i ardal sy'n rhoi'r

argraff eu bod oll yn byw mewn cytiau sinc ac yn ffarmio moch er mwyn crafu byw, tra bod elît Caerdydd yn clecian proseco mewn palasau ac yn chwerthin am ben gwerin y pridd a'r chwareli. O fyw yno, a gwybod am ddegau o gyplau eraill o gariadon sydd – fel nhwthau – yn setlo i lawr, yn ffendio gwaith sy'n talu digon i'w cynnal, yn atgyweirio tai, ac yn planta, ni all adnabod y darlun o'i fro fel un farw. Nid yw ei ben yn y tywod – gŵyr yn iawn ei bod yn anodd mewn llawer o wahanol ffyrdd. Ni all, ychwaith, gredu bod byw yno'n gosb.

Efallai fod pobol cefn gwlad jyst yn well am guddio'u tlodi. Ond er na all neb fyw ar y fiw, siawns nad yw byw mewn lle hardd yn gwneud lles i gorff ac enaid? Mae lle i'r tai fod yn fwy: dydi pobol ddim yn cael eu pacio i mewn fel ieir. Mae yno le i anadlu. Aiff Dadi, bron bob penwythnos, â'r plant i'r cae swings sydd wrth ymyl stad tai cyngor fwya'r dref. O ben y llithren, gall Dadi weld y tai, a gall weld cerrig yr orsedd, a gall hefyd weld y twyni tywod a'r brwyn arnynt yn gwrthsefyll y gwynt, a'r tu hwnt i hynny gall weld tywod golau'r traeth a'r môr yn ymestyn yn las tuag at Ardudwy a'r Rhinogydd a Chader Idris. Ocê, efallai na allai Dadi werthfawrogi hynny i'r un graddau pe bai'n poeni o ble i gael arian i'w roi yn y mîtar trydan i oleuo'r tŷ heno. Ond mae'n gwrthod credu ei fod yn ddibwys.

Ffordd hir a chymhleth yw hyn o ddweud rhywbeth eithaf syml. Mae Dadi'n falch eu bod yn mynd adre, ac ni all feddwl am nunlle yn y byd lle byddai'n well ganddo fyw.

Gad 'mi lithro

DYMA NHW'N AGOSÁU at y dref lle maen nhw'n byw. Mae'r plant yn stwyrian, ac yn edrych yn fodlon ar ôl cael eu gwala o gwsg. Bydd yn rhaid i Dadi fynd â nhw allan i'r ardd i'w blino eto cyn amser gwely, neu mi fyddan nhw'n gwrthod cysgu – yn gweiddi o'u cotiau ac yn dringo allan ac yn cael sterics...

"A-u di maw cwn Mami a Dadi," dywed Cena, gan ddylyfu gên.

"Be ddwedist ti, pwdin plwm?" hola Dadi.

"A-u di maw cwn Mami a Dadi," ailadrodda yntau.

"Be mae o'n feddwl, Fflei?"

"Mae o'n deud 'Caru ti mawr crwn, Mami a Dadi'."

Gwena Mami a Dadi ar ôl cael y cyfieithiad.

"Mae o 'di cymysgu 'Caru ti'n fawr' a 'Ti werth y byd i gyd yn grwn', yn do?"

"Neu mae o'n ein caru ni'n fawr ac yn grwn. 'Dan ni wedi bwyta tipyn dros y dyddia dwytha 'ma..."

Maen nhw'n sownd yn nhraffig yr haf, sy'n nadreddu i fyny'r allt o'r dref: maen nhw'n boenus o agos at adre. Byddai'n gynt iddyn nhw gerdded nag aros yn y dagfa. Ond aros sydd raid – allan nhw ddim gadael y garafán yn y fan a'r lle.

"God, sbia hwn," dywed Mami. Ar ei ffôn, mae ganddi fideo o ddinistr yn rhywle pell. Mae daeargryn wedi sigo'r tai yn y fideo, a llifogydd ar y strydoedd, ond mae pethau ar fin mynd yn waeth: gwêl Dadi'r don anferth yn magu nerth ym mhen ucha'r sgrin, cyn rholio ar ruthr creulon tuag at y tai, a'u llowcio'n llwyr.

"Ffiwff," dywed Dadi. "Petha bach."

Ar ôl wythnos mewn carafán, bu'n dyheu am soledrwydd tŷ. Bu'n dyheu am waliau oer, trwchus o frics a cherrig. Bu'n dyheu am ffenestri gwydr, a drws pin trwm, a soffa swmpus i roi ei din i lawr arni. Bu'n edrych ymlaen at gael cerdded i mewn i'r gegin olau, a theimlo ansawdd cypyrddau'r gegin newydd, a rhoi ei law ar farmor y wyrctop. Mae'r pethau hyn i gyd yn gwneud i fywyd deimlo'n fwy parhaol nag y mae.

Does dim yn well na gorfod edrych ar ôl plant i wneud i ddyn sylweddoli mor hollbresennol yw'r potensial am farwolaeth. Rhaid iddo gadw'i lygad ar bob math o beryglon sydd byth yn mynd i ladd ei blant ond a allai'n hawdd wneud hynny pe bai ffawd yn mynd o chwith. Mae pob car yn cario'r posibilrwydd o'u taro. Gallai'r plant benderfynu agor pob tun paent o fewn cyrraedd ac yfed y cynnwys. Mae pob nentig ac afon yn foddfa bosib. "Ynghanol ein bywyd yr ydym mewn angau," lads.

Wrth ailwylio'r fideo, sylweddola Dadi nad oes fawr o wahaniaeth, mewn difri, rhwng tŷ a charafán. Gall cynddaredd natur sgubo'r ddau o'r neilltu.

Dydi gwybod y byddan nhw'n cwympo ddim yn rheswm i beidio â chodi ceyrydd – ceyrydd i'n gwarchod dros dro; i'n cynhesu pan ddaw'r gaeaf; i borthi'n cyfeillion â gwleddoedd ynddynt; i'w peintio a'u gwneud yn ddel; i ymhyfrydu ynddynt.

Mae'r traffig yn symud. Gyrrant drwy'r dref, ar hyd strydoedd fel y Traeth a Lôn Dywod – strydoedd sydd ymhell o'r môr rŵan ond a oedd, cyn codi'r môr-gloddiau, reit ar fin y dŵr, ac odano'n reit aml. Mae cyfran dda o'r dref ar dir a adfeddiannwyd o'r môr, ac mae Dadi'n eitha siŵr y bydd y môr yn ei hawlio'n ôl. Gallai hynny gymryd canrif; gallai gymryd mileniwm; bydd yn digwydd. Ryw dro, bydd y môr yn codi nes bod rhaid i bobol adael tai'r gwaelodion i'r tonnau eu meddiannu.

Mae tŷ Dadi a Mami ar allt sy'n codi allan o'r dref, mewn lle nad oedd erioed dan y môr. Dydi hynny ddim yn llawer o gysur wrth feddwl am lefelau'r môr yn codi: dydi Dadi ddim yn gweld llawer o bwynt achub stryd ond colli tref, achos does dim gwerth i'r stryd heblaw fel rhan o'r dref.

Dyma nhw ar odre'r allt.

"Reit 'ta," dywed Mami. "Pan fyddwn ni'n cyrraedd adre, fydd 'na betha wedi newid, iawn? Fydd y gegin yn wahanol. Peidiwch chi â dychryn."

"A peidiwch â meiddio baeddu na malu'r gegin, ocê? Roedd hi'n blydi drud. Parch a hunanreolaeth, plis. Tynnwch ar ôl eich tad."

Mae Mami'n chwerthin, ond gŵyr Dadi ei bod hi – yn ei phen – eisoes yn ei chegin newydd.

Dyma nhw'n cyrraedd y tŷ.

Parcia Dadi'r garafán yn frysiog – gall ei pharcio'n daclus yn y lle iawn wedyn. Rŵan hyn, mae arnyn nhw'u pedwar eisiau mynd i mewn i'r tŷ.

Hefyd gan yr awdur:

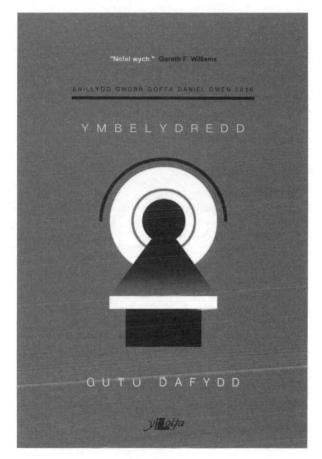

£8.99

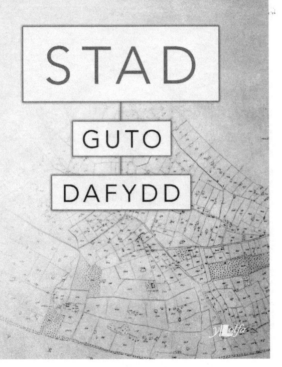

'Fe'n synnir yn gyson gan droadau annisgwyl y stori.
Parsel amlhaenog o alegori a dychan, doniolwch a thristwch.'

MANON RHYS

STAD

GUTO

DAFYDD

£8.95